KB038383

거인의
포트폴리오

월급을 쪼개서 경제적 자유를 만드는 23가지 전략

거인의 포트폴리오

강환국 지음 | 신진오 감수

page2

투자의 화룡점정을 찍다

윌리엄 번스타인은 저서 『투자의 네 기둥』에서 "투자 수익에 대한 기여도를 조사한 결과 매매 타이밍과 종목 발굴은 10% 미만인 반면, 자산배분이 90% 이상을 차지했다"는 게리 브린슨의 연구 결과를 인용했습니다. 데이비드 스웬슨은 『포트폴리오 성공 운용』에서 "펀드 수익률의 약 90%는 자산배분으로 설명할 수 있다"고 했습니다. 로버트 마일즈도 『워런 버핏의 스노우볼, 버크셔 해서웨이』에서 "수익 기여도로 볼 때 자산배분이 92%고, 매매 타이밍과 종목 선정은 각 4%에 불과하다"고 지적했습니다.

많은 논문과 대가들이 투자에 성공하기 위해서는 자산배분이 결정적이라는 주장을 내놓고 있지만, 대부분의 투자자들은 자산배분보다는 종목 선정이나 매매 타이밍에 집착하고 있습니다. '특정 종목을 기가 막힌 시점에 매수하여 대박을 냈다'는 성공 사례를 듣다 보면 그렇게 생각하는 것도 무리가 아닙니다. 그리고 좋은 종목을 선정하는 방법부터 공부하는 것이 투자를 공부하기에 바람직한 순서라고 생각합니다. 초보자가 종목 선정을 공부하지 않은 채 자산배분부터 먼저 공부한다면 내용이 쉽게 이해되지 않을지도 모르기 때문입니다. 다시 말해 자산배분은 투자에서 가장 마지막으로 완성해야 하는 고급 과정인 것입니다.

저자도 썼듯이 이전 책인 『할 수 있다! 퀀트 투자』, 『하면 된다! 퀀트 투자』가 종목 선정에 보다 중점을 두었다면, 이번 책 『거인의 포트폴리오』는 자산배분과 마켓 타이밍에 초점을 맞추고 있습니다. 투자의 3대 축인 종목 선정, 마켓 타이밍, 자산배분의 체계를 두루 완성한 셈입니다. 특히 윌리엄 번스타인을 비롯한 많은 대가들이 가장 중요하다고 주장하고 있는 자산배분을 본격적으로 다루고 있다는 점에서 저자의 저서 중에서 화룡점정을 찍은 결정적인 책이라고 할 수 있습니다.

특히 자산배분의 전형적인 유형인 정적자산배분에만 머물지 않고, 동적자산배분을 통해 마켓 타이밍을 커버한 점은 매우 용기 있는 진행이었습니다. 왜냐하면 마켓 타이밍에 부정적인 관점을 가진 투자자들이 동적자산배분을 비판하고 있기 때문입니다. 저자가 실제로 백테스트를 통해 보여주었듯이 동적자산배분에는 '엣지'가 분명히 존재하고 있습니다. 동적자산배분을 통해 다양하게 개선된 전략들을 도출할 수 있다는 것을 실증적으로 보여주었다는 점은 대단한 성과라고 할 수 있습니다. 이 책을 읽고 포트폴리오 자산배분을 서비스하는 회사나 전문가들이 동적자산배분에 대한 편견을 바꾸길 기대합니다.

저는 개인적으로 여러 자산배분 전략을 합성하는 방식을 보여주었을 때가 가장 감명 깊었습니다. 각각의 자산배분 전략도 나쁘지 않았지만, 저자는 각각의 전략을 마치 하나의 주식 종목처럼 보고 포트폴리오로 묶었습니다. 특히 위험이 크게 낮아질 때는 마치 마법을 보는 것 같았습니다. 압축해서 말하면 '자산배분 전략을 자산배분'한 셈입니다. 자산배분의 스퀘어라고나 할까요.

투자에 관한 책들은 대부분 이론에만 치우쳐 있고, 실제로 따라하려면 어떻게 해야 할지 막막한 경우가 많습니다. 하지만 이 책은 전략마다 관련된 유튜브가 링크되어 있어서 이해하기도 쉽고 따라하기도 좋습니다. 게다가 저자가 실제로 투자하고 있으므로 진정성이 넘칩니다. 저자가 운영하고 있는 유튜브 채널에 궁금한 점은 질문도 할 수 있어서, 쌍방향 소통이 가능하다는 점도 장점입니다.

투자 연구에 대한 끓어넘치는 저자의 열정으로 또 하나의 결실이 맺어졌다는 소식을 들었을 때 제 일처럼 기뻤습니다. 왜냐하면 제가 믿고 읽는 몇 안 되는 저자이기 때문입니다. 도대체 어떤 내용일까 너무나 기대되었습니다. 책에 소개된 대가들에 대해 읽을 때면, 이분들을 실제로 영접한 듯한 느낌에 흥분을 누를 수 없을 정도였습니다. 저자가 아니라면 어떻게 이런 내용을 접할 수나 있겠습니까? 많은 논문을 읽고 이해하고, 테스트하고, 소개해 준 저자에게 독자를 대신해 감사를 전합니다.

앞에서도 언급했듯이, 투자에서 가장 중요한 부분은 바로 자산배분입니다. 자산배분에 관한 많은 책이 출간되었지만, 이처럼 구체적이고 실용적인 책은 찾아보기 어렵습니다. 자산배분을 공부해서 투자에 대한 마지막 퍼즐을 맞추고 싶은 분, 본인의 자산배분 전략을 고급스럽게 업그레이드하고 싶은 분, 그리고 자산배분의 대가들을 직접 만나보고 싶은 분들에게 이 책을 주저 없이 추천합니다.

— 신진오

밸류리더스 회장,

『전략적 가치투자』, 『현명한 투자자 해제』 저자

자산배분 전략의 바이블이 될 책

2008년 글로벌 금융 위기의 여파는 엄청났습니다. 과도한 레버리지와 시장에 대한 근거 없는 낙관론에 기반을 둔 '투자 파티'는 투자자들에게 엄청난 손실과 상처를 남긴 채 끝났습니다. 그 후 시장의 상황과 무관하게 안정적인 수익을 올릴 수 있는 투자 방법론에 대한 진지한 성찰이 전 세계적으로 확산되기 시작했습니다. 이런 분위기 속에서 자연스럽게 자산배분 전략에 대한 관심이 확대되었고, 전통적인 정적자산배분 전략 외에도 미베인 파버Mebane Faber, 게리 안토나치Gary Antonacci 같은 선구자들이 제시한 추세 추종 기반의 동적 자산배분 전략도 급속도로 발전하기 시작했습니다.

2010년대에 접어들면서 ETF 시장이 폭발적으로 성장함과 동시에, 우리나라 시장에도 본격적으로 자산배분에 적용할 수 있는 장기 채권이나 실물 자산을 기초 자산으로 하는 ETF가 많이 출시되었습니다. 이제는 개인투자자도 잘 정립된 자산배분 전략으로 헤지펀드 못지 않은 절대 수익을 얻을 수 있는 시대가 된 것이죠. 국내 ETF 뿐만 아니라 미국 ETF에 대한 접근성도 매우 좋아지고, 다양한 자산배분 전략 방법론에 대한 훌륭한 책과 자료가 넘쳐나는 시대가 된 것은 겨우 5년 전쯤부터입니다. 불과 10년 전만 하더라도 국내의 대중들에게는 자산배분 전략이라는 개념조차 생소했습니다.

재미있는 사실은 우리나라에서 자산배분 전략을 본격적으로 확산시킨 주체가 특정 금융 기관이나 자산 운용사가 아닌, 안정적으로 자산을 굴리기를 열망한 개인 투자자들이라는 것입니다. 저는 2012년부터 온라인 카페와 블로그를 통해 정적자산배분과 모멘텀 기반의 동적자산배분 전략을 소개하기 시작했는데, 당시만 해도 '주식을 하면 됐지 저런 건 왜 하냐'는 분위기가 팽배했던 기억이 새록새록 떠오릅니다. 하지만 ETF 시장의 급격한 확산과 더불어 자산배분 전략은 거스를 수 없는 시대의 흐름이 되었습니다. 자산배분 전략에 대한 정보가 쏟아지는 지금과 비교하면 상전벽해라 하지 않을 수 없습니다.

이러한 변화의 중심에 강환국 님이 있습니다. 개별 종목 퀀트뿐만 아니라 다양한 자산배분 전략에 대한 각별한 관심과 해박한 지식으로 수많은 사람들에게 자산배분 전략의 저변을 확대시킨 공로를 인정받아, 투자자들 사이에서는 우스갯소리로 '환국 님의 동상을 세우겠다'는 말이 나올 정도입니다. 이번에 강환국 님이 자산배분 전략만을 다룬 책을 낸다는 소식을 들었을 때 국내에도 '자산배분의 교과서'라고 불릴 만한 훌륭한 레퍼런스 자료가 하나 나오겠구나 하는 생각에, 제가 책을 낸 것처럼 기뻤습니다.

이 책에서는 핵심 원리와 논리, 투자 성과가 검증된 다양한 자산배분 전략을 상세하게 소개하고 있습니다. 또한 자산배분과 투자에 대한 배경 지식이 전혀 없는 초보자들도 확실히 이해할 수 있도록 아주 쉽고 친절하게 설명해 주고 있습니다. 뜬구름 잡는 좋은 얘기로 가득 차 있지만 정작 구체적으로 어떻게 투자해야 하는지에 대한 정보는 충격적으로 적은 일반적인 투자 서적과는 달리, 이 책은 실전에서 구체적으로 바로 적용할 수 있는 다양한 실전 자산배분 전략으로 가득 차 있습니다.

제가 특별히 이 책에 대해 각별한 애정을 가지고 있는 이유는, 정적자산배분 전략은 물론이고 다양한 동적자산배분 전략까지 소개하고 있기 때문입니다. 이상하게 유독 국내에서는 정적자산배분 전략이 상대적으로 인기가 있고, 시장의 리스크를 제어하면서도 높은 리스크 대비 조정 수익을 올릴 수 있는 동적자산배분 전략은 색안경을 끼고 보는 사람들이 상당히 많습니다. 자산배분 전략을 다룬 책이 많이 있지만, 대부분 정적자산배분 전략에 치우쳐 있죠. 정적자산배분 전략은 탄탄한 투자 전략이고 동적자산배분 전략은 불안한 투자 방식이라는, 근거도 전혀 없고 왜 퍼졌는지 알 수도 없는 편견이 국내 투자 커뮤니티에 존재합니다. 강환국 님은 이 책에서 이러한 편견을 시원하게 날려버립니다.

핵심인 정적자산배분 전략뿐 아니라, 동적자산배분의 기초 전략인 단순 모멘텀, 듀얼 모멘텀, GTAA 같은 1세대 동적자산배분 전략에다 평균 모멘텀 스코어, PAA, DAA, VAA, LAA 같은 차세대 동적자산배분 전략까지 모두 다루고 있어 감히 이 책을 자산배분 전략의 바이블이라고 부를 만합니다.

이제는 우리의 삶에서 필수가 되어 버린 투자, 그중에서도 자산배분은 옵션이 아닌 필수라고 얘기하고 싶습니다. 경제적 자유와 안정된 노후를 꿈꾸며 오늘도 고단한 삶을 살아가고 있는 대한민국의 모든 평범한 투자자들에게 한 줄기 등불 같은 필독서로 이 책을 강력하게 추천하고 싶습니다.

— systrader79

『주식투자 리스타트』, 『주식투자 ETF로 시작하라』 저자

(블로그 「systrader79의 왕초보를 위한 주식 투자」 http://stock79.tistory.com)

★★★

강환국 저자는 12년간 직장인으로 일하면서 투자를 해오다 경제적 자유를 이루고 젊은 나이에 은퇴해 원하는 일을 하고 있다. 운이 좋아서가 아니라, 대가들의 투자전략을 심도 있게 연구해 자기 것으로 만들며 투자해 온 결과다. 데이터를 다루고 활용할 줄 아는 뛰어난 능력과 많은 전략을 수차례 검증하는 신중함, 기존의 아이디어에 본인의 생각을 더해 응용 방법을 만들어내는 통찰력이 그를 더욱 신뢰하게 하는 이유이다.

이 책에서 강환국 저자는 독자 여러분이 쉽게 이해할 수 있도록 투자의 역사부터 경제 사계절에 이르기까지 방대한 지식을 곁들여 가며 대가들의 여러 투자전략을 심도 있게 풀어낸다. 좋은 콘텐츠를 만들기 위해 더욱 노력하고 있다는 저자의 따뜻한 마음씨와 투자에 대한 명쾌한 철학이 책 곳곳에 묻어난다. 주식에 대해 잘 모르는 초보자도 어렵지 않게 따라 할 수 있도록 풀어쓴 이 책이 여러분을 경제적 자유로 이끌어주기를 진심으로 바란다.

— 김동환(김프로)

「삼프로TV」 진행자

시장에 대해 직관으로 말하는 사람과 숫자로 말하는 사람은 다르다. 어느 한쪽이 강한 사람은 있지만 두 가지가 모두 갖춰진 사람을 찾기는 매우 어렵다. 저자는 드물게 이 두 가지를 모두 갖춘 듯하다. 직관을 숫자로 풀어내어 쉽게 시장을 설명하는 책, 보기 드문 양서라고 생각한다.

— 오건영

신한은행 IPS 그룹 부부장,

『부의 대이동』, 『부의 시나리오』 저자

★★★

성공한 투자자들은 올바른 방법으로 수익을 내는 첫 경험을 통해 투자에 눈을 뜨는데, 대부분은 이 첫 경험을 못해서 항상 돈을 잃는다. 이 책에서 소개하는 전략들은 장기간의 백테스트를 통해 검증된 방법이므로 독자들은 간접적으로 소중한 첫 경험을 해보는 효과를 누린다.

돈을 잃기만 하고 있다면, 책에서 소개된 전략을 꾸준히 따라 해보기를 강력히 추천한다. 투자에서는 아는 것이 힘이 아니라 경험하는 것이 힘이다.

— 정채진

전업투자자

다양한 ETF가 출시되면서 기업을 분석하지 않아도 다양한 자산에 투자해, 더욱 안정적이고 고수익을 낼 수 있는 투자가 가능해졌다. 종목 분석이 어려웠던 개인투자자들에게 희소식이다. 이 책에서는 이러한 글로벌 ETF를 통해 자산배분하는 방법을 쉽고 구체적으로 다루고 있다. 나 또한 이 책에 실린 투자전략 중 하나인 '올웨더 포트폴리오'를 깊이 있게 연구해 실제 투자에 활용하고 있으며, 관련된 책을 출간하기도 했으니 더 말해 무엇 하랴. 독자들이 이 책을 통해 다양하고 역동적인 자산배분 전략들을 만날 수 있는 기회를 가지게 되어 기쁘다. 이 책은 자산배분 투자를 하고자 하는 사람들에게 좋은 길잡이가 될 것이다.

— 김동주(김단테)

이루다투자일임 대표, 『절대수익 투자법칙』 저자

'잃지 않는 투자'로 파이어를 달성하다

주식 투자를 하는 분들에게 제가 가장 먼저 하는 이야기가 있습니다. 바로 "잃지 않는 투자를 배워 봅시다!"입니다. 구체적으로 말하면, 이 세상에 어떤 일이 벌어져도 최대 손실을 15% 이하로 제한하고, 10~15%의 복리 수익을 얻을 수 있는 투자기법을 배워보자는 것입니다.

투자에서 가장 중요한 것이 무엇이냐고 누군가 저에게 묻는다면, 제 대답은 '손실의 최소화'입니다. 경제적 자유를 꿈꿔온 제게 투자는 필수였습니다. 투자를 하며 성공도, 실패도 맛보았습니다. 투자에서 가장 중요한 원칙을 찾는 데 수년이 걸렸습니다. 그 원칙을 쉽게 풀면, "수익을 좇으면 돈을 잃는다. 반대로 손실 최소화에 집중하면 수익은 따라온다"는 것입니다. 이는 워런 버핏의 "투자의 제 1원칙: 돈을 잃지 말라"는 가르침과 일맥상통합니다. 그가 "돈을 많이 벌라"는 말 대신 저 말을 한 이유가 있었던 것입니다.

이 원칙을 실천하니 자산이 눈덩이처럼 불어나기 시작했습니다. 자산 축적은 제가 생각했던 것보다 더 빨리 이루어져 어느덧 투자 수익이 제 소비 지출을 넘어서고, 연봉을 넘어서고, 마침내 연봉의 수배에 도달해서 꿈에 그리던 빠른 은퇴, 즉 파이어FIRE에 도달하게 되었습니다.

그렇다고 해서 제 투자 수익률이 수백 퍼센트는 아니었습니다. 오히려 수십 퍼센트도 되지 않았던 때가 많았습니다. 이 책을 통해 깨닫게 되겠지만, 큰 손실을 피하고 꾸준히 8~15% 정도의 복리수익만 10~20년 유지해도 누구나 경제적 자유에 도달할 수 있습니다! 대신 어떤 경제 상황이 와도 최대 손실을 마이너스 15% 선에서 막아야 합니다.

2020년, 21세기 최고의 대 상승장이 찾아왔습니다. 2020년 3월 1400포인트대까지 떨어졌던 코스피지수는 1년 반도 안 되어 3300포인트를 돌파했습니다. 주식투자에 처음 뛰어든 '주린이'의 숫자도 많이 늘었습니다. 2019년 말 612만에 불과했던 투자자 수는 2020년 말 무려 911만 명으로 늘어났으며, 2021년 상반기에 대한민국은 '주주 1000만 명 시대'에 도입했을 것으로 추정됩니다.

그런데 이런 좋은 장에서 주린이들의 62%가 손실을 보았다고 합니다. 어떻게 이런 비극적인 일이 일어났을까요? 여러 이유가 있겠지만 저는 주식을 대박의 기회로 인식해 고수익이 날 것 같은 종목에 불나방처럼 뛰어들며 '손실 최소화의 법칙'을 무시한 것이 가장 크다고 생각합니다.

주식으로 돈을 벌려면 일단 손실을 제한하는 방법을 배워야 합니다. 『거인의 포트폴리오』는 글로벌 ETF 투자를 통해 마음 편한 투자, 최악의 순간에도 15% 이상을 잃지 않으면서 두 자릿수의 연복리수익률을 낼 수 있는 전략들을 소개할 것입니다. '퀀트 투자'라고 하면 매우 복잡할 것이라고 지레 겁먹는 개인 투자자가 많습니다. 저는 이 책에서 이런 편견이 오해임을 밝힐 것입니다. 여기 나온 전략은 HTS Home Trading System나 MTS Mobile Trading System만 있으면 누구나 따라 할 수 있습니다.

이 책의 전략들 중 대부분은 제가 직접 만든 전략이 아닙니다. 여러분께 천천히 한 명씩 소개할 위대한 현인들의 아이디어가 이 전략들 안에 들어 있습니다. 뉴턴은 "내가 더 멀리 보았다면 거인들의 어깨 위에 올라서 있었기 때문이다"라는 말을 남겼는데, 여러분도 투자 거인의 어깨에 올라가서 그들의 방법을 따라 하고 응용하여 경제적 자유에 다가가기를 기원합니다.

또한 제 유튜브 채널 「할 수 있다! 알고 투자」의 '나라면 이런 거 사겠다 – 동적자산배분' 시리즈 게시글과 영상을 통해 매월 말 전략별로 사고팔아야 하는 ETF 종목과 투자 비중을 공개하고 있습니다! 직접 전략 실행을 위한 데이터 작업을 하기 싫다면 그냥 저 시리즈에 나오는 ETF에 투자해도 됩니다.

제 책 『할 수 있다! 퀀트 투자』는 '공격형 전략'과 '방어형 전략'으로 나뉘어져 있는데, '방어형 전략'을 다룬 부분에는 아쉬운 점이 많았습니다. 그 후 저는 '방어형 전략'에 대한 연구를 상당히 많이 해서 새로운 책을 내야겠다는 결심을 하게 되었습니다. 그 결과물이 바로 이 책 『거인의 포트폴리오』입니다.

이 책이 나오기까지 많은 분들의 도움을 받았습니다. 저를 물심양면 지원해 주신 부모님께 먼저 감사드립니다. 이 책을 출판해 주신 페이지2북스의 김동환 의장님, 김선준 대표님, 한보라 팀장님, 오시정 대리님께 감사드리고, 추천사를 써주신 systrader79님, 김동주 대표님, 오건영 부부장님, 정채진 님과 감수를 맡아 주신 신진오 회장님께도 감사의 인사를 드립니다. 많은 일반인 투자자 분들도 이 책의 내용을 검토하고 의견을 주셨습니다. 특별히 이 책의 눈높이를 맞추는 데 크게 기여하신 전수연 차장님, 이예나 과장님, 조아라 대리님, 배주이 님께 깊은 감사의 말씀을 전합니다. 마지막으로, 유튜브 「할 수 있다! 알고 투자」에서 피드백을 주신 구독자님들께도 깊이 감사드립니다.

강환국

이 책의 특징과 구성

이 책의 특징

첫째, 이 책의 내용 중 이해가 어려운 부분은 제 유튜브 채널 「할 수 있다! 알고 투자(https://www.youtube.com/할수있다알고투자)」에서 찾아볼 수 있습니다.

전달하고 싶은 모든 내용을 책에 담을 수는 없어서 관련 내용을 유튜브와 연계해 이해를 돕고자 합니다. 책에 실린 내용과 관련 있는 영상의 QR 코드를 기재했으니, 책을 읽고 관련 내용에 대해 더 많은 정보를 얻고 싶다면 유튜브 채널을 방문해 관련 영상을 시청하면 됩니다.

시청 중 궁금한 내용은 댓글을 달아 질문하면 되는데, 오래된 영상에 달린 댓글은 확인이 어려울 수 있으니 최신 영상에 질문하면 더욱 빠른 답변을 받을 수 있습니다. 또한 「나라면 이런 거 사겠다

– 동적자산배분」이라는 영상과 유튜브 커뮤니티 게시글을 통해 매월 말 이 책에 등장하는 동적자산배분 전략에 적합한 ETF를 업데이트합니다.

둘째, 이 책에서는 철저히 계량화된 전략만 제시합니다. 독자들이 쉽게 따라 할 수 있도록, 어떠한 논리로 언제 무슨 ETF를 사고팔아야 하는지 정확히 설명합니다. 또한 과거에 실제로 이렇게 투자했다면 몇 퍼센트의 수익을 얻고 어느 정도의 리스크를 감당했어야 하는지 명확히 제시합니다. 여러분이 할 일은 투자를 망치는 심리 편향에 빠지지 않고, 이 책에서 제시하는 전략 중 마음에 드는 전략을 꾸준히 실천하는 것입니다.

이 책의 구성

이 책의 목적은 여러분이 '잃지 않는 투자'를 할 수 있도록 돕는 것입니다. 구체적으로 말하자면, 최악의 순간에도 15% 이상 잃지 않는 투자전략을 여러 개 소개합니다. 물론 안 잃는 것이 목적이면 예금을 하면 되겠죠. 따라서 최대 손실은 15% 이하로 제한하되 연복리수익률도 10~15% 정도 되는 전략을 소개하려 합니다.

Chapter 1에서는 우리가 왜 투자를 하는지 그 이유를 알아보고, 각자 목표로 하는 금액을 계산합니다. 또한 이 책에서 다루는 모든 전략의 기반인 '퀀트 투자'의 개념에 대해서도 설명합니다. Chapter 1을 읽고 나면 왜 퀀트 투자가 초보자에게 유리한지 알 수 있습니다.

Chapter 2에서는 우리의 심리가 얼마나 투자를 망치기 좋은지, 그리고 어떻게 이를 극복할 수 있는지에 대해 다룹니다. 투자의 성공 여부는 기술보다 심리에 더 많이 달려 있습니다. Chapter 3에서는 책에서 주로 사용하는 핵심 개념에 대해 배웁니다. 초보자들도 어려움 없이 읽을 수 있도록 전문 용어는 웬만하면 사용하지 않으려 노력했고, 꼭 알아야 할 용어들만 정리했습니다. 투자에서 가장 중요한 원칙이 무엇인지도 짚고 넘어갑니다.

여기까지가 준비운동이었다면 Chapter 4부터 10까지는 본격적으로 누구나 따라 할 수 있는 자산배분 전략을 소개합니다. Chapter 4에서 자산배분의 큰 그림을 그린 후 Chapter 5~9에서 자산배분 전략에 큰 영향을 미친 유대인 전략, 60/40 포트폴리오, 해리 마코위츠Harry Markowitz의 분산투자, 영구 포트폴리오, 레이 달리오Ray Dalio가 만든 사계절 포트폴리오와 올웨더 포트폴리오를 분석합니다. Chapter 10에서는 제로금리 시대에 채권에 투자해도 되는지, 어느 나라에 투자해야 하는지 등 최근 자산배분의 주요 이슈 몇 가지를 짚고 넘어가겠습니다.

Chapter 11부터 16까지는 마켓 타이밍(동적자산배분) 전략을 집중적으로 다룹니다. Chapter 11에서는 마켓 타이밍의 큰 그림을 설명하고, Chapter 12에서 마켓 타이밍 전략 이해의 핵심이라고 볼 수도 있는 상대 모멘텀, 절대 모멘텀 콘셉트를 살펴봅니다. Chapter 13~16에서는 GTAA, 듀얼 모멘텀, PAA, VAA, DAA 같은 구체적인 전략을 알아보고 특히 Chapter 16에서는 자산배분 전략과 마켓 타이밍 전략들을 결합하면 상당한 시너지가 발생할 수 있음을 분석합니다. Chapter 17에서는 시즈널리티, 즉 계절성을 통한 마켓 타이밍 전략을 공부합니다. 이 중 특히 투자에 응용하기 쉬운 핼러윈 전략을 알아봅니다.

저는 이 책에 나오는 전략을 그대로 따라 하기만 하면 손실이 날 확률은 최대한 줄이면서 높은 한 자릿수에서 낮은 두 자릿수의 연복리수익률을 낼 수 있다고 확신합니다. 그리고 이 책에 나오는 전략 중 무엇이든 10년 동안 꾸준히 유지만 한다면 손실이 날 가능성은 0%라고 생각합니다. 0.1%도 아니고 0%입니다.

그렇지만 몇십 년간 여기 있는 전략 또는 유사한 전략을 고수한 사람은 별로 없습니다. 훌륭한 자산배분 전략 또는 마켓 타이밍 전략을 중간에 포기하게 만드는 이유를 Chapter 18에서 알아봅니다. 우리가 쉽게 빠질 수 있는 심리의 함정을 피하고 높은 수익률을 유지할 수 있는 방법을 살펴봅니다. 이후 앞에서 공부한 전략 중 여러분의 투자 성향에 가장 잘 맞는 투자법을 선택해 적용하면서 이 책을 마무리하겠습니다.

차례

★ Part 3 ★

돈 버는 사람들은 이렇게 주식을 산다
: 수익률을 극대화하는 마켓 타이밍 전략

★ Part 4 ★

실패하는 것보다 성공하는 것이 더 쉬워진다
: 경제적 자유를 만들어줄 투자의 무기

Part 1

자기 자신을 믿지 말고, 검증된 시스템을 믿어라

: 고수익을 만드는 투자의 절대 전략

★ ★ ★

Chapter 1

★ ★ ★

왜 투자해야 하는가

01 살아남기 위해 투자는 선택이 아니라 필수!

저는 2004년부터 투자를 해왔고 관련 서적과 논문을 닥치는 대로 읽었습니다. 투자 관련 책도 몇 권 썼고, 공동번역을 맡기도 했습니다. 하지만 이때까지만 해도 투자는 취미생활일 뿐이라고 생각했습니다. 주변 사람들이 투자에 관심이 없어도 크게 신경 쓰지 않았습니다. 모든 사람들의 취미가 다 똑같을 수는 없으니까요.

그런데 2018년 가을 어느 날, 제 생각을 송두리째 바꾸는 사건이 일어났습니다. 당시 직장 상사와 함께 어떤 노신사를 만나게 되었는데 그 노신사는 국내 대기업에서 임원까지 지내다가 퇴사해 50대 초반의 나이에 다시 젊은이들과 함께 영국에서 MBA를 공부하고 있었습니다. 그가 제게 이런 이야기를 들려주었습니다.

"최근 우리 대학원의 최대 이슈는 장수longevity라네. 한마디로 100세 시대가 현실화되는 거지. 우리 장인어른도 현재 80대이신데도 참 건강하시지. 건설사 임원을 하실 정도로 능력 있는 분이셨는데, 은퇴하신 후에는 안타깝게도 매일 등산을 다니시는 게 하시는 일의 전부라네!"

은퇴 후에는 누구나 전업투자자

저는 그분의 말에 상당한 충격을 받았습니다. 100세까지 살 수 있다는 것은 매우 행복한 일이죠. 그런데 노신사와 노신사의 장인어른은 사회생활을 성공적으로 하고 임원까지 지냈으니 평균 직장인들보다 훨씬 출세했는데도 불구하고 50~60대에 더 이상 노동을 할 수 없는 처지에 놓이게 되었습니다. 물론 이는 직장인 대부분의 운명입니다. 문제는 앞으로 다가올 100세 시대에는 30~40년이라는 긴 세월 동안 노동을 하지 못하며 살아남아야 한다는 것입니다!

노신사처럼 직장생활에서 성공해서 임원이 되었거나, 사업 수완이 뛰어나거나, 능력이 출중해 전문직으로 부를 축적한 사람은 투자 실력이 부족해도 죽을 때까지 먹고사는 데는 큰 지장은 없을 것입니다. 고위 공무원이라면 산하 기관으로 내려갈 수 있고, 사기업 임원은 계열사나 중소기업으로 옮기거나 사회생활에서 축적한 네트워크를 통해 사업을 하기도 합니다. 직장생활 후 학계로 가서 제2의 커리어를 시작하는 경우도 많습니다. 이런 사람들은 모아놓은 자산이 상당한 경우도 많아서 투자를 못해도 그 자산을 까먹으면서 살면 됩니다.

문제는 '그다지 잘나가지 못하는', 상위 5%에 들지 못하는 중생들입니다. 50세가 넘은 그들을 받아주는 회사는 별로 없습니다. 그들이 은퇴 후 30~40년 동안 할 수 있는 일이 무엇일까요? 사회생활을 하면서 축적한 자산을 투자해서 죽을 때까지 먹고 사는 방법뿐입니다. 직장인은 대부분 정년퇴직 후 치킨집을 차린다는 농담이 있으나, 그 치킨집 역시 언젠가는 체력이 따라가지 못해서 그만두는 경우가 대부분일 것입니다. 게다가 이렇게 퇴직 후 벌인 사업은 망할 가능성이 상당히 높다고 하죠.

미국에서 은퇴하는 베이비부머들의 가장 큰 두려움은 죽음 자체가 아니라 '모아 놓은 돈보다 더 오래 사는 것'이라고 합니다. 이렇게 보니 투자라는 것은 그저 관심 있는 사람의 취미 생활이 아니라, 우리 모두가 노후대비를 위해서 꼭 필요로 하는 핵심 능력이었습니다. 이날 저는 비로소 투자가 선택이 아니라 생존이라는 사실을 깨달았습니다. 은퇴자들의 90% 이상은 30~40년 동안 전업투자자로 살아남아야 합니다!

이때부터 제가 하는 투자 강의가 의미 있는 일이라는 생각이 들었고, 사명감을 가지고 더 좋은 콘텐츠를 만들기 위해 더 큰 노력을 기울이게 되었습니다.

젊을수록 투자를 해야 하는 이유

은퇴를 앞둔 세대는 그렇다고 치고, 젊은 세대는 어떨까요? 노후 대비가 머나먼 훗날의 얘기라고 생각하며 막연히 '나중에 어떻게든 되겠지'라고 생각하는 경우가 많을 것입니다. 그리고 '나라에서 어떻게 해주겠지' 하면서 기대하는 경우도 있겠죠.

안타깝게도 정부는 2054년이면 국민연금이 고갈될 것이라고 예측합니다.[1] 놀라운 점은 2013년만 해도 고갈 시기를 2060년으로 전망했는데 그 시기가 몇 년 만에 6년이나 앞당겨졌다는 점입니다. 또한 이 전망 자체도 정부에서 발표한 내용이니 가장 낙관적인 시나리오일 가능성이 높으며, 실제 고갈 속도는 이보다 더 빠를 가능성도 있습니다.

한국의 미래 인구 구조를 보면 노인들이 연금을 받더라도 그 금액은 매우 적어서 품위 있는 노후를 보내기에는 턱없이 부족할 것이라는 점을 예측할 수 있습니다.

2050년 인구 구조에 관한 통계청 자료를 보면 25~49세 인구가 1053만 명, 50~64세 인구가 1055만 명, 65세 이상 인구가 1900

만 명일 것이라는 전망이 있습니다. 이 전망은 비교적 정확합니다. 2021년 현재 2050년에 30세가 되는 사람들까지는 이미 다 태어났기 때문입니다. 그렇다면 모든 국민이 64세까지 일을 한다는 매우 비현실적인 가정을 해도 2108만 명의 근로자가 1900만 명의 노인을 먹여 살려야 하는 상황이 옵니다. 물론 실제 근로소득자는 주부, 실업자, 65세 전에 실직하는 경우 등을 고려하면 2108만 명보다 훨씬 적을 것입니다. 근로자 한 명이 노인 한 명 이상을 부양해야 하는 셈이죠.

이 수치만 봐도 국가는 절대로 여러분이 품위 있는 노후를 즐길 수 있을 만큼의 연금을 책임질 수 없다는 점을 알 수 있습니다. 여러분의 노후 생활은 여러분이 직접 책임져야 합니다. 정확히 말하면, 여러분이 모아 놓은 자산을 죽을 때까지 투자해서 그 수익으로 먹고사는 수밖에 없죠.

그런데 투자의 노하우와 지식은 갑자기 하늘에서 뚝 떨어지지 않습니다. 그러니 투자가 생존하는 데 가장 중요한 기술이자 죽을 때까지 필요한 능력임을 깨닫고, 무엇이든 쉽게 익히는 젊은 나이부터 투자 공부를 시작해 복리 효과를 극대화해 나가야 합니다.

너무 우울한 얘기만 한 것 같습니다. 희망적인 사실은 투자를 잘하면 퇴직 후 인생 역전도 충분히 가능하다는 것입니다. 회사에서 인정받고 성공했지만 재테크에는 신경 쓰지 않다가 은퇴 후 얼마

안 되는 자산으로 개업한 작은 가게가 망했다는 김 부장, 회사에서는 인정받지 못했지만 주식과 부동산에 투자를 잘해서 은퇴 후 OB 모임에서 늘 한턱을 내는 건물주 강 차장 등의 비슷한 사례는 아마 한 번쯤 들어본 적 있을 것입니다. 직장은 직장일 뿐입니다. 은퇴 후 여러분이 어떤 사람이 될지는 여러분에게 달렸습니다.

자, 투자가 왜 선택이 아니라 생존인지를 살펴보았다면 이제는 우리가 투자를 해서 얼마를 벌어야 하는지 알아보겠습니다.

더 알고 싶은 투자자를 위한 강환국의 영상 과외

▶ [초보] 투자는 선택이 아니라 생존이다!! (1)

▶ [초보] 투자는 선택이 아니라 생존이다!! (2)

02 얼마를 벌어야 안전하게 은퇴할 수 있을까?

투자를 가르치는 사람들이 모두 입을 모아 하는 이야기가 있습니다. 바로 투자의 목표를 세워야 한다는 것입니다. 보통 사람들에게 투자의 목표란 '돈 걱정 없이 사는 것'입니다. 다른 말로 하면 경제적 자유에 도달하는 것이죠. 그런데 구체적으로 얼마를 모아야 경제적 자유에 도달할 수 있게 될까요?

"어느 정도의 금액이 있으면 안전하게 은퇴하실 수 있을 것 같은가요?"

강의를 할 때마다 수강생들에게 이 질문을 합니다. 20~30억 원 정도면 된다고 답변한 경우가 가장 많았고, 때로는 100억 원을 부르는 경우도 있었습니다. 하지만 왜 하필 이 금액이 필요한지에 대해 구체적으로 설명하는 수강생은 아직 보지 못했습니다.

경제적 자유에 이르기 위한 금액은 사람마다 모두 다릅니다. 각자의 월수입, 지출액, 투자 실력이 모두 다르기 때문입니다. 매달 적은 돈을 쓰는 사람은 필요한 자산이 적으니 모아야 할 돈도 적습니다. 만약 투자를 통해 높은 수익률을 낼 수 있는 사람이라면 월수입이 적어도 빠르게 경제적 자유에 도달할 수 있습니다.

따라서 투자를 시작하기 전에 여러분이 얼마를 벌어야 하는지에 대해 미리 생각해 봐야 합니다. 이 질문에 답을 할 수 있어야 매월 얼마를 저축하고, 어느 정도의 수익률을 내야 하는지 알 수 있기 때문입니다. 하지만 내게 필요한 금액이 어느 정도일지 예측하기란 쉽지 않습니다.

경제적 자유에 도달하기 위한 금액을 알려주는 낙원 계산기

이때 필요한 것이 바로 '낙원 계산기'입니다. 낙원 계산기(https://keep-ones.me/#/paradise-calculator)는 제 유튜브 구독자 한 분이 만든 도구입니다. 위 주소를 입력해 사이트에 접속할 수 있고, 검색창에

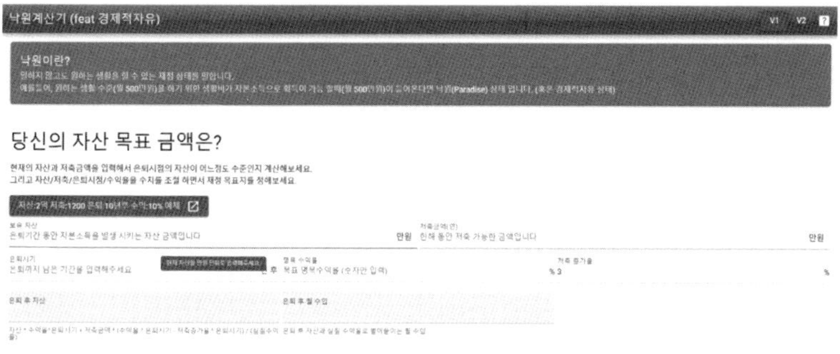

⁚ 낙원 계산기

'낙원 계산기'를 검색해도 됩니다.* 낙원 계산기를 이용하면 각자에게 맞는 경제적 자유에 도달하기 위한 금액을 쉽게 알 수 있습니다.

여기서 '낙원'이란 일하지 않고도 평생 원하는 생활을 할 수 있는 재정 상태, 즉 경제적 자유를 의미합니다. 내 생활을 꾸리기 위해 월 300만 원이 필요하다고 가정할 때, 투자 소득으로만 매월 300만 원 이상을 벌 수 있다면 경제적 자유에 도달했다고 볼 수 있죠.

투자를 하기에 앞서 꼭 한번 낙원 계산기에 본인의 수치를 넣어보세요. 지금부터 계획대로 벌고 투자하면 은퇴까지 얼마를 모을 수 있는지, 또한 그 돈을 가지고 매월 얼마를 지출할 수 있는지, 만약 금액이 모자라다면 무엇을 개선해야 하는지(저축을 늘리거나, 수익률

---

* ▶ [왕초보] 얼마를 모아야 은퇴가 가능한가?

을 개선하거나, 수입을 늘리거나) 꼼꼼하게 분석하고 투자에 임하기 바랍니다. 그래야 목표 수익률을 계산할 수 있고 그에 맞는 투자를 할 수 있습니다.

낙원 계산기 활용하는 법

이제부터 낙원 계산기 사용법을 설명하겠습니다. 아래는 낙원 계산기에 입력해야 하는 내용입니다.

낙원 계산기 입력 항목

- **보유 자산:** 현재 보유한 순자산(단위: 만 원, 자산에서 부채를 뺀 금액)
- **저축 금액:** 일 년 동안 저축할 수 있는 금액(단위: 만 원)
- **은퇴 시기:** 희망하는 또는 강제적으로 은퇴해야 하는 시기(단위: 지금부터 X년 후)
- **명목수익률:** 투자를 통해 은퇴 시기까지 달성할 수 있는 연복리수익률(단위: %)
- **저축 증가율:** 물가 상승률(단위: %, 저축하는 금액이 매년 물가 상승률과 동일하게 증가한다고 가정)

25세에 사회생활을 시작하는 김한국 씨를 예로 들어 보겠습니다. 보유 자산은 0, 저축 금액은 매월 100만 원으로 연 1200만 원, 은퇴 시기는 30년 후, 명목수익률은 연 8%, 저축 증가율(물가 상승률)은 3%라고 가정하겠습니다.

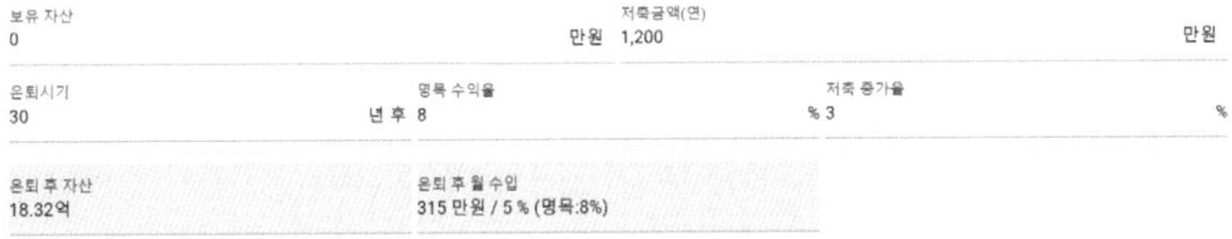

김한국의 기본 시나리오를 입력한 결과

내용을 입력하면 위와 같은 결과를 확인할 수 있습니다. '은퇴 후 자산' 항목을 보면 김한국 신입사원의 경우 지금 당장 돈이 한 푼도 없어도 월 100만 원만 꼬박꼬박 저축하고, 저축 금액을 물가 상승률과 동일하게 매년 3%씩 올리고, 저축한 금액을 연복리수익률 8%로 투자하면 30년 후 18억 3200만 원 정도의 순자산을 소유할 수 있습니다.

또한 '은퇴 후 월 수입' 항목을 보면 이 금액을 매년 수익률 8%로 계속 투자할 수 있다면 30년 후 은퇴하고 나서 죽을 때까지 원금을 건드리지 않으면서도 현재 가치로 월 315만 원 정도를 지출할 수 있다는 결론이 나옵니다.

뭔가 이상합니다. 18억 3200만 원을 8%로 투자하면 매년 1억 4700만 원의 수익이 발생하는데 왜 월 315만 원만 쓸 수 있는 것일까요? 물가 상승률을 고려했기 때문입니다. 30년 동안 연 3%의 물가 상승이 발생한다고 가정할 때 현재 315만 원 수준의 지출을 유지하려면 30년 후에는 약 765만 원(연 9180만 원)이 필요합니다. 이때 첫 해 벌어들인 투자 수익 1억 4700만 원을 다 쓰면 인플레이션으로 인해 원금의 가치가 적어지기 때문에 투자 수익의 일부는 저축하여 원금을 불려나가야 합니다. 원금이 매년 최소한 3%(연 5490만 원)는 늘어나야 하는 것입니다. 따라서 30년 후에 은퇴하면 첫 해 1억 4700만 원을 벌어서 9180만 원을 지출하고 5490만 원은 원금 훼손을 막기 위해 지출하지 않고 재투자해야 한다는 결론을 내릴 수 있습니다.

김한국 씨가 2021년 기준으로 월 315만 원 정도의 소비를 하면서 풍족한 노후를 즐길 수 있다고 생각한다면 결과대로 노력하면 됩니다. 지금 당장 한 푼도 없어도 30년 동안 매월 100만 원을 저축하고, 그 돈을 투자해서 매년 8% 정도의 수익을 내면 되는 것입니다. 직장인이라면 대부분 할 수 있는 정도의 노력이므로, 젊을 때부터 착실히 돈을 모으고 투자한다면 누구나 경제적 자유에 도달할 수 있습니다.

투자 수익률 차이가 은퇴 후 생활수준을 결정한다

이때 낙원 계산기에 입력하는 수치를 조금씩 조정하다 보면 경제적 자유에 도달하는 데 중요한 요소들이 무엇인지 알 수 있습니다. 다음 수치들이 여러분의 은퇴 후 생활에 큰 영향을 미칩니다.

첫째, 보유 자산이 많을수록 은퇴 후 자산도 커집니다. 사회 생활을 시작하기 전에 부모님에게 지원금을 받거나 학생일 때 모아둔 돈 등의 기존 자산이 있을 경우 은퇴 후 자산과 은퇴 후 지출 가능 금액이 크게 증가합니다. 참고로 보유 자산이 2억 원일 경우 30년 동안 저축을 한 푼도 하지 않고 이미 보유한 2억 원만 연복리수익률 8%로 투자해도 30년 후 자산은 20억 1300만 원이 되어, 은퇴 후 매월 345만 원 정도를 지출할 수 있습니다. 젊은 나이에 재산을 축적하는 것이 얼마나 중요한지 드러나는 대목입니다.

둘째, 매월 저축 금액이 늘어날수록 은퇴 후 자산도 늘어납니다. 매월 더 많이 저축할수록 자산이 더 빨리 증가하고, 경제적 자유에 더 빨리 도달할 수 있습니다.

셋째, 은퇴 후 자산은 은퇴 시기에 큰 영향을 받습니다. 은퇴가 늦어질수록 자산은 가파르게 늘어납니다. 복리 효과 때문에 투자 금액이 커지는 속도가 시간이 지날수록 점점 빨라지기 때문입니다.

하지만 부모님께 받는 지원금이나 내가 매월 벌 수 있는 돈, 은퇴 시기는 나 혼자만의 힘으로는 바꾸기 어려운 조건들입니다. 이때 우리의 구세주가 되어 주는 것이 바로 투자 수익률입니다.

은퇴 금액에 영향을 미치는 네 번째 요소인 투자 수익률은 경제적 자유를 달성하는 데 가장 큰 영향을 미칩니다. 투자 수익률이 조금만 차이가 나도 은퇴 후 자산과 지출 가능 금액은 큰 차이가 납니다. 물가 상승률인 3%를 고정으로 가정해 예를 들어보겠습니다.

| 투자 수익률에 따른 은퇴 후 자산과 월 지출 가능 금액

투자 수익률(%)	은퇴 후 자산(억 원)	은퇴 후 월 지출 가능 금액(만 원)
4	9.79	34
6	13.26	137
8	18.32	315
10	25.75	619
12	36.71	1,134
14	52.93	1,999
16	77.01	3,437

놀랍게도 연복리수익률 4%의 차이는 30년이 지나면 원금의 약 2배 정도의 차이로 벌어집니다. 원금이 같을 때 연복리수익률 12%로 투자하면 36억 7100만 원을 만들 수 있지만, 8%로 투자할 경우 금액은 절반 수준인 18억 3200만 원이 됩니다. 연복리수익률 8%로

자산을 불리면 은퇴 후 매월 315만 원을 지출할 수 있는데 12%면 거의 4배인 1134만 원을 지출할 수 있는 것입니다.

투자의 중요성이 피부로 느껴지십니까? 수입이 동일할 때, 장기적으로 투자를 통해 매년 10%의 수익률을 낼 수 있다면 은퇴 후 월 619만 원을 지출해도 원금이 줄어들지 않지만 수익률을 4% 정도밖에 못 낸다면 원금을 보존하면서 매월 쓸 수 있는 돈은 34만 원에 불과합니다. 4%의 수익률을 내도 3%의 물가 상승률을 얻어맞기 때문입니다. 만약 2% 정도의 수익률밖에 낼 수 없다면, 물가 상승률보다 내 수익률이 낮기 때문에 은퇴 첫날부터 원금을 손실하는 결과를 초래하게 됩니다.

30년 동안 똑같이 뼈빠지게 일한 두 사람이 있다고 생각해 봅시다. 김한국은 연복리수익률 12%를 내는 데 성공했고, 이한국은 8%, 정한국은 4%를 냈다고 가정하겠습니다. 연복리수익률 12%를 달성한 김한국은 은퇴 후 수익률 4%의 정한국이 쓸 수 있는 돈의 무려 33배에 달하는 돈을 쓸 수 있습니다! 심지어 김한국은 연복리수익률 8%를 달성한, 꽤 투자를 잘한 이한국보다도 4배나 되는 금액을 지출할 수 있습니다.

여러분은 김한국이 되겠습니까, 정한국이 되겠습니까? 가능만 하다면 은퇴하고 지출에 연연하기보다 30배 더 쓰는 편이 좋지 않을까요?

매년 12%의 수익률을 올리는 일이 쉬워 보이지 않을 수 있습니다. 그러나 이 책에서는 규칙에 기반을 둔 퀀트 투자를 통해 손실률을 상당히 낮추면서도 두 자릿수의 수익률을 낼 수 있는 전략들을 소개합니다. 꿈같이 들릴 수 있지만, 실제로 가능합니다.

경제적 자유를 가로막는 걸림돌

마지막으로 꼭 전하고 싶은 내용이 있습니다. 지금도 수많은 사람들이 경제적 자유에 도달하지 못하고 궁핍한 노후를 보내고 있고, 안타깝게도 미래에도 노인 빈곤은 사라지지 않을 것이라고 생각합니다. 그런데 경제적 자유를 가로막는 가장 큰 걸림돌은 "나는 부자가 되거나 경제적 자유를 이루지 못할 거야"라는 생각입니다.

저는 살면서 이렇게 생각하는 사람들을 무수히 많이 봤습니다. 그리고 슬프게도 그들은 그렇게 생각하기 때문에 실제로 평생 경제적 자유나 부에 도달하지 못할 가능성이 매우 높습니다. 스포츠 선수가 시합 전 나는 무조건 질 것이라고 생각하면 당연히 패배하게 될 것이고, 장군이 전투 전 필패한다고 생각하면 당연히 그 전투는 이길 수 없겠죠.

물론 수입이 없으면 경제적 자유에 도달할 수 없습니다. 그러나 앞의 사례를 보십시오. 25세에 돈 한 푼 없이 사회 생활을 시작해도 매월 100만 원씩만 저축하면서 투자로 착실하게 불려나가면 큰 부자까지는 아니어도 경제적 자유에 도달해서 풍요로운 노후는 충분히 보낼 수 있습니다. 저 정도는 우리 모두가 할 수 있습니다. 경제적 자유, 우리 모두 도달할 수 있습니다.

단, 투자 실력이 어느 정도 뒷받침되어야 합니다. 똑같이 매월 100만 원을 30년 동안 저축해도 투자 실력이 부족해서 수익률을 4%밖에 내지 못하면 매월 34만 원밖에 쓰지 못하지만, 투자 실력을 갈고닦아 수익률 12% 수준에 도달하면 매월 1000만 원 이상, 수익률 14%면 매월 약 2000만 원 이상, 수익률 16%면 매월 3000만 원 이상을 쓸 수 있다는 사실을 명심하십시오!

내게 맞는 목표 수익률을 정했다면, 이제부터는 투자를 통해 어떻게 내가 원하는 수익률을 달성할 수 있는지 알아보겠습니다. 먼저 다양한 투자법을 알아보고, 왜 그중에서도 퀀트 투자가 특히 투자 초보자에게 좋은지 설명하겠습니다.

더 알고 싶은 투자자를 위한 강환국의 영상 과외

▶ [왕초보] 40세 은퇴, 가능한가? (2)

03 투자 세계의 다양한 방법들, 어느 장단에 춤을 춰야 할까?

투자에는 여러 가지 방법이 있습니다. 돈을 버는 방법이 다양한 것과 같은 이치입니다. 투자자는 매일 돈을 벌 수 있는 필승법을 찾으려고 하지만, 그런 것은 존재하지 않습니다. 대신에 여러 가지 '괜찮은' 방법들이 존재합니다. 하지만 이 방법들은 내용이 아주 다를 뿐 아니라 서로 완전히 상반되기도 합니다. 초등학교만 졸업한 후 사업을 해서 성공한 사람과 대기업에서 사원으로 시작해서 임원이 된 사람, 박사학위까지 받고 학계에서 대성을 한 사람의 성공 방법은 전혀 다르고, 그들이 해줄 수 있는 인생 조언도 완전히 다르겠죠? 투자도 마찬가지입니다.

따라서 초보 투자자는 혼란스러울 수밖에 없습니다. 어떤 성공한 투자자는 가격이 최고점을 갱신할 때 매수하라고 하고, 다른 투자자는 가격이 많이 떨어져 저평가되어 있을 때 사라고 합니다. 또 어떤 투자자는 개별 종목을 깊게 연구하여 집중 투자를 하라고 하고, 어떤 대가는 투자자 대부분은 좋은 종목을 구별할 능력이 없으니 주가지수 ETF를 사서 시장 수익률만 따라가라고 하네요. 제 경우에는 ETF에 투자하는 전략만 있는 책과 종목 투자만 안내하는 책을 각각 쓰기도 했습니다. 도대체 어느 장단에 춤을 춰야 하는 걸까요?

문제는 특정한 방법으로 성공한 투자자들과 그들의 신봉자들은 그 방법을 가장 우수한 것으로 포장하는 정도에 그치지 않고 그 방법을 종교처럼 믿으며 나머지 투자 방식의 효용을 완전히 무시하는 경향이 강하다는 것입니다. 기독교인이 이슬람교도를 이교도라고 욕하고 반대로 이슬람교도가 기독교인들에게 똑같은 말을 하는 것과 비슷한 논리입니다.

투자의 여러 가지 종류

이렇듯 혼란스러운 투자 세계의 큰 그림을 보여주기 위해 어떠한 주요 투자 방법이 존재하는지 간략하게 설명하겠습니다. 이 외에도 투자 방법은 많으나 대표적인 방법만 소개합니다.

패시브 투자

투자를 업으로 삼는 펀드매니저들 중에서도 10년이 넘는 기간 동안 장기 투자를 할 경우 시장보다 높은 수익률을 낸 경우는 매우 드뭅니다. 어떠한 방법과 전략을 써도 투자자 대부분은 주가지수 대비 초과수익을 내기 어렵다는 증거죠. 따라서 패시브 투자 방법을 이용하는 신봉자들은 이런저런 기법을 통해 고수익을 내려고 하기보다는 ETF나 인덱스 펀드 등을 통해 저렴한 운용보수로 시장 수익 자체를 추종하는 것이 현명하다고 생각합니다. 패시브 투자의 대표 인물은 몇 년 전에 세상을 떠난 존 보글John Bogle로 알려져 있습니다.*

반대로 다양한 기법을 통해 시장보다 많은 수익을 내려는 것을 '액티브 투자'라고 합니다. 액티브 투자자들은 노력과 연구, 경험을 통해 초과수익을 낼 수 있다고 강력히 주장하죠.

이 책에서 저는 개별 종목에 투자하지 않고 글로벌 ETF에만 투자할 예정이므로 패시브 투자를 활용합니다. 다만 그 ETF를 조합하는 과정(정적자산배분)과 ETF를 사고 파는 타이밍(동적자산배분)을 통해 초과수익을 달성하고 손실을 크게 줄일 수 있다고 믿습니다(지금 어렵게 느껴지는 용어들에 대해서는 7장에서 모두 설명합니다).

---

* ▶ [초보] 존 보글과 인덱스펀드 (1)

▶ [초보] 존 보글과 인덱스펀드 (2)

가치 투자

투자의 대가 워런 버핏Warren Buffett이 활용하는 방법으로, 대중에게 가장 널리 알려진 투자 방법입니다. 가치 투자자들은 주식을 사는 것은 곧 그 회사를 사는 것이라고 생각합니다. 가치 투자의 신봉자들은 '주가는 결국 기업의 내재가치를 반영하지만, 일시적으로 특정 주식이 저평가되거나 고평가되는 경우가 있다'고 여깁니다. 그들은 이때 저평가된 주식을 사서 그 주식이 적정 가격이나 고평가된 가격으로 상승하면 팝니다.

저는 가치 투자가 매우 유력한 투자 철학이라고 생각하나, 이 책에서는 저평가된 개별 종목을 매수하는 가치 투자 기법은 다루지 않으며, 글로벌 ETF로 매매하는 투자전략만 설명합니다.

기술적 투자

주식 관련 유튜브나 기사를 보면 차트 패턴이나 추세 등의 용어가 등장합니다. 이것들이 기술적 투자의 용어에 속합니다. 기술적 투자 신봉자들은 인간의 심리는 일정한 패턴을 따르고, 그 패턴이 자산의 차트와 가격, 거래량에 반영된다고 믿습니다. 그들은 이 패턴의 과거 데이터를 분석하여 초과수익을 낼 수 있다고 믿습니다. 인간 심리의 패턴은 시간이 아무리 흘러도 크게 변하지 않기 때문입니다. 특히 기술적 투자의 신봉자들은 '가격의 추세'를 믿는 경향이 강한데, 최근 많이 올랐던 자산은 계속 오르고 최근 많이 떨어졌던 자산은 계속 떨어질 것이라고 생각합니다.

기술적 투자 방법을 이용하는 투자자 중에는 주식을 사고팔면서 그 주식을 발행한 기업이 어떤 사업을 하는지도 모른 채 오로지 차트 패턴만 보고 거래하는 경우도 많습니다. 주식을 기업의 일부로 보는 가치 투자자들과 접근법이 참 다르죠? 이들은 기업의 내재가치보다는 기술적 투자의 지표인 과거 가격, 거래량 및 차트 패턴만을 중시합니다.

제시 리버모어Jesse Livermore나 리처드 데니스Richard Dennis 등 기술적 투자를 통해 부자가 된 투자자도 많습니다. 수백 달러를 1억 달러 이상으로 불린 초고수 트레이더인 마티 슈바르츠Marty Schwartz는 9년 동안이나 가치 투자를 했지만 한 푼도 벌지 못했고, 모든 자산을 기술적 투자로 축적했다고 합니다.

저는 이 기법의 타당성이 높다고 보고, 이 책에서는 특히 최근에 오르는 자산이 계속 오르는 '모멘텀' 효과를 적극 활용합니다.

매크로 투자

각종 지표를 통해 경제 동향을 분석해서 어떤 자산이 오르고 내릴지 예측해 투자처를 선정하는 방식입니다. 매크로 투자 신봉자들은 투자 자산의 수익과 경제가 밀접하게 관련이 있다고 생각해 경제 성장률, 금리, 환율, 실업률 등의 경제지표를 통해 주식과 채권, 금 등 투자 자산의 가격 변동을 예측합니다. 대표적인 인물은 한국에도 잘 알려진 조지 소로스George Soros와 레이 달리오입니다.

매크로 투자자는 경제의 큰 흐름을 보기 때문에 개별 기업의 재무제표에 대해서는 관심을 기울이지 않습니다. 다만 가격 추세 등의 기술적 투자 지표를 살펴보는 경우는 있습니다. 이 책에서 매크로 투자 데이터는 특정 전략에서만 가끔 사용합니다.

정보 투자

개미 투자자들 중에는 뉴스를 통해 기업의 분기 수익이나 정부 발표에 대한 정보를 빠르게 얻어 이후 어떤 주식이 오르고 내릴지 예측하려는 사람이 많습니다. 정보 투자자들은 전문가들의 의견을 들으며 '시황'이라고 불리는 각종 주식 정보를 매일 체크합니다. 이들은 본인이 기존 정보를 더 잘 해석할 수 있다고 믿습니다. 또한 시장이 모든 정보를 즉각 가격에 반영할 수 없으므로 정보 발표 후에 자산이 계속 움직이는 틈을 노리기도 합니다. 이 책에서는 정보 투자 관련 투자전략은 다루지 않습니다.

왜 퀀트 투자인가?

총 다섯 가지의 투자 방법을 살펴보았습니다. 그렇다면 이 중에서 가장 좋은 투자 방법은 무엇일까요? 정답은 존재하지 않습니다. 위

다섯 가지 투자 방법 중 어떠한 방법을 활용해도 투자에 성공할 수 있습니다. 하지만 이 책에서는 '퀀트 투자'를 활용해 돈을 버는 방법을 설명할 것입니다. 퀀트 투자란 무엇일까요?

퀀트 투자

퀀트 투자는 규칙 기반rule-based 투자입니다. 매수와 매도, 보유에 대한 규칙이 있는데 이 규칙들은 오로지 '수치'를 기반으로 합니다. 이때 수치는 자산의 가격이나 기업의 재무 데이터 등 계량화가 가능한 것들을 의미합니다.

퀀트 투자에 대한 설명을 하기에 앞서 다섯 가지 투자전략을 알아보았습니다. 다양한 투자법들을 알아본 이유는 이 전략들을 퀀트 투자에 활용할 수 있기 때문입니다. 앞서 설명한 다섯 가지 전략에는 각각의 포인트가 있습니다. 그리고 이 포인트를 수치적으로 계량화해 퀀트 투자 규칙을 만들 수 있습니다.

예를 들어 '상승 추세인 자산을 사라'라는 말은 '내가 선택한 12개 ETF 중 최근 1년간 가격이 가장 많이 오른 3개 종목을 사서 6개월 보유하고 팔아라. 그리고 6개월 후 다시 위의 규칙을 반복하라'라는 전략으로 표현할 수 있습니다. 이를 통해 구체적이고 계량화 가능한 규칙을 따르게 됩니다. 이렇게 명확한 규칙이 있는 경우, "이 방법으로 실제로 투자했다면 어느 정도의 수익률을 얻었을까? 가장 많이 떨어졌을 때는 얼마나 잃었을까? 그리고 그 손실을 다시 만회하는 데는 시간이 얼마나 걸렸을까?"와 같은 질문에 대해 답을 할 수 있습니다. 물론 이 모든 것은 과거 실적일 뿐이지만 이를 통해 미래에 어느 정도의 성과를 기대할 수 있을지 가이드라인을 얻을 수 있습니다.

퀀트 투자는 위에서 설명한 다섯 가지 투자 방법에서 각각 주장하는 내용을 분석해 이를 계량화 가능한 전략으로 바꾸어 활용합니다(각 전략의 장점을 섞은 혼합 전략도 만들 수 있습니다). 그리고 이 전략을 만약 과거에 시행했다면 어떤 결과를 얻었을지에 대한 시뮬레이션을 돌려 봅니다. 이것을 '백테스트backtest'라고 합니다.* 백테스트 결과가 좋고 앞으로 이 전략을 적용해도 비슷한 결과를 얻을 수 있을 것 같으면 실제 투자를 할 때 이 전략을 활용합니다.

---

* ▶ [초보] 백테스트 매뉴얼 (1) – 자산배분

▶ [초보] 백테스트 매뉴얼 (2) – 마켓타이밍 편

▶ 개별주식 전략 백테스트 정복

▶ [초보] 투자전략 백테스트, 환상과 현실

▶ [초보] 백테스트와 리밸런싱, 이렇게 하는 겁니다!

▶ [중요] 직접 백테스트를 해야 합니다!!

백테스트를 통해 과거에 전략이 잘 통했다는 사실을 확인했다고 해서 미래에도 이 전략이 잘 먹히리라고 보장할 수는 없습니다. 하지만 최근 수십 년간 여러 국가와 다양한 자산군에서 특출난 성과를 거둔 전략의 유효성이 내가 투자를 시작한 후 갑자기 사라질 가능성은 매우 낮습니다.

투자는 다른 분야와 달리 경험이 곧 실력을 의미하지 않습니다. 그러니 처음에는 규칙대로 투자하다가 노하우가 쌓이면 내 생각과 감에 따라 투자하는 것이 좋다고 생각할 수 있는데 이는 위험한 착각입니다.

투자에는 우연적인 요소가 큰 영향을 미치기 때문에 성공 확률이 희박한 방법으로 투자를 해도 돈을 벌 수 있고, 반대로 이 책에서 소개하는 성공 확률 높은 전략으로 투자를 해도 손실이 발생할 수 있습니다. 절대 원금을 잃지 않고 무조건 수익을 낼 확률이 확실한 전략은 이 세상에 존재하지 않기 때문입니다.

이 때문에 사람들은 수익이 생기면 내가 잘해서이고, 손실이 발생하면 상황이 따라주지 않았다고 생각하게 됩니다. Chapter 2에서 자세히 설명하겠으나 사람의 심리는 원래 잘되면 내 덕, 안되면 남 탓을 하게 프로그래밍되어 있습니다. 이 때문에 경험이 축적되어도 실력이 늘기 쉽지 않은 것입니다.

바로 여기서 퀀트 투자의 가장 큰 장점이 드러납니다. 퀀트 투자는 우리가 투자를 망치는 잘못된 투자 심리에 휘둘리지 않고 투자할 수 있게 합니다. 그렇다면 지금부터 투자 심리가 무엇인지, 그리고 이것이 어떻게 우리의 투자 성과에 영향을 미치는지 알아보겠습니다.

더 알고 싶은 투자자를 위한 강환국의 영상 과외

▶ [초보] 혼란스러운 투자의 세계, 15분 만에 간단정리!

Chapter 2

★ ★ ★

모르면 돈 잃는 투자 심리

04 우리의 두뇌는 돈을 잃도록 최적화되어 있다

지금부터 할 이야기는 투자를 하는 우리의 심리에 대한 이야기입니다. "투자전략을 알고 싶어서 책을 보는데, 웬 투자 심리? 투자할 때 마인드 컨트롤이 중요하다는 건 이미 다 안다!"라고 생각할 수 있습니다. 곧바로 투자전략부터 알고 싶다면 Chapter 2는 건너뛰고 구체적인 투자 내용이 등장하는 다음 장부터 읽어도 괜찮습니다.

그렇지만 뒷부분을 모두 읽었다면 꼭 이곳으로 돌아와서 Chapter 2를 읽었으면 합니다. 투자 경험이 늘수록 투자 심리에 대해 아는 것이 그 무엇보다 중요하기 때문입니다. 아무리 좋은 투자전략을 알고 있다고 해도, 심리가 우리를 내버려두지 않아서 그 전략을 제대로 실천하지 못한다면 아무 소용이 없습니다. 투자 심리가 우리 행동을 조종해 투자에 영향을 미치는 순간, 투자 성공 확률은 0%에 수렴하게 됩니다.

투자 심리의 핵심 중 핵심, 여러분이 이 장에서 배워야 할 핵심은 다음과 같습니다. 사람의 두뇌는 투자에 망하도록 최적화되어 있으므로 아무도 믿어서는 안 된다!

아무도 믿지 마라

누구나 자신이 이성적으로 판단하며 좋은 투자 결정을 내린다고 생각합니다. 저도 예전에 그랬습니다. 하지만 아래의 통계를 보면 날고 긴다는 투자 전문가들이 얼마나 투자에 많이 실패하는지 알 수 있습니다.

인덱스펀드의 창시자인 존 보글이 미국에서 1970년부터 2016년까지 존재했던 모든 뮤추얼펀드를 조사한 결과*, 지식과 경험이 풍부한 고학력 펀드매니저들이 자금을 운용한 경우가 대다수였음에

* ▶ [초보] 존 보글과 인덱스펀드 (1)

▶ [초보] 존 보글과 인덱스펀드 (2)

도 불구하고 1970년에 존재했던 355개 펀드 중 현재 281개(79.1%) 펀드가 수익률 부진으로 사라졌다는 사실을 발견했습니다.

심지어 살아남은 74개 펀드 중에서도 주가지수, 즉 시장을 능가하는 수익을 낸 펀드는 겨우 10개에 불과했습니다. 시장 수익률보다 높은 수익률을 거둔 펀드를 선택할 확률은 겨우 2.8%(10/335)였던 것입니다.

이 결과는 두 가지 의문을 불러일으킵니다. "펀드매니저들은 전문가인데 투자를 왜 이렇게 못할까?"와 "전문가도 못하는데 나라고 좋은 수익이 나겠어?"이죠. 간단히 답변하자면 이렇습니다.

"펀드매니저의 두뇌 또한 투자에 망하도록 최적화되어 있고, 우리는 퀀트 투자를 통해 우리 두뇌의 굴레를 벗어날 수 있다."

전문가 두뇌이건 우리 두뇌이건 인간의 두뇌는 투자를 하면 망하도록 최적화되어 있다고 해도 과언이 아닙니다. 수많은 시간이 흐르며 과학 기술이 발달하고 문명이 꽃피었지만, 아쉽게도 우리의 동물적인 두뇌는 진화하지 않았습니다. 우리의 두뇌는 합리적인 판단에 전혀 익숙하지 않습니다.

돈을 넣은 투자자는 누구나 원숭이가 된다!
나 자신도 믿으면 안 된다

우리가 합리적인 판단을 내리지 못하도록 방해하는 것이 바로 심리 편향입니다. 이 편향들이 도대체 무엇인지, 어떻게 이 편향의 지배를 받는 상황을 피할 수 있는지 분석하기 전에 중요한 내용을 하나 이야기하겠습니다.

1. 우리는 투자 전, 즉 실제로 돈을 투입하기 전에는 어느 정도 합리적인 투자전략을 만들 수 있습니다.

2. 매수가 끝나고 내 돈이 들어간 그 순간부터는 합리적인 판단을 할 수 없습니다.*

조금 더 적나라하게 표현하면, 투자 전에는 인간의 IQ를 사용할 수 있으나 투자 후에는 급속도로 원숭이 수준의 두뇌로 퇴화한다는 뜻입니다. 투자 전 IQ가 높든 낮든, 투자 전문가든 주식투자를 처음 시작하는 왕초보든 큰 상관이 없습니다. 모두 사이좋게 원숭이가 되는 것입니다. 저도 마찬가지입니다. 돈을 투자해 매수 버튼을 누르는 순간부터 우리는 원숭이 가족입니다.

---

* ▶ [초보] 주식시장에서 무조건 이기는 방법

그러나 반대로 말하면 사람의 탈을 쓴 원숭이와 경쟁하는 것이기 때문에, 조금만 인간다운(?) 투자를 할 수 있다면 원숭이를 이길 수 있습니다. 그 방법을 알아보기 전에 투자를 망치는 편향에 어떤 것들이 있는지부터 알아보겠습니다.

05 투자를 망치는 10가지 심리 오류

놀랍게도 투자에 악영향을 미치는 두뇌의 편향은 자그마치 40개(!)가 넘습니다. 열심히 노력해서 39번째 고비를 넘겨도 40번째 고비를 넘기지 못하면 자산이 회복불능의 상황에 처할 수도 있습니다. 뒤에서 자세히 살펴보겠지만, 손실이 너무 커지면 회복이 거의 불가능하기 때문입니다.

이 책은 주로 자산배분과 마켓 타이밍 전략을 다루고 있습니다. 여기서는 이 책에서 소개하는 방법으로 투자를 하는 투자자에게 가장 치명적인 편향 10개를 추려 치명적인 순서대로 나열해 보았습니다. 나머지는 제 유튜브 채널에 '투자를 망치는 40여 개의 편향 총

정리'라는 4개 영상 시리즈로 정리해두었습니다.*

이러한 편향을 안다고 해서 모두 피하기는 쉽지 않습니다. 마치 '적게 먹고 많이 운동하면 살을 뺄 수 있다'는 간단한 진리는 누구나 다 알지만 막상 실천하기 어려운 것과 마찬가지입니다. 아는 것과 실천하는 것은 다르죠. 단순히 편향의 존재를 인지한다고 이를 고칠 수 있는 것은 아닙니다.

그래도 아는 것이 모르는 것보다는 낫습니다. 그리고 의식적으로, 지속적으로 본인의 편향을 인지하고 거기에서 벗어나려고 노력하면 편향에서 어느 정도 벗어난 투자 습관이 생길 수 있습니다. 저도 제 두뇌의 편향을 없앨 수는 없지만 영향을 덜 받으려고 끊임없이 노력 중입니다.

---

* ▶ [초보] 투자를 망치는 40여개의 편향, 총정리 (1)

▶ [초보] 투자를 망치는 40여개의 편향, 총정리 (2)

▶ [초보] 투자를 망치는 40여개의 편향, 총정리 (3)

▶ [초보] 투자를 망치는 40여개의 편향, 총정리 (4)

▶ (투자심리) 강환국 폭망에서 무엇을 배울 수 있는가?

인지 오류와 감정적 편향

이 수많은 심리적 편향은 크게 '인지 오류'와 '감정적 편향'으로 나눌 수 있습니다. 인지 오류란 우리 안의 본능적인 시스템이 생존을 위해 정보를 매우 빨리 분석해서 결론을 낼 때 생기는 실수를 말합니다. 뜨거운 불이 닿기도 전에 반사적으로 손을 피하는 것처럼, 단순한 상황에서는 빠르게 내려진 결론이 옳을 가능성이 높습니다. 하지만 복잡한 상황에서는 이러한 본능적인 결론이 틀릴 가능성이 높아집니다.

감정적 편향은 자존심을 유지하려는 인간 본성에서 시작됩니다. 모든 사람은 자기가 옳다고 인정받고 싶고, 실수를 인정하고 싶지 않습니다. 이 과정에서 수많은 자기합리화가 발생합니다. 일반적으로 감정적 편향이 인지 오류 편향보다 고치기 어렵다고 합니다. 자존심을 내려놓는 것이 세상에서 제일 어려우니까요.

그렇다면 지금부터 우리의 투자를 망치는 편향 중 특히 자산배분 전략에 악영향을 미치는 10가지를 순서대로 알아보겠습니다.

1. 투자(거래) 중독

이 책에 나오는 투자전략을 장기적으로 활용하면 매년 8~15% 정도의 수익률을 기대할 수 있으며, 전략을 잘 수립할 경우 최악의 순간에도 10% 이상 잃는 상황이 매우 드물 것입니다. 하지만 단점도 있습니다. 이 전략들은 ETF를 기계적으로 사고 파는 전략이라 '재미(?)'가 하나도 없습니다! 거래를 상대적으로 많이 하는 마켓 타이밍 전략도 아무리 많아야 매월 한 번씩 거래합니다. 월말에 아무것도 안 하는 경우도 꽤 많을 것입니다. 자산배분 전략은 심지어 일 년에 딱 한 번 거래합니다. 정해진 거래일 외에는 아무것도 하지 않습니다.

투자는 때로 우리에게 아주 재미있는 게임처럼 느껴지기도 합니다. 주가가 오르락내리락하면 마음도 따라서 널뜁니다. 회생이 틀린 것 같던 주식이 갑자기 치고 올라올 때 느껴지는 카타르시스는 그 무엇으로도 대체하기 어렵습니다. 희열에 중독된 수많은 투자자들은 매일 끊임없이 주식을 거래합니다. 이러한 스릴에 익숙해진 투자자는 한 달에서 일 년간 아무것도 하지 않고 기다리는 것을 답답해합니다.

당연하게도 투자전략을 믿지 않고 주관적인 판단대로 자주 종목을 사고판다면 투자를 망칠 확률이 크게 올라갑니다. 하지만 투자 중독자들은 매 시간마다 휴대폰을 들여다보며 사고팔고 거래를 해야 만족감을 느끼죠.

명심하십시오! 주식투자는 재미를 위해 하는 것이 아닙니다. 돈을 벌기 위해서 하는 것입니다. 거래의 스릴을 정 느끼고 싶다면 이 책의 전략으로 자산의 대부분을 투자하고, 전체 자산의 3~5% 정도만 없는 셈치고 트레이딩에 도전하는 편이 낫습니다.

2. 상대적 박탈감

투자를 하면 어떨 때 가장 괴로울까요? 보통 '남들 다 돈 잘 버는데 나만 못 벌 때'가 가장 괴롭다고 합니다. 상대적 박탈감이 느껴지기 때문이죠. 사람이란 조금씩 차이만 있을 뿐이지 늘 본인을 남과 비교하는 본능이 있습니다.

특히 자산배분 전략은 주식 말고 다른 자산군에도 투자하기 때문에 주식 시장이 미친 듯 상승할 때는 시장보다 수익률이 훨씬 낮을 수밖에 없습니다. 그런데 이때 우리가 하수라고 생각하는 투자자들이 이런 저런 주식을 사서 몇 배를 벌었다는 소리를 들으면 자존심이 상하고 배가 아픕니다. 이런 상황이 오면 견디지 못하고 자산배분 전략을 포기하는 경우가 자주 생깁니다. 주식 시장이 끝없이 폭락하는 하락장에서 방어가 정말 잘 된다는 사실은 깡그리 잊어버린 채 말입니다.

3. 손실 회피 편향+처분 효과

손실 회피 편향은 주식에서 가장 무서운 편향이라고 할 수 있습니다. 사람은 수익에 대한 기쁨보다 손실에 대한 고통을 훨씬 강하게 느낍니다. 기쁨에 비해 고통이 약 3배 정도 강렬하다고 합니다. 이 때문에 사람은 손실을 확정 짓고 싶어 하지 않는데, 이를 손실 회피 편향이라고 부릅니다.

주식투자를 할 때 손절매라는 말을 들어보지 않은 투자자는 없을 것입니다. 하지만 이토록 중요한 손절매를, 막상 많은 투자자가 하지 못하고 있습니다. 손절매하는 순간 손실을 확정 짓는 것이 고통스럽기 때문입니다. 돈을 잃는 것도 슬프고, 내가 바보 같은 투자를 했다는 사실을 인정하기는 더욱더 싫습니다.

그래서 투자자는 대부분 별의별 합리화를 다 하면서 손절매를 하지 않습니다. "개잡주 사다가 가격 떨어져서 물타기하다가 대주주 된 후 상장폐지 당했다"라는 말 들어보셨습니까? 투자전략을 실행하다 보면 필연적으로 손실을 보는 구간이 있고, 특히 자산배분의 경우 투자한 자산군 모두가 수익을 내는 경우는 매우 드뭅니다. 손실이 나는 와중에도 기계적으로 포트폴리오를 리밸런싱하고 손해 보는 상태에서 ETF를 팔아야 하는 상황이 발생하는데, 이때 최소한 본전은 회복해야 된다면서 갑자기 전략을 따르지 않을 가능성이 높죠.

'처분 효과'는 우리가 산 자산이 조금이라도 오르면 재빨리 팔아서 수익을 바로 확정짓고 싶어하는 경향을 말합니다. 얼핏 보면 정반대처럼 보이지만, 사실 처분 효과는 손실 회피 편향과 비슷한 심리적 뿌리에서 출발합니다. 손실이 발생하는 것이 너무 괴롭기 때문에, 조금이라도 수익을 내면 일단 손실을 피할 수 있다는 생각에서 출발한 행동인 것이죠.

어쨌든 수익을 냈으니 된 거 아닌가 싶을 수도 있겠습니다. 하지만 자산배분 전략에서 자산군 대부분은 장기적으로, 지속적으로 우상향합니다. 시간이 지나면 수십 배, 수백 배도 됩니다. 그래서 그 ETF를 계속 보유하면서 수익을 불려가야 하는데 갑자기 수익이 10%, 20% 발생했다고 "이제 너무 비싼 거 같아"라며 팔아버리면 당연히 장기적 복리 10%, 15%의 수익을 실현할 수 없죠. 초과수익을 얻을 수 없게 되는 것입니다.

이 두 가지 편향이 합쳐지면 투자자는 작은 수익이 발생하면 바로 자산을 팔아버리고, 손실이 발생하면 절대로 자산을 팔지 않게 됩니다. 투자의 가장 중요한 원칙인 '수익은 길게, 손실은 짧게'를 정면으로 위반하는 상황이 되어버리는 것이죠.

4. 이해 불가한 기하급수적 성장

아인슈타인이 '복리는 세계 8대 기적'이라고 했는데, 이를 제대로 이해하는 사람은 매우 드뭅니다. 인간은 직선형 성장에만 익숙해져 있어서 복리와 같은 기하급수적 성장 개념을 이해하기 매우 어렵습니다. 그래서 이 책에서 제시하는 전략들의 꾸준한 연복리수익률 8%, 10%, 12%가 충분한 시간과 합쳐지면 어느 정도의 위력을 발휘하는지, 또는 반대로 '사소한 손실'이 복리 효과를 얼마나 훼손하는지 감이 없습니다.

따라서 투자자 대부분은 '꽤 안전한 연복리수익률 10~15%'를 무시하고 2배, 5배, 10배의 대박 수익을 추구하는 경우가 많습니다. 대개 그 결과는 처참합니다. 비교적 안전한 연복리수익률 10~15%를 마다하고 100%의 수익을 추구했던 용감한 투자자의 실제 수익률이 -48%인 경우는 생각보다 훨씬 자주 발생합니다. 그러나 우리는 인간이기 때문에 다음 투자에도 100%의 수익을 낼 수 있는 대박주를 쫓아가게 되어 있습니다.

아래의 복리 표를 한번 깊게 곱씹어보십시오! 작은 복리가 시간이 흐르면 기적을 만들어냅니다. 워런 버핏이 어떻게 1000억 달러를 가진 부자가 되었냐고요? '겨우' 복리 20~25%로 본인 자산을 75년 동안 불렸을 뿐입니다!*

| 투자 기간 대비 복리의 자산 증진 효과(단위: 배)

기간 \ 수익률	8%	11%	14%	17%	20%
5년	1.4	1.7	1.9	2.2	2.5
10년	2.2	2.8	3.7	4.8	6.2
15년	3.2	4.8	7.1	10.5	15.4
20년	4.7	8.1	13.7	23.1	38.3
25년	6.9	13.6	26.5	50.7	95.4
30년	10.1	22.9	51.0	111.0	237.4
40년	21.7	65.0	188.9	533.9	1,469.8
50년	46.9	184.6	700.2	2,566.2	9,100.4

* ▶ 워렌 버핏이 1000억 불 부자가 된 진짜 이유!

5. 과잉 확신 편향*

이 편향은 많은 사람들이 자기 자신을 너무 철썩같이 믿고 스스로의 능력을 과대평가하면서 발생합니다. 사람들에게는 기본적으로 '최소한 나는 평균 이상'이라는 심리가 있습니다.

이는 교도소에서조차 마찬가지입니다. 영국의 사우스햄튼 대학교 리서치 팀은 교도소 재소자들을 대상으로 다음과 같은 질문을 던졌습니다. "나는 다른 재소자들에 비해서 더 도덕적이고, 정직하고, 신뢰할 만한가?" 놀랍게도 질문을 받은 재소자들의 2/3 이상이 자신을 다른 재소자들에 비해 더 낫다고 평가했습니다. 심지어 그들은 본인들이 일반인만큼 법을 잘 지킨다고 응답했다고 합니다.

원시시대에 과잉 확신 편향은 생존에 필수적이었습니다. 사냥 실력이 모자라 사냥에 실패한 원시인이 자기에게는 능력이 없다고 의기소침해하며 다음 날부터 사냥 나가기를 거부한다면 어떻게 될까요? 이보다는 스스로 정신승리를 하면서 '원래는 잘 잡는데 오늘 운이 없었을 뿐이야. 내일은 잘될 거야. 나는 최고의 사냥꾼!'이라고 생각한 뒤 다음날도 사냥에 나서는 편이 살아남을 확률이 훨씬 높았을 것입니다.

하지만 투자에서 과잉 확신 편향은 독입니다. 이 편향에 빠져 자

---

* ▶ [초보] 왜 당신이 주식을 하면 맨날 깨지는지 (2) – 과잉 확신 편향 편

신을 과신하게 된 투자자는 스스로 전망이 좋다고 판단한 주식의 가격이 오르는 것은 당연하므로 분산투자 따위에는 신경도 쓰지 않게 됩니다. 한국예탁결제원의 2020년 결산 자료에 따르면 실제로 한국 주식투자자 중 33.8%는 단 한 개의 종목만 보유하고, 약 60%의 투자자는 겨우 1~3개의 종목만을 보유하고 있습니다.[2] 우리 삶에 깊숙이 뿌리내린 과잉 확신 편향을 보여주는 증거입니다.

소위 '몰빵 투자'는 리스크가 큽니다. 앞서 설명한 처분 효과 때문에 주식이 조금만 올라도 금방 팔아치웁니다. 그러다 손실이 발생하면 손실 회피 편향 때문에 주식을 팔지 못하고 보유하게 됩니다. 여기에 과잉 확신 편향까지 곁들이면 '내가 산 주식은 언젠가는 다시 오를 것'이라는 확신을 가지고 손실을 점점 키우게 됩니다. 이렇게 패가망신한 사람들 얘기 아마 자주 들어보았을 것입니다. 아니, 주식으로 망했다는 사람들 얘기 들어보면 대부분 이 패턴입니다.

6. 확증 편향

앞에서 설명한 과잉 확신 편향과 비슷한 스타일의 편향입니다. 확증 편향은 본인의 생각과 일치하는 정보만 받아들이고 나머지 정보는 무시하는 경향을 뜻합니다. 정치색이 뚜렷한 사람이 반대 정당에서 전달하는 정보 중 본인이 지지하는 정당에 불리한 뉴스는 모두 가짜뉴스라고 매도하는 경우가 이에 해당합니다.

투자를 하다 보면 내가 산 자산이 오르고 내리는 일이 늘 발생합니다. 이때 확증 편향이 심한 투자자는 돈을 번 날에는 본인의 생각이 맞았기 때문이고, 잃은 날에는 운이 없었기 때문이라고 생각하게 됩니다. 이러한 상황에서는 수집하는 모든 정보를 본인의 투자를 뒷받침하는 방향으로 억지 해석하게 되며 본인의 투자에 부정적인 정보는 그럴 리 없다고 과소평가해 잘못된 투자를 계속합니다.

7. 단기 추세는 갸우뚱, 장기 추세는 맹신

많은 투자자들은 단기 추세를 반신반의합니다. 최근 6개월 동안 100% 오른 ETF가 있다면, 오를 만큼 올랐으니 떨어질 것 같다며 매수하기를 꺼려합니다. 그런데 10년 연속 미국 주식이 올랐을 경우에는 이 현상이 계속 유지되리라고 의심 없이 믿는 경향이 있습니다. 모든 심리적 편향에는 공통적인 문제가 있는데 인간의 믿음, 이론, 논리는 좀처럼 바뀌지 않는다는 것입니다.

그리고 10년이라는 세월은 '미국 주식이 좋았고 미래에도 계속 좋을 것이다'라는 논리를 세우기에 충분한 시간입니다. 이를 입증할 데이터도 많이 쌓였고요. 그리고 의심치 않으면서 '미국 자산에는 장기 투자해도 된다!'라며 큰돈을 투자하죠.

그런데 자본 시장이란 참 얄궂습니다. 데이터 분석을 해보면 '최근 3~12개월 추세'는 지속되고, '최근 3년 이상 추세'는 깨지는 경우가 많습니다. 이에 대해서는 뒤에서 공부할 마켓 타이밍 전략 부분에서 더욱 자세히 설명하겠습니다.

8. 전망 망상 편향

수많은 투자자들이 본인들이 알고 있는 정보나 지표 등을 바탕으로 끊임없이 미래를 전망합니다. 하지만 전문가들 또한 밥 먹듯 틀리는 것이 미래 예측입니다. 필립 테틀록Philip Tetlock 교수는 전문가 284명이 한 약 2만 8000개의 예측을 분석해, 전문가들의 예측이 맞을 확률이 주사위 던지는 것보다도 못했음을 증명했습니다.[3]

코로나19가 이렇게 갑작스럽게 전 세계를 휩쓸게 될 줄 누가 알았을까요? 인간은 미래를 알 수 없습니다. 하지만 많은 사람들이 "미래를 전망하지 않으면 어떻게 오를 주식을 예측해 투자할 수 있나요?"라고 질문합니다. 이 책에서는 미래 전망을 전혀 하지 않고 고수익을 내는 방법들만 배울 것입니다.

9. 통계 감각 결여+스토리텔링의 폐해+권위 편향

인간은 본능적으로 통계에는 매우 약한 대신 그럴듯한 스토리텔링에는 혹하는 경우가 많습니다. '최근 일 년 동안 오른 주식이 계속 오를 가능성은 X%, 평균 수익은 Y%, MDD는 Z%'같은 통계 수치보다는 "이 기업이 지금 개발하고 있는 게임이 전 세계를 휩쓸 거야! 지금 미리 사야 해!" 같은 스토리에 혹하는 것이 사람의 마음입니다. 그 스토리가 본인의 마음을 사로잡으면 사실인지 제대로 알아보지도 않고 그대로 믿어버리기도 합니다. 그러나 투자는 우리의 상식대로 흘러가지 않는 경우가 많습니다.

아울러 권위 있는 사람, 즉 '전문가'가 말하면 사람들은 그 스토리를 더 잘 믿는 경향이 있습니다. 이것을 권위 편향이라고 합니다. 똑같은 이야기라도 옆집 아저씨가 하는 것과 20년 잔뼈가 굵은 펀드매니저나 경제 전문가가 하는 것은 다르게 들리죠. 하지만 전문가가 하는 말이 얼마나 많이 틀리는지는 바로 앞에서 이야기했습니다.

10. 일관성 결여

사람은 일관성이 부족한 동물입니다. 상사가 똑같이 싫은 소리를 해도 금요일 퇴근 시간이 다가오면 웃어넘길 수 있고, 월요일 아침이면 퇴사 욕구가 차오르지 않던가요? 이처럼 사람의 의사결정 과정에는 의외로 객관적인 사실보다 기분, 건강, 배고픔, 피로도, 날씨 등이 더 큰 영향을 미칩니다. 이는 투자에서도 마찬가지입니다.

심리 편향이 실제 투자에 미치는 영향

지금까지 우리가 알아본 내용에 따르면, 대부분의 사람들은 투자를 할 때 다음과 같이 행동하게 됩니다.

하루도 못 참고 HTS를 바라봅니다. 손가락이 늘 근질근질합니다. 사고팔면서 느끼는 스릴이 필요하거든요. 한 달, 일 년 동안 아무것도 안 하고 다음 리밸런싱을 기다리라고요? 너무 지루해서 도저히 못할 것 같습니다(투자 중독).

그나마 그조차도 일관성 없이 그날그날 마음이 가는 대로 투자합니다(일관성 결여).

그렇게 원칙 없이 투자하면서도 내가 최고의 투자자이고 정말 투자를 잘한다고 굳게 믿습니다(과잉 확신 편향).

남의 말을 들을 때는 내 생각과 일치하는 말만 귀담아 듣고 나머지는 무시합니다(확증 편향).

투자전략에 따라 리밸런싱 기간이 오면 가진 자산을 팔아야 하는데 손실이 났다고 안 팔고 버티고(손실 회피 편향), 반대로 아직 팔 때가 아닌데 조금 오르면 잽싸게 팔아서 작은 수익을 챙기고 기뻐합니다(처분 효과).

미래 전망을 할 수 있다는 어떠한 근거도 없으나 계속 전망을 합니다(전망 망상 편향).

통계적인 근거는 찾지 않고 스토리만 그럴듯하면 혹해서 이를 근거로 매매합니다(통계 감각 결여+스토리텔링의 폐해).

끊임없이 전문가들의 말을 경청한 후 팩트 체크 없이 그들이 추천하는 종목을 지릅니다(권위 편향). 그것도 분산투자할 생각은 없이 한두 종목에 올인합니다(과잉 확신 편향).

기적적으로 강환국 말을 듣고 투자전략을 좀 따라 해볼까 하는데 수익률이 겨우 10~15%라니 너무 하찮아서 그만두고 싶습니다(복리 효과 이해 못함).

그리고 실제로 투자전략을 시도해 봤는데 주식 대세 상승장이라 개나 소나 다 수익률 100% 찍는다는데 나 혼자 20% 벌고 있습니다. 짜증나! 이거 못하겠어(상대적 박탈감)!

어떻습니까? 이런 식으로 투자해서 돈을 버는 것이 오히려 신기하다는 사실을 알 수 있습니다. 지금까지 배운 모든 편향은 다음 두 가지 사실로 귀결됩니다.

1. 우리 두뇌는 투자하면 망하도록 최적화되어 있다.

2. 투자 과정에 사람의 주관이 개입하는 것이 모든 불행의 시작이다.*

---

* ▶ [초보] 왜 당신이 주식을 하면 맨날 깨지는지 (1) – 손실 회피 & 처분 효과 편향

▶ [초보] 왜 당신이 주식을 하면 맨날 깨지는지 (2) – 과잉 확신 편향 편

▶ [초보] 정석적인 투자, 왜 이리 어려울까?

▶ 투자가 심리적으로 어려운 이유 – 절대 모멘텀 사례

▶ 구독자 10,000명 기념! 투자 10계명 대공개!

▶ 내가 100만 불 잃으면서 배운 것! (上)

이래도 '남들은 그럴지 몰라도 나는 아니야. 나는 똑똑하거든. 아이고, 바보들'이라고 비웃는 투자자가 있는데 그것도 과잉 확신 편향입니다. 이 편향을 설명하는 저도, 저만큼은 다르다고 굳게 믿고 있습니다! 저는 이 모든 편향을 다 연구한 지식인이잖아요? 그러나 저도 똑같이 이 편향에 사로잡혀 사는 사람, 아니 사람의 탈을 쓴 원숭이입니다.*

지금까지 우리가 투자를 할 때 원숭이가 된다는 사실을 알아보았습니다. 좋습니다. 저 자신을 믿지 않도록 하겠습니다. 하지만 전문가라 불리는 펀드매니저들도 똑같이 믿을 수 없습니다. 그렇다면, 도대체 누구를 믿고 어떻게 투자해야 할까요?

---

* ▶ [초보] 강환국의 4대 투자 흑역사 공개!

  ▶ (투자심리) 강환국 폭망에서 무엇을 배울 수 있는가?

  ▶ 투자자 강환국, 체스로 자아성찰!

06 심리의 함정에 빠지지 않는 법

앞서 수십만 년의 진화를 거듭해서 생긴 편향이 우리가 인지한다고 그 순간 사라지지는 않는다고 이야기했습니다. 하지만 우리는 생존을 위해 투자해야 합니다. 그러니 편향이 개입하지 않게 하는 몇 가지 방법을 통해서 우리 뇌의 핸디캡을 극복할 방법을 공유하겠습니다.

앞으로 소개할 전략은 모두 계량화한 수치 데이터를 바탕으로 만든 것으로, 매수와 매도에 대한 규칙이 명확합니다. 따라서 과거에 만약 이 전략대로 투자했다면 결과가 어땠을지 수익률과 손실률을 명확히 알 수 있습니다. 이렇게 과거 자료를 가지고 시뮬레이션을 해보는 것을 백테스트라고 부른다고 했습니다.

모든 전략은 백테스트를 통해 검증한다*

다양한 전략 중 무엇을 선택하더라도 꼭 백테스트를 직접 해보기를 권합니다. 이 책에서는 소개하는 전략들마다 제가 백테스트한 결과를 실었습니다. 하지만 직접 백테스트를 해봐야 전략을 더 잘 이해할 수 있습니다.

백테스트를 진행하며 조건 몇 가지를 바꾸어보고, 다른 결과를 내다 보면 더 훌륭한 전략을 만들 수도 있습니다. 기존 전략에서 투자 기간을 바꾸거나, 몇 가지 자산을 추가하거나 제거하는 등의 방법을 써서 전략을 바꾼 뒤에는 반드시 다시 백테스트해야 합니다.

강환국의 백테스트 도구와 데이터 소스

정적·동적자산배분 백테스트

Portfolio Visualizer – www.portfoliovisualizer.com(부분 유료)

---

* ▶ [초보] 성공투자? 3가지만 잘하면 된다!

정리된 백테스트 데이터

Allocate Smartly(정적·동적자산배분) – www.allocatesmartly.com(블로그 무료, 나머지 유료)

Portfoliocharts(정적자산배분) – www.portfoliocharts.com(무료)

데이터 소스(주가지수, ETF)

Investing.com – www.investing.com(무료)

정적자산배분과 동적자산배분의 경우 일부 전략은 Portfolio Visualizer(www.portfoliovisualizer.com)라는 사이트를 통해 백테스트를 할 수 있습니다. 아쉽게도 아직 국내에는 이러한 백테스트 도구가 없는데, 2021년 11월 현재 뉴지스탁이라는 회사에서 정적자산배분과 동적자산배분 백테스트가 가능하고 자동 매매까지 할 수 있는 웹사이트를 만들고 있습니다.

직접 Investing.com(www.investing.com) 사이트에서 ETF와 자산군 데이터를 다운받아서 백테스트할 수도 있습니다. 이번 책을 쓸 때 저는 Allocate Smartly(www.allocatesmartly.com)라는 유료 사이트를 통해 백테스트한 데이터를 주로 사용하고 분석했습니다.

이처럼 직접 데이터를 활용해 전략을 개발하고 다양한 시나리오를 검증해 보면 전략에 대한 믿음이 강해집니다. 그리고 강한 믿음이 있어야만 두뇌의 편향을 극복하고 선택한 전략을 지속할 수 있습니다. 이 부분이 바로 다음에 이어질 포인트입니다.

전략을 결정했다면 중간에 바꾸지 않는다*

이 책에서 소개하는 전략들은 백테스트를 통해 검증을 끝마쳤습니다. 수익률은 꽤 괜찮고, 최대로 발생할 수 있는 손실 폭은 낮습니다. 어떤 ETF를 어떤 논리로 매수하고 언제 팔아야 하는지도 정해져 있습니다.

하지만 실제 투자를 시작하면 상황은 어디로 튈지 모릅니다. 전략대로 매입한 주식이 갑자기 엄청나게 오를 수 있습니다. 이렇게 되면 처분 효과가 발동해 지금 팔지 않으면 금방 떨어질 것처럼 느껴집니다. 반대로 전략대로 매입한 ETF가 사자마자 계속해서 떨어질 수도 있습니다. 자산배분 전략은 여러 자산군에 투자하기 때문에 하나가 오르면 다른 하나는 떨어질 가능성이 큽니다. 전략에 따라 떨어진 자산을 팔 때가 오면 손실 회피 편향 때문에 매도 버튼을 누르

---

* ▶ [초보] 주식시장에서 무조건 이기는 방법

▶ 내가 100만불 잃으면서 배운 것! (下)

기가 아주 힘듭니다. 전략을 믿고 미국 ETF를 많이 샀는데 신문 기사마다 최근 미국의 경제 상황이 어렵다는 기사가 등장합니다. 이쯤에서 전략을 수정해야 하지 않을까, 계속 고민이 됩니다. 이러한 걱정들은 투자금액이 커질수록 더합니다.

하지만 절대로 전략을 중간에 내 마음대로 수정하면 안 됩니다. 앞서 설명했듯, 사람은 각종 편향에 특화된 뇌를 가지고 있기 때문입니다. 실제 투자를 하기 전까지는 쉬워 보였던 '그저 전략대로 하자'는 다짐이, 돈을 투자하고 나면 갑자기 의미 없게 느껴집니다.

여러분이 깊은 고민 끝에 세종시에 집을 샀다고 상상해 보십시오. 집을 사기 전에는 나름대로 다른 지역 집도 보고 여러 정보를 비교한 끝에 구매했을 것입니다. 그러나 집을 산 후에는? 자연스럽게 세종시 관련 좋은 말을 하는 사람은 '개념 있는 사람', 부정적인 말을 하는 사람은 '가짜 뉴스를 퍼트리는 나쁜 놈'이 됩니다. 돈을 투자한 후에 우리는 확증 편향의 노예가 됩니다.

이 세상에 완벽한 투자전략이란 없습니다. 그러한 전략이 있다면 지금쯤 모두 다 부자가 되었을 것입니다. 이 책의 목적은 100점 만점에 80~90점 수준의 전략을 소개하는 것입니다. 그러나 전략을 끝까지 실행해야만 80~90점이라도 받을 수 있습니다. 투자를 시작하고 나면 이 전략에 본인이 개입하면 전략을 95점으로 올릴 수 있다고 착각하는데(과잉 확신+통제 환상 편향) 대부분 결과는 처참합니다.

우리는 각종 편향에 노출되어 있기 때문에 오히려 30점짜리 결과를 얻을 가능성이 훨씬 높다는 점을 명심해야 합니다.

그렇다면 한 가지 전략을 평생 동안 밀고 나가야 하는 것일까요? 그렇지는 않습니다. 제 경우, 이성을 잃기 전인 매수 전에 전략을 선택하고 그 전략을 얼마나 유지할지도 함께 정합니다. 저는 일 년을 11~4월, 5~10월로 나누어 6개월 단위로 투자하는데, 매수 후 6개월 동안에는 그 전략을 절대로 바꾸지 않습니다. 상황이 어떻게 흘러가더라도 전략이 제시하는 내용을 무조건적으로 따릅니다. 전략이 매수하라고 하면 매수하고, 매도하라고 하면 매도합니다. 저 또한 편향에서 자유롭지 못한 사람일 뿐이고, 제가 개입하는 순간 결과가 훨씬 더 나빠질 뿐이라는 사실을 알고 있기 때문입니다.

그러면 그 6개월 동안에는 무엇을 해야 할까요? 새로운 전략을 연구하거나 기존 전략을 업데이트할 방법을 생각합니다. 아직 돈을 투입하기 전이므로 어느 정도 객관적으로 새 전략을 검증할 수 있습니다. 만약 새로 연구한 전략이 더 낫다는 생각이 들면 기존 전략이 끝나는 시점에 새로운 전략으로 바꿉니다.

예를 들어 제가 기존 전략에 11월 1일부터 4월 30일까지 투자한다고 했을 때, 5월 1일에 새로운 전략으로 바꾸는 것입니다. 그리고 이 신규 전략 또한 6개월 동안 그대로 유지해야 합니다. 만약 더 좋은 전략을 찾지 못했다면 기존 전략 그대로 리밸런싱하면 됩니다.

결국 우리 두뇌의 편향을 피하는 방법은 투자를 할 때 주관적인 생각은 최대한 배제한 채 검증한 전략대로 투자를 계속하는 것입니다. 이렇게 하면 투자자가 저지르는 바보 같은 실수들을 피할 수 있고, 이것만 피해도 투자 결과는 훨씬 나아집니다. 이것이 여러분에게 퀀트 투자를 권하는 이유입니다. 자기 자신을 믿지 마십시오. 검증된 전략을 믿으십시오.

더 알고 싶은 투자자를 위한 강환국의 영상 과외

▶ [초보] 성공투자? 한 개만 버리면 된다!

▶ 구독자 10,000명 기념! 투자 10계명 대공개

▶ [왕초보] 투자는 왜 드럽게 어려운가?

Chapter 3

★ ★ ★

투자 전에 꼭 알아야 할 것들

07 성공 투자를 위한 핵심 개념

전문 용어는 최대한 사용하지 않으려고 노력했지만, 꼭 필요한 개념 몇 가지는 알아두어야 앞으로 펼쳐질 내용을 이해하기 쉽습니다. 여기서는 계속 등장할 핵심 용어들만 짚고 넘어가겠습니다.

최대낙폭MDD

투자에서 가장 중요한 것을 꼽으라고 하면 대부분 수익률을 이야기합니다. 하지만 이것 못지 않게, 아니 오히려 더 중요한 것이 있습니다. 바로 최대낙폭, 즉 MDDMaximum Drawdown의 최소화입니다. MDD란 특정 투자 기간 동안 투자자가 겪을 수 있는 가장 큰 손실을 뜻하며, 아래와 같이 계산할 수 있습니다.

MDD=(최저점/전고점)-1

1980년부터 2021년까지의 코스피지수로 예를 들어보겠습니다. 코스피지수는 1994년 당시 최고점인 1145.66포인트에 도달한 적이 있습니다. 하지만 1998년까지 이 최고점을 한 번도 갱신하지 못하고 최저 277.37 포인트까지 하락했습니다. 그렇다면 코스피지수의 MDD는 75.79%(277.37/1145.66-1)입니다.

1980년부터 2021년까지 코스피지수에 계속 투자한 사람이 있다면 최악의 순간 75.79%의 손실을 경험했다는 뜻입니다. 세상에서 가장 불운한 사람은 1994년 코스피지수에 투자를 시작해서 1998년 75.79% 손해를 보고 판 투자자겠죠. 우리가 그 불운한 사람이 되지 않는다는 보장이 없으므로, MDD가 큰 전략은 피해야 합니다.

MDD는 투자에서 핵심적인 개념으로, 이 책에서 계속 중요하게 다룹니다. 뒤에서 더 자세히 살펴볼 예정이니 일단 여기서는 MDD가 커질 경우 원금 복구가 매우 어렵고, 투자자가 심리적인 충격을 크게 받아서 정상적인 투자를 지속할 가능성이 낮아진다는 사실만 알고 넘어가겠습니다. 참고로 MDD는 손실을 의미하므로 항상 마이너스 부호(-)가 붙어야 하지만, 마이너스 표시가 자꾸 등장하면 글을 읽는 데 방해가 되기 때문에 종종 생략할 예정입니다.

연복리수익률CAGR

우리가 투자를 하는 이유는 수익을 내기 위해서입니다. 따라서 연복리수익률Compound Annual Growth Rate, CAGR을 극대화하는 것이 무엇보다 중요합니다. 복리란 원금의 이자에 또 이자가 붙어 금액이 점차 눈덩이처럼 불어나는 것을 의미합니다. 연복리수익률은 '원금이 2배가 되는 데 걸리는 시간'이라고 생각하면 쉽습니다. 이때 등장하는 것이 '72의 법칙'입니다. 72를 연복리수익률로 나누면 원금이 2배가 되는 데 걸리는 시간을 알 수 있다는 법칙입니다.

| 원금이 2배가 되는 데 걸리는 시간

연복리수익률	72의 법칙	실제 시간
3%	24년	23.5년
4%	18년	17.7년
5%	14.4년	14.2년
6%	12년	11.9년
7%	10.3년	10.3년
8%	9년	9년
9%	8년	8.1년
10%	7.2년	7.3년
12%	6년	6.1년
14%	5.1년	5.3년
17%	4.2년	4.4년
20%	3.6년	3.8년

연복리수익률 14%를 예로 들어보겠습니다. 72의 법칙으로 계산하면 원금이 2배가 되는 데 약 5년(72/14=5.1)이 걸립니다. 그런데 복리를 이용하면 놀랍게도 원금 2배가 4배가 되고, 4배가 8배가 되고, 8배가 16배가 되고, 16배가 32배가 되는 기간이 5년으로 모두 같습니다. 이처럼 복리를 이용하면 자산을 기하급수적으로 불릴 수 있습니다. 이래서 '복리의 마법'이라는 표현이 있습니다. '시작은 미약하지만, 끝은 창대하다'는 문장이 잘 어울립니다.

샤프지수Sharpe Ratio

사람은 리스크를 피하려는 경향이 있습니다. 투자자 A는 은행 예금에 가입했고, 투자자 B는 주식에 투자했다고 가정하겠습니다. 10년 후 둘의 수익률이 동일하게 10%라면, 여러분은 어느 방법을 선택하겠습니까? 아마 많은 사람이 스트레스 없이 10%의 수익률을 달성한 A의 방법을 선호할 것입니다. 리스크 회피 성향 때문입니다.

그렇다면 리스크는 어떻게 측정할 수 있을까요? 일반적으로는 '수익률의 변동성'을 리스크와 동일시합니다. 주식시장은 매일 가격이 움직이며 수익률이 플러스 수십 퍼센트에서 마이너스 수십 퍼센트를 왔다갔다하므로 변동성이 매우 높다고 할 수 있습니다. 은행 예금의 경우에는 받을 이자와 원금이 확실하므로 변동성이 제로입니다. 변동성이 높은 자산에 투자하는 투자자들은 스트레스에 시달리게 됩니다.

샤프지수=(연복리수익률－무위험 이자율)/변동성

샤프지수Sharpe Ratio는 위와 같이 계산할 수 있습니다. 특정 상품의 연복리수익률에서 변동성(리스크) 없이 확보할 수 있는 무위험 이자율을 뺀 뒤 이를 변동성으로 나눕니다. 이 때문에 샤프지수를 '리스크 조정 수익'이라고 부르기도 합니다. 샤프지수가 높다는 것은 리스크가 적다는 뜻이므로 스트레스가 덜하다는 뜻이기도 합니다. 많은 경우 수익률이 같다면 샤프지수가 높은 전략을 선호합니다.

명목수익률, 실질수익률, 초과수익률

투자를 해서 발생한 수익률은 크게 명목수익률, 실질수익률, 초과수익률로 구분할 수 있습니다. 명목수익률은 눈에 보이는 수익률입니다. 1000만 원을 투자해서 일 년 만에 100만 원을 벌었다면 10%(100만 원/1000만 원)의 명목수익률을 달성한 것입니다.

실질수익률은 명목수익률에서 물가 상승률을 제한 수익으로, 구매력이 어느 정도 상승했는지 측정하는 지표입니다. 조금 전 사례에서 일 년 동안 물가 상승률이 3%였다면 실질수익률은 7%(10%-3%)입니다. 구매력이 일 년 동안 7% 상승한 것이죠.

초과수익률은 두 가지로 구분할 수 있습니다. 첫 번째, 무위험 이자율 대비 초과수익률을 의미하는 경우입니다. 이때 사례에서 일 년 예금 이자가 2%였다면 리스크를 부담하지 않고도 2%의 수익률을 낼 수 있다는 뜻입니다. 이 경우 무위험 이자율 대비 초과수익률은 8%(10%-2%)입니다.

초과수익률이 벤치마크(비교 대상) 대비 초과수익률을 의미하는 경우도 있습니다. 한국 대형주에 투자해서 10%의 수익을 냈다고 가정하겠습니다. 동일한 구간에 코스피가 6% 상승했다고 가정하면 벤치마크 대비 초과수익률은 4%(10%-6%)입니다.

다른 예시로 이 책에 등장하는 '듀얼 모멘텀'이라는 전략에 투자해서 15%를 벌었다고 해보겠습니다. 동일한 구간에 벤치마크인 미국 주가지수 S&P 500이 10% 상승했다고 가정하면 벤치마크 대비 초과수익률은 5%(15%-10%) 입니다.

자산군Asset Class

조금 전 MDD의 최소화가 투자에서 아주 중요하다고 밝혔습니다. 그런데 주식에만 투자하면 큰 폭의 MDD를 피할 수 없습니다. 보통 5~10년에 한 번 주요 주가지수 전체의 손실이 50%가 넘는 소위 '반토막' 상황이 발생하는데, 이 기간에는 어떤 종목을 사도 큰 손실을 피하기 어렵습니다.

자산이 반토막이 되는 가슴 아픈 순간을 피하려면 자산의 일부를 주식이 아닌 다른 자산군에 투자하는 것이 최선의 방법입니다. 이렇게 여러 자산군에 투자 자금을 배분하는 행위가 바로 '자산배분'입니다. Chapter 4부터는 이 자산배분만 잘해도 MDD를 15% 이하로 제한할 수 있다는 사실을 심도 있게 공부할 것입니다. 이 책에서 자주 등장하는 자산군은 아래와 같습니다.

| 주요 자산군

자산군	영문
주식	Stocks
국채	Government Bonds
현금	Cash
금	Gold
원자재	Commodities
부동산(리츠)	Real Estate(REITs)

리밸런싱Rebalancing*

리밸런싱이란 주기적으로 실제 투자 비중을 목표 비중과 맞추는 것을 뜻합니다. 자산의 60%를 주식, 40%를 채권에 투자하는 자산배분의 비중을 유지하고 싶다고 생각해 봅시다. 시간이 지나면 주식이 계속 오르고 채권이 계속 떨어질 수도 있습니다(물론 반대도 가능합니다). 그러면 주식 비중이 80%, 채권 비중이 20%로 변할 수도 있겠죠. 이 경우 처음에 원했던 주식 60%, 채권 40%의 비중과 많이 달

* ▶ 포트폴리오 리밸런싱은 어느 날에 할까요?

라지게 됩니다. 따라서 주식을 팔아 채권을 사서 다시 60/40의 비중을 맞추게 되는데, 이 작업을 바로 리밸런싱이라고 합니다.

리밸런싱의 장점은 실제 투자 비중이 다시 목표 비중과 일치하게 된다는 점이며, 단점은 이 작업에서 수수료 등 거래 비용이 발생한다는 점입니다. 따라서 리밸런싱을 너무 자주 하는 것은 좋지 않으므로 저는 1개월, 6개월 또는 1년에 한 번만 리밸런싱하는 전략들을 주로 제안합니다.

ETF Exchange Traded Funds

이 책에서 소개하는 모든 자산배분 및 마켓 타이밍 전략은 개별 종목이 아니라 ETF Exchange Traded Funds를 사용합니다. ETF는 코스피 200, S&P 500 등 특정 지수의 수익률을 복제할 수 있도록 설계된 주가지수 연동형 상품입니다.

이렇게 단순하게 지수를 모방하는 상품인지라 지수 설계 후에는 인간의 주관이 개입할 여지가 없어서 대부분 ETF의 운용보수는 매우 저렴한 수준(연 0.5% 이하)이라는 큰 장점이 있습니다. 또한 ETF는 인덱스 펀드와 달리 거래소에 상장되어 주식처럼 자유롭게 사고팔 수 있습니다.

ETF는 '어떠한 공통점이 있는' 투자 자산을 매입하는 것이 일반적입니다. 초창기에는 같은 나라의 주식인 주가지수를 연동하는 상품들이 많았으나 요즘은 채권, 금, 원자재 등 특정 자산군에 투자하는 ETF도 있습니다. 또한 주식 내에서도 특정한 산업(반도체 산업, 바이오 산업), 지역(유럽 주식, 개발도상국 주식), 투자 스타일(최근 많이 오른 주식, 저평가된 주식)의 수익률을 추종하는 ETF도 생겼습니다. 지수의 수익과 손실을 극대화하는 레버리지 ETF, 지수와 정반대의 수익을 추구하는 인버스 ETF도 있습니다.

이 책에서는 분산투자의 위력을 심도 있게 다루는데, ETF는 한 개 종목만 사고팔아도 수십 개 또는 수백 개 종목에 분산투자를 한 효과가 있습니다. 예를 들면 코스피 200의 수익률을 복제하는 KODEX 200 ETF를 매수할 경우 대한민국 200개 대표 기업에 분산투자하는 효과를 얻게 되는 것입니다.

저는 글로벌 투자, 특히 여러 자산군을 아우르는 투자의 중요성을 강조합니다. 한국 ETF 시장보다는 미국 시장에 훨씬 더 다양한 ETF가 상장되어 있어서 저는 주로 미국 시장 ETF 매수를 추천합니다. 예를 들면 물가연동채, 신흥국 채권 등 일부 자산군은 한국 상장 ETF가 아직 없습니다.

글로벌 ETF에 투자해야 하는 이유가 하나 더 있습니다. 한국인인 우리는 한국 경제와 투자시장에 대한 노출 비중이 너무 큽니다. 한국인 투자자는 대부분 한국 땅에 부동산을 소유하고 있고, 주식도 거의 한국 주식에만 투자합니다. 그뿐만 아니라 급여 소득이나 사업 소득도 대부분 한국에서 발생합니다. 즉, 한국인 대부분의 소득은 99% 이상 한국에서 발생합니다. 이는 한국 경제가 휘청일 때 우리 삶의 근간도 크게 흔들릴 수 있음을 의미합니다. 특히 실직을 하거나 사업 수익이 급감하면 더욱더 그렇습니다. 따라서 해외 투자를 늘려서 한국 경제 노출 비중을 줄이는 것이 경제적 빈곤을 피하고 성공 투자를 하는 데 매우 중요합니다.

이 책에서 등장하는 ETF는 다음과 같습니다. 각 ETF에는 티커가 부여되어 있는데, 이는 주식에 부여되는 특정 코드를 말합니다. 미국 주식의 경우 알파벳으로 이루어져 있으며, 예를 들어 S&P 500의 티커는 SPY, 나스닥의 티커는 QQQ입니다. 티커를 검색하면 손쉽게 해당 ETF를 찾을 수 있습니다.

| 책에서 사용하는 주요 ETF

자산군	영문	티커	한국 상장 ETF
글로벌 주식	Global Stocks	VT	ARIRANG 글로벌MSCI(합성H)
미국 주식(S&P 500)	US Stocks(S&P500)	SPY	KODEX 미국S&P500선물(H)
미국 주식(NASDAQ)	US Stocks(NASDAQ)	QQQ	TIGER 미국나스닥100
미국 대형가치주	US Large Cap Value	IWD	
미국 소형가치주	US Small Cap Value	IWN	
미국 소형주	US Small Cap Stocks	IWM	KODEX 미국러셀2000(H)
선진국 주식	Developed Market Stocks	EFA	KODEX 선진국MSCI World
유럽 주식	European Stocks	VGK	TIGER 유로스탁스50(합성H)
일본 주식	Japanese Stocks	EWJ	KODEX 일본TOPIX100

한국 주식			KODEX 200
개발도상국 주식	Emerging Market Stocks	EEM	ARIRANG 신흥국MSCI(합성H)
미국 초장기국채	Extended Duration Treasury Bonds	EDV	
미국 장기국채	Long-term Treasury Bonds	TLT	KODEX 미국채울트라30년선물(H)
미국 중기국채	Intermediate Treasury Bonds	IEF	TIGER 미국채10년선물
미국 단기국채	Short-term Treasury Bonds	SHY	TIGER 미국달러단기채권액티브
미국 초단기국채(현금)	Treasury Bills	BIL	KODEX 미국달러선물
미국 물가연동채	Treasury-inflation Protected Securities(TIPS)	LTPZ	
미국 회사채	US Corporate Bonds	LQD	ARIRANG 미국장기우량회사채
미국 하이일드 채권	US High Yield Bonds	HYG	
미국 채권(국채, 지방채, 회사채 등 구분 없음)	US Aggregate Bonds	AGG, BND	
글로벌 국채	Global Government Bonds	BWX	
개발도상국 채권	Emerging Market Bonds	EMLC	
한국 장기채			TIGER 중장기국채
한국 단기채			KODEX 단기채권
금	Gold	GLD	TIGER 골드선물(H)
원자재	Commodities	DBC	
부동산(미국 리츠)	Real Estate(REITs)	VNQ	TIGER 미국MSCI리츠(합성 H)

한국과 미국 ETF의 과세 기준은 다음과 같습니다.

| 한국, 미국 ETF 세금 비교

	한국 상장 ETF		미국 상장 ETF
	한국 주식형 ETF	기타 ETF	
ETF 예시	KODEX 200 TIGER 코스닥 150	KODEX 선진국 KODEX 골드선물	SPY IEF VTI
세금	비과세	시세차익에 대해 15.4% 선취 손실 상계 불가	양도소득세(22%) 250만 원 기본공제 손실 상계 가능
금융종합과세 여부	해당 사항 없음	금융소득 2000만 원 이상	해당 사항 없음

한국 주식에만 투자하는 ETF는 세금 측면에서 분명 유리합니다. 하지만 2023년부터 한국 주식과 ETF 수익이 과세되면서 글로벌 ETF의 과세금액 차이는 줄어들 것입니다. 가장 큰 문제는 한국 주식에만 투자하면 큰 MDD를 피할 방법이 없다는 것입니다. 앞선 예시에서 코스피지수가 75% 이상 하락한 적이 있다고 했습니다. 그를 포함해서 코스피지수는 최근 25년 동안 4번이나 50% 이상 하락한 적이 있습니다. 또한 코스피지수는 2007년 처음으로 2000포인트 고지를 밟았는데 2020년 3월에 1400점대로 하락하기도 했습니다. 13년 동안 총 수익이 마이너스였던 것입니다!

세금 몇 푼 아끼려고 한국 주식에만 투자하는 것보다는 글로벌 자산에 분산투자하는 편이 수익이 훨씬 높고 리스크가 낮았습니다. 한국 상장 ETF만으로도 글로벌 주식과 채권으로 분산투자는 가능합니다. 그런데 이렇게 투자했다가 수익이 나면 손실 상계 없이 수익금의 15.4%를 세금으로 내야 합니다.

손실 상계가 없으면 A라는 ETF에서 1000만 원 수익이 나고 B라는 ETF에서 1000만 원 손실이 나도 B의 손실로 A의 수익을 상쇄할 수 없어서 세금 154만 원을 내야 합니다. 게다가 한국 상장 기타 ETF의 연 소득이 총 2000만 원이 넘어가면 종합소득세도 내야 합니다. 이 경우 소득 구간에 따라 세율이 46.2%까지 올라갑니다.

미국상장 ETF 세법은 이보다 공평합니다. 얼핏 보면 양도소득세 세율이 22%라 한국 기타 ETF의 15.4%보다 높아 보이지만, 250만 원까지의 수익은 비과세이며, 이를 초과하는 수익도 손실 상계가 가능합니다. A라는 ETF에서 1000만 원의 수익이 발생하고 B라는 ETF에서 1000만 원 손실이 발생할 경우 세금을 낼 필요가 없습니다.

개별 종목은 언제? ETF는 언제?

앞에서도 언급했지만, 특정 자산군에 속하는 모든 종목(예 KODEX 200은 한국 코스피에 소속된 시가총액이 가장 높은 200개 종목을 한꺼번에 사는 ETF)을 통으로 사버리는 ETF보다 더 높은 수익을 내는 종목을 찾는 것은 간단할 것 같지만 그렇지 않습니다. 실제로 ETF보다 높은 수익을 내는 투자자는 극소수에 불과합니다.

개별 종목을 살 경우에는 무언가 뚜렷한 '엣지edge'가 있는지 고민을 해봐야 합니다. 저는 한국 주식에 한해서 퀀트 투자 기법을 통해 초과수익을 낼 수 있다고 믿고 실제로 초과수익을 달성했습니다. 저는 '한국 주식'에 한해서는 엣지가 있습니다. 미국 주식, 기타 국가 주식, 채권, 금, 원자재 등에서는 별다른 엣지가 없습니다. 이 경우 시장 전체를 추종하는 ETF를 사는 것이 합리적이라고 생각합니다.

여러분은 다른 '엣지'를 가졌을 수 있습니다. 예를 들어 화학 산업에 종사한다면 동종 업계에서 어떤 주식이 조만간 오를지 파악할 수도 있을 것입니다. 스타트업에 종사한다면 최신 IT 트렌드에 빨라서 조만간 오를 IT 주식을 감지할 수도 있겠죠. 트렌드에 민감하고 쇼핑에 도가 터서 금융 전문가보다 더 빨리 어떤 회사의 신상품이 조만간 뜰지 아는 사람들도 있습니다.

그러나 여러 개 분야에서 진정한 엣지를 갖기는 매우 어렵다고 생각합니다. 내가 정말 엣지가 있다고 판단하는 분야에서는 개별 종목에 투자하고, 그렇지 않은 분야에서는 ETF에 투자하기 바랍니다. 또한 엣지가 있다 해도 너무 큰 비중, 즉 총 자산의 10% 이상을 하나의 개별 종목에 투자하는 것은 권하지 않습니다. 나는 엣지가 있다고 생각했는데 나중에 알고 보니 아니었다는 사실을 뼈아프게 깨닫는 경우도 비일비재하거든요. 또는 처음에 투자할 때는 엣지가 있었는데 시간이 지나면서 상황이 바뀌어서 엣지가 사라지기도 합니다!

08 투자에서 가장 중요한 손실 최소화의 원칙과 변동성

이제 우리는 투자가 인생에서 가장 중요한 기술 중 하나라는 점을 인지했고, 어릴 때부터 장기적으로 두 자릿수의 투자 수익률을 낼 수 있는 기술을 터득하면 노후가 상당히 윤택해질 수 있다는 사실도 알게 되었습니다. 구체적인 전략을 알아보기 전에 마지막으로 투자에서 가장 중요한 원칙을 짚고 넘어가겠습니다.

수익률에 관련된 것이 아니기 때문에 이 원칙이 시시해 보일 수도 있습니다. 하지만 이 책에서 가장 중요한 내용 중 하나이므로 꼭 정확히 알아야 합니다. 그 원칙은 바로 '손실 최소화'입니다.

손익 비대칭성의 원리*

보통 투자는 수익 극대화를 위해 시작하는 경우가 많습니다. 돈을 버는 게 투자의 궁극적인 목적이니까요. 그런데 손실 최소화가 가장 중요한 원칙이라뇨. 다음 질문에 답을 해보면 그 이유를 알 수 있습니다.

우리가 보유한 주식에 50% 손실률이 발생하면 원금을 회복하기 위해 몇 %의 수익률이 필요할까요? 많은 사람들이 동일하게 50%가 오르면 된다고 생각합니다. 하지만 틀렸습니다. 정답은 100%입니다. 예를 들어보겠습니다. 1만 원에 산 주식이 50% 하락하면 5000원이 됩니다. 이때 원금을 회복하기 위해서는 2배의 수익률, 즉 100% 수익률을 내야만 다시 1만 원이 됩니다.

그러니 손실이 발생하는 순간, 이를 복구해 원금으로 돌아가기 위해서 내야 하는 수익률은 손실률보다 커야 합니다. 게다가 손실률이 커질수록 본전을 만회하기 위해 내야 하는 수익률은 점점 커지게 됩니다. 이러한 현상을 '손익 비대칭성의 원리'라고 합니다. 손실률이 커질수록 얼마나 높은 수익률을 내야 하는지, 다음 표를 함께 보겠습니다.

---

* ▶ (왕초보 1억) 이것만 안 하면 상위 10% 투자자!

| 손실률별 본전 만회에 필요한 수익률

손실률(%)	본전 만회에 필요한 수익률(%)
5	5
10	11
20	25
25	33
33	50
50	100
66.7	200
75	300
90	900
95	1,900

손실률 5%, 10%가 발생했을 때는 각각 5%, 11% 정도의 수익률만 내도 본전 만회가 가능합니다. 하지만 손실률이 커질수록 점점 만회가 어려워집니다. 손실률이 33%만 되어도 50%의 수익률을 내야 본전을 만회할 수 있고, 손실률이 75%일 때는 300%의 수익률을, 손실률 90%일 때는 자그마치 100배가 넘는 900%의 수익률을 달성해야 원금을 되찾을 수 있습니다.

90%의 손실률을 기록한 사람이 갑자기 투자의 귀재가 되어서 900%라는 높은 수익률을 낼 가능성이 어느 정도나 될까요? 손실이 커지면 본전 만회는 사실상 거의 불가능하다고 보아야 하므로, '손

실 최소화'는 투자에서 매우 중요합니다. 게다가 손실이 주는 악영향은 이뿐만이 아닙니다.

MDD 20%를 넘기지 마라

높은 손실은 투자자에게 심리적으로도 타격을 줍니다. 저도 하락장에서 9%의 손실이 발생해 전체 포트폴리오를 손절한 적이 있습니다. 거의 울먹이며 매도 버튼을 눌렀던 기억이 납니다. 저뿐만 아니라 많은 투자자들이 비슷할 것입니다. 손실이 20% 이상을 넘어서는데도 마음이 편할 사람은 찾기 힘듭니다. 손실이 이 수준을 넘기면 투자자들은 극심한 스트레스에 시달립니다.

워런 버핏은 "50%를 잃을 각오가 되어 있지 않으면 주식을 사지 마라"라는 명언을 남겼습니다. 하지만 버핏처럼 강철 같은 정신력을 지닌 투자자는 많지 않습니다.*

앞서 우리는 두뇌의 편향에 대해 배우면서 이를 극복하지 못하고 투자자가 전략에 손을 대면 전략 자체를 망칠 가능성이 높다고 배

---

* ▶ [초보] 초중급자에게 위험한 버핏의 가르침 (上)

▶ [초보] 초중급자에게 위험한 버핏의 가르침 (下)

웠습니다. 그런데 손실이 커지면 전략에 개입하고 싶은 유혹이 커집니다. 수익률이 차근차근 올라가면 굳이 전략에 손을 댈 이유가 없지만, 일이 생각처럼 되지 않을 때는 본인의 능력으로 이를 어떻게든 해결해야 하는 것 아닌가 하는 불안한 마음이 생깁니다. 하지만 이는 오히려 손실을 늘릴 뿐입니다. 이처럼 손실이 커지면 사람이 제정신을 잃게 되는데, 정신 바짝 차리고 해도 어려운 투자를 제정신이 아닐 때 하면 매우 위험합니다.

제 지인은 제가 추천한 투자전략에 따라서 2018년 초 비트코인에 상당한 금액을 투자했는데 며칠 만에 투자 자산의 5%가 날아갔습니다. 기존 전략대로라면 상승장이 끝나서 매도를 할 타이밍이었지만, 지인은 전략을 무시하고 본전을 만회하기 위해 버텼습니다. 당시 그는 저와 대화를 하면서도 5분에 한 번씩 시세를 살피는 전형적인 '코인 좀비'의 패턴을 보였습니다. 아마 그날 일이 손에 잘 잡혔을 것 같지는 않습니다. 그래도 다행히 운이 좋아서 며칠 만에 코인이 상승했고, 지인은 본전을 복구한 즉시 매도를 하면서 고통에서 해방되었습니다.

이처럼 손실이 커지면 투자자는 이성적인 사고를 하기 어려워지게 됩니다. 이성을 잃은 투자자는 본전 만회 심리 때문에 개잡주(?)에 투자하거나, 전략 없이 코인이나 선물옵션에 덤벼들기도 합니다. 심지어 해외선물에 손을 대서 그나마 있는 돈도 다 날리고 빚까지 끌어들여서 패가망신하는 사례도 저는 많이 봤습니다.

손실이 높을 경우 벌어지는 최악의 상황

손실은 누구에게나 발생합니다. 투자 책을 집필하고 있는 저도, 세계적인 투자 대가들도 손실을 봅니다. 이 책에 나오는 전략 중 손실 폭이 가장 낮은 전략을 사용한다고 해도 손해를 보는 때가 있을 것입니다. 다만 단기 수익이나 손실과 상관없이 선택한 투자전략을 여러 해에 걸쳐 계속해서 실행하면 장기적으로는 돈을 벌 수 있습니다. 투자전략이 가리키는 방향대로 따라가다 보면, 손실이 나는 자산을 팔게 되거나 손실이 나는 포트폴리오 전체를 교체하게 되는 경우도 생깁니다.

그런데 이러한 손실이 앞서 말한 MDD 20%를 넘어서게 되면 투자자는 본전 생각에 매도를 할 수 없게 되고, 결국 전략대로 행동하지 못하게 됩니다. 이렇게 비자발적 장기 투자가 시작되면 이후에 벌어질 일은 둘 중 하나입니다.

먼저, 많은 시간이 흘러 본전을 회복하는 경우입니다. 이 경우에는 대부분 본전을 회복했다는 사실이 너무 기뻐 빠르게 자산을 팔고 시장을 빠져나옵니다. 자산이 더 오르리라고는 상상도 하지 못합니다. 추락했던 자산의 가격이 다시 올랐다는 것은 대부분 특정 이유가 있는 것이기 때문에, 그 자산이 앞으로도 계속 오를 가능성도 높습니다. 하지만 수년간 마음고생을 하면서 투자하다가 본전 회복

후에도 그 자산을 계속 보유하면서 그 후에 오는 수익까지 얻는 투자자는 거의 본 적이 없습니다.

이후 그 투자 대상이 너무 싫어서 아예 거들떠보지도 않게 되거나 '나는 투자에는 재능이 없는 것 같아'라고 생각하며 아예 투자 자체를 그만두게 되는 경우가 자주 발생합니다. 저도 예전에 대세 하락기에 부동산 투자를 했다가 실패한 후 아예 부동산은 거들떠보지도 않게 되어 2010년대 후반~2020년대 초반의 대세 상승기를 모두 날리게 된 뼈아픈 기억이 있습니다. 이처럼 투자를 그만둔다면 목표했던 수익률을 달성하는 일은 아예 불가능한 일이 되어버립니다. 하지만 이 경우는 오히려 나은 경우입니다.

운이 없다면 내가 본전 회복을 위해 가지고 있던 그 투자 대상의 가격이 10년이 넘어도 아예 회복되지 않고 계속 하락하거나, 상장폐지가 될 수도 있습니다. 이 경우에는 투자 원금의 상당 부분을 잃게 되어 타격을 복구하기가 아주 힘들어집니다.

이 모든 것은 손실이 20% 이상으로 커져서 투자자가 투자전략을 지속하지 못했기 때문에 발생한 일입니다. 그러므로 MDD가 20%을 넘어가는 전략에 투자해서는 안 됩니다.

간혹 "나는 일시적인 MDD 50% 정도는 버틸 수 있어"라고 호언장담하는 투자자들도 있습니다. 투자 금액이 몇백 만 원 정도일 때는 50% 손실이 발생해도 절대적인 금액이 크지 않아서 웃어넘길 수 있겠죠. 그런데 몇천 만 원 혹은 억대 이상의 돈을 투자한 상황이라면 아무리 일시적이라고 하더라도 50% 이상의 손실을 버틸 수 있을까요? 이것이 바로 과잉 확신 편향입니다. 명심하십시오. 투자자들 대부분이 실제로 버틸 수 있는 MDD의 한계는 본인이 버틸 수 있다고 착각하는 금액의 1/5 미만입니다. 사실 저는 MDD 20%도 정말 상한선이라고 봅니다. 이 정도를 버틸 수 있는 사람도 드물고, 실제 투자자 대부분은 10% 손실만 나도 경기를 일으킵니다.

변동성이 낮아야 손실 최소화가 가능하다[4]

위에서 손실을 최소화하는 것이 투자의 핵심 원칙임을 살펴보았는데, 이번 장에서는 '손실의 최소화'는 '변동성의 축소'와 밀접한 관계가 있음을 살펴볼 것입니다. 이 변동성이라는 놈은 또 '복리'와 밀접한 연관이 있죠. 퀴즈를 한번 내보겠습니다.

Q1. 어떤 주식이 이번 달 50% 상승하고 다음 달 50% 하락했다면 총 수익은 얼마일까요?

A. 혹시 '이번 달에 50% 벌고 다음 달에 50% 깨지면 총 수익은 0이겠네!'라고 생각했다면 아쉽게도 틀렸습니다. 정답은 −25%입니다! 당황스러운 결과죠. 하지만 계산해 보겠습니다. 1만 원짜리 주식을 사서 이번 달 50%의 수익을 내면 주가는 1만 5000원으로 상승합니

다. 그리고 다음 달 50%를 잃으면 그 주식이 7500원으로 하락하기 때문에 총 25% 손실이 발생합니다.

Q2. 어떤 주식이 이번 달에는 50% 상승하고 다음 달 50% 상승했다면 총 수익은 얼마일까요?

A. '50% 수익에 또 50% 수익이 발생하면 총 수익은 100%겠지?'라고 생각한다면 이번에도 틀렸습니다. 정답은 125%입니다. 1만 원이었던 주식이 50% 상승해 1만 5000원이 되고 거기서 또 50% 상승하면 2만 2500원이 되기 때문입니다.

Q3. 어떤 주식이 이번 달 50% 하락하고 다음 달 또 50% 하락했다면 총 수익은 얼마일까요?

A. '이번에는 맞을 거야! 50% 깨지고 또 50% 깨지면 100% 손실!'이라고 생각했다면, 이번에도 틀렸습니다. 정답은 -75%입니다. 1만 원이었던 주식이 한 달 후에는 5000원이 되고 거기서 또 50% 하락하면 2500원이 되겠죠.

투자하는 방법을 배우려고 이 책을 샀는데, 계속 투자전략은 안 내놓고 중학교 수준의 수학 문제로 귀찮게 하면서 왜 자꾸만 이 내용이 중요하다고 강조하는 걸까요? 제가 전하고자 하는 메시지는 '투자 자산의 가격은 복리로 움직이기 때문에 가격의 움직임을 산

술적인 합으로 계산하는 오류를 범하면 안 된다'는 것입니다. 이러한 주가의 복리 속성 때문에 발생하는 특징은 아래와 같습니다.

1. 가격이 지속해서 상승하면 최종 수익은 단순한 상승률의 합계보다 훨씬 더 높아집니다(Q2).
2. 가격이 지속해서 하락하면 최종 수익은 단순한 하락의 합보다는 손실률이 적습니다(Q3).
3. 그런데 가격이 오르락내리락하면 최종 수익은 단순한 상승·하락률의 합계보다 낮습니다(Q1).

여기서 무서운 점은, 자산이 계속 오르거나 계속 하락하는 경우는 매우 드물다는 것입니다. 당연히 가격은 매일 올라갔다 내려갔다를 반복하는데, 복리 효과 때문에 자산이 오르락내리락하면 최종 수익은 결국 감소하게 됩니다.

그래서 어떻게 하라는 건지 아직 갸우뚱할 것입니다. 일단 여기서는 Q1의 사례, 즉 가격이 오르락내리락하는 경우가 가장 보편적이고, 이 경우 복리수익은 상승·하락률의 합계보다 낮아진다는 사실만 기억하면 됩니다.

자, 이번에는 복리에서 변동성으로 넘어가 봅시다. 다른 퀴즈를 또 내겠습니다.

Q4. 4명의 투자자가 있습니다. 이 네 명의 수익률을 비교하면 가장 돈을 많이 번 사람과 가장 많이 잃은 사람은 누구일까요?

철수가 보유한 주식은 10% 상승했다가 10% 하락했습니다.

영희가 보유한 주식은 20% 상승했다가 20% 하락했습니다.

개똥이가 보유한 주식은 50% 상승했다가 50% 하락했습니다.

소똥이가 보유한 주식은 150% 상승했다가 75% 하락했습니다.

'아하! 소똥이가 150% 벌고 75% 날렸으니 가장 많이 벌었을 것이고, 가장 많이 잃은 사람은…… 철수, 영희, 개똥이 다 본전 아냐?' 라고 생각할 수 있지만, 아닙니다(같은 패턴의 퀴즈가 반복되니 이제는 아니라는 사실을 눈치챈 분도 있겠네요).

A. 가장 많이 번 사람은 철수, 가장 많이 잃은 사람은 소똥이

철수: 1.1×0.9=0.99, 1% 손실

영희: 1.2×0.8=0.96, 4% 손실

개똥이: 1.5×0.5=0.75, 25% 손실 (Q1과 동일)

소똥이: 2.5×0.25=0.625, 37.5% 손실

4명 다 돈을 잃었는데, 놀랍게도 그나마 변동성이 가장 적었던 철수의 손실이 가장 적었고 당연히 돈을 벌었을 줄 알았던 소똥이의 손실이 가장 컸습니다!

Q4의 포인트는 하나입니다. 가격이 오르락내리락하는 경우, 변동성이 높을수록 손실이 커진다는 것입니다. 심지어 소똥이처럼 한때 크게 벌어도 변동성을 제어하지 못하면 최종 투자 결과가 매우 나빠집니다.

이제 감이 오죠? 다시 한 번 강조합니다. 투자에서 성공하기 위한 가장 중요한 3가지 원칙은 다음과 같습니다.

1. 손실을 최소화하는 것입니다.

- 손실이 커지면 본전 만회가 불가능합니다.

2. 손실을 최소화하기 위해서는 변동성을 낮춰야 합니다.

- 화끈하게 먹고 화끈하게 깨지는 것이 스릴은 있으나 조금 먹고 조금 깨지는 투자가 장기적으로 수익률이 훨씬 더 높습니다.

3. 원칙 1, 원칙 2를 잊어버리면 안 됩니다.

그런데 안타깝게도 투자자 대부분은 어떻게 투자를 할까요? 손실의 최소화라는 개념은 생각조차 하지 않고 오로지 수익만 생각합니다. 한국예탁결제원에 따르면 2020년 말 기준으로 한국에는 주식투자자 919만 명이 존재하는데, 10종목 이상 보유한 투자자가 12.8%밖에 안 된다고 합니다.

손실, 특히 큰 규모의 손실이 발생하면 얼마나 심각한 회복 불가능의 상황에 빠질 수 있는지 생각하지 않는다는 것이죠. 변동성이 가장 높은 투자는 몇 개 종목에 '몰빵'하는 것이 아니겠습니까? 그런데 한국 투자자의 75%는 5개 이하의 종목에 몰빵 중입니다. 손실을 최소화하기 위해 변동성을 낮추려는 노력을 하지 않으니 대부분 투자자들의 수익이 매우 낮거나 손실을 보는 것이죠.

MDD 20% 이하 & 높은 한 자릿수 이상의 수익률을 달성하는 투자전략은?

자, 여기서 문제가 발생합니다. 사실 손실을 최소화하고 변동성을 낮추는 방법은 매우 간단합니다. 그냥 은행에 예금하는 것입니다. 은행과 예금보험공사가 동시에 망하지 않는 이상 은행은 착실하게 우리에게 약속한 이자를 지급합니다. 예금은 손실 위험도 없고 변동성도 제로입니다.

문제는, 경제적 자유에 필요한 금액을 계산할 때 확인한 것처럼 최소한 높은 한자릿수 정도의 연복리수익률을 지속해서 내야만 행복한 노후를 보낼 수 있다는 점입니다. 아쉽게도 그 정도 수준의 수익을 보장해 주는 예금은 없습니다. 따라서 이 책의 목적을 한 줄로 요약하자면 다음과 같습니다.

MDD를 20% 이하로 유지하면서 높은 한 자릿수 이상의 연복리수익률을 달성할 수 있는 구체적인 투자전략을 제시한다.

더 알고 싶은 투자자를 위한 강환국의 영상 과외

▶ [초보] 주식시장에서 무조건 이기는 방법

▶ 내가 100만불 잃으면서 배운 것! (上)

▶ 내가 100만불 잃으면서 배운 것! (下)

Part 2

일 년에 한 번, 마음 편히 이대로만 따라 해보자

: 리스크를 낮추는 자산배분 전략

★ ★ ★

Chapter 4

★ ★ ★

자산배분의 큰 그림

09 투자로 돈 버는 3가지 방법

투자에서 가장 중요한 원칙을 확인했으니 드디어 구체적인 투자 전략을 알아볼 때가 왔습니다. 투자를 통해 돈을 버는 방법은 딱 세 가지입니다.* 바로 자산배분과 마켓 타이밍, 종목 선정입니다.

---

* ▶ [초보] 초보도 이해할 수 있는 주식투자!

▶ [초보] 투자의 진정한 빅 픽쳐 – 나에게는 어떤 투자전략이 어울리는가?

▶ [초보] 투자의 기초, 한 시간 만에 완료!!

헷갈릴 수 있는 개념을 먼저 짚고 넘어가겠습니다. 이 책에서는 정적자산배분Static Asset Allocation과 동적자산배분Dynamic Asset Allocation을 살펴볼 것입니다. 일반적으로 정적자산배분은 '정적'을 생략하고 그냥 '자산배분'이라고 부릅니다. 말 그대로 보유하고 있는 자산을 주식, 채권, 실물자산 등 자산군에 적절히 배분해서 상당히 오래 보유하는 행위이죠. '자산배분'과 '정적자산배분'은 동일한 의미라고 보면 됩니다. 따라서 이 책에서는 대부분 '자산배분'이라는 단어를 사용하되 동적자산배분과 비교할 내용이 있을 때만 '정적자산배분'이라는 단어를 사용하겠습니다.

동적자산배분에도 '자산배분'이라는 단어가 들어 있지만 더 정확히 말하면, 자산배분이라기보다는 마켓 타이밍 기법이라고 봐도 무난합니다. 자산을 여러 자산군에 배분하는 것은 정적자산배분과 동일하나, 최근 각 자산군의 기대 수익률을 고려해서 각 자산군의 비중을 자주 바꿉니다. 거래가 많은 동적자산배분 전략은 거의 매월 ETF를 사고팔며, 거래가 적은 전략이라도 한 해 동안 여러 번 거래를 하게 됩니다. 이렇게 포트폴리오가 많이 '움직여서' 동적자산배분이라고 불리는 것입니다.

마켓 타이밍 기법 중에는 동적자산배분 말고 다른 기법들도 있습니다. 계절성을 보고 마켓 타이밍을 시도할 수도 있고, 경제지표를 따를 수도 있으며, 뉴스를 보고 거래하는 전략도 있습니다. 기타 다른 논리에 따라 마켓 타이밍 전략을 만들거나, 아예 아무 논리 없이 투자자가 '필'을 받아서 즉흥적으로 시도할 수도 있습니다(흔히 '뇌동매매'라고도 불립니다).

우리가 이 책에서 분석할 마켓 타이밍 기법은 대부분 '동적자산배분' 전략들입니다.

자산배분(정적자산배분)

자산배분은 자산군별(주식, 채권, 부동산, 원자재 등)로 투자 자금을 배분하는 작업을 의미합니다. 이때 자산군은 각각 기대수익률과 위험 수준이 달라야 합니다.

자산배분의 목표는 손실을 최소화하는 것입니다. 앞에서 손실을 최소화하기 위해서 변동성(리스크)을 줄이는 것이 매우 중요하다고 이야기했습니다. 이는 자산배분을 통해 달성할 수 있습니다. 자산배분만으로도 높은 한 자릿수의 연복리수익률을 버는 동시에 변동성을 획기적으로 줄일 수 있기 때문입니다. 최근 50년간 가장 큰 손실 범위인 MDD가 주가지수의 경우에는 50~70%까지 치솟은 반면 자산배분 전략을 활용하면 15% 미만으로 줄어듭니다.

왜 자산배분을 정적자산배분이라고도 부를까요? 정적자산배분은 한번 자산군과 비중을 선택한 후 좀처럼 포트폴리오를 건드리지 않기 때문입니다. 정적자산배분은 일 년에 한 번의 리밸런싱을 기본 원칙으로 합니다. 즉, 비중을 선택한 후 일 년 동안 아무것도 안 한다는 뜻입니다.

마켓 타이밍(주로 동적자산배분)

단기적으로 높은 수익이 기대되는 자산군의 비중을 늘리고 단기적으로 낮은 수익이 기대되는 자산군의 비중을 낮추는 전략입니다. 쉽게 말하면 앞으로 곧 오를 가능성이 큰 자산을 사고, 곧 하락할 가능성이 큰 자산을 파는 행위입니다. 이를 통해 자산배분과 리스크 수준은 비슷하게 유지하되 수익을 극대화할 수 있습니다.

이 책에서는 과거 가격의 변동성, 경제지표 등을 보고 매수와 매도 타이밍을 결정하는 마켓 타이밍(동적자산배분) 전략을 주로 살펴볼 것입니다. 또한 특히 글로벌 주식투자에서 중요한 11~4월 전략도 살펴볼 것입니다. 앞에서 언급했듯이 다른 방법을 이용해 마켓 타이밍 전략을 시도할 수도 있지만 이 책에서는 자세히 다루지 않겠습니다. 앞으로 소개할 마켓 타이밍 전략들은 연복리수익률이 10~15% 정도이며 MDD도 자산배분 전략보다 다소 낮은 10~15% 정도 수준입니다. 여러 개의 마켓 타이밍 전략에 같이 투자하면 MDD를 한 자릿수로 떨어트릴 수도 있습니다. 이 책에서 제시하는 마켓 타이밍 전략들은 보통 한 달에 한 번씩 리밸런싱을 합니다.

종목 선정

자산군 내에서 유망하다고 여겨지는 종목에 투자해서 수익 극대화를 추구하는 행위입니다. 전체 시장보다 수익이 더 높거나 변동성이 낮을 것이라고 예상되는 종목을 사고 그렇지 않은 종목을 파는 것입니다. 일반적으로 말하는 '어떤 주식을 사야 하나?'에 해당되는 내용입니다.

종목 선정 전략은 수익이 높은 편이나 리스크도 상당히 높습니다. 대부분의 종목 선정 전략은 MDD가 50%를 넘습니다. 따라서 저는 종목 선정 전략을 활용하고 싶다면 자산배분을 먼저 한 후 주식 비중의 일부를 개별 종목으로 대체하는 방법을 강력히 권합니다.

이 책에서는 자산배분과 마켓 타이밍에 대해서만 다루고 있으므로, 종목 선정에 대해 더 알고 싶다면 2021년 9월에 출간된 『하면 된다! 퀀트 투자』를 참고하기 바랍니다.

| 투자로 돈 버는 3가지 방법

전략	기대 연복리수익률	기대 MDD	방법
자산배분	7~10%	15% 미만	상관성이 낮은 자산군(주식, 채권, 금, 원자재, 부동산 등)에 자금을 분산해 투자한다.
마켓 타이밍	10~15%	10~15%	기대수익이 높은 자산군의 비중을 늘리면서 리스크를 적절한 수준으로 유지한다.
종목 선정	20% 이상	50% 이상	자산군 내 유망한 종목에 투자해 수익률을 높인다.

10 자산배분의 3대 원칙

절대다수의 투자자는 종목 선정에만 집중합니다. 그래서 주식을 좀 한다는 사람들이 가장 많이 듣는 말이 "종목 좀 추천해 줘"입니다. 그다음으로 자주 듣는 질문은 "지금 주식 해도 돼?"입니다. 즉, 마켓 타이밍에도 조금 관심이 있죠.*

하지만 안타깝게도 투자자 대부분은 아직도 자산배분을 매우 등한시하는 경향이 높습니다. 투자의 3대 기둥인 자산배분, 마켓 타이밍, 종목 선정 중 한 기둥을 이렇게 무시한다면 투자가 잘될 수 없습니다. 그러므로 이번 장에서 투자의 기초인 자산배분을 제대로 배워 가시길 바랍니다.

1986년에 상당히 유명한 논문이 하나 발표되었는데, 자산배분이 포트폴리오 성과의 90% 이상을 설명할 수 있다는 내용입니다.[5] 포트폴리오를 어떤 자산군(주식, 채권, 금, 원자재, 부동산 등)에 투자했느냐가 실제로 언제 어떤 종목을 사고 팔았냐보다 훨씬 더 큰 영향을 미친다는 것이죠.

저는 이 주장에 동의하지는 않습니다. 성공 투자에 필요한 요소로 자산배분, 마켓 타이밍, 종목 선정을 똑같이 중요하다고 생각하기 때문입니다. 그러나 마켓 타이밍과 종목 선정 없이 오로지 자산배분 하나만 잘해도 경제적 자유에 도달할 수 있고 아름다운 노후를 보낼 수 있다는 것은 엄연한 사실입니다.

자산배분의 조건은 무엇일까

자산배분에 대해 구체적으로 설명하기 전에 가장 중요한 자산배분의 3대 핵심 원칙부터 알아보겠습니다.

---

* ▶ [초보] 주식 vs 예금, 수익이 더 높은 투자는?

▶ [초보] 자산배분에 어떤 자산군을?

1. 장기적으로 우상향하는 자산군을 보유한다
2. 상관성이 낮은 자산군을 보유한다
3. 자산군별 변동성을 비슷하게 유지한다

1. 장기적으로 우상향하는 자산군을 보유한다

당연한 얘기지만 장기적으로는 투자한 자산군의 가치가 최소한 물가 상승률 정도는 올라서 원금손실은 면해야 합니다. 이와 관련해 샌프란시스코 연준에서 1870~2015년 16개국의 데이터를 분석한 결과를 발표했는데[6] 부동산, 주식, 채권, 현금의 연복리수익률이 각각 10.59%, 8.55%, 5.74%, 4.55%라는 결과가 나왔습니다. 이 네 자산은 장기적으로 우상향하고, 물가 상승률을 제한 실질수익도 0 이상이었습니다.*

| 글로벌 16개국 평균 자산군별 수익률(1871~2015)

자산군	부동산	주식	채권	현금
명목수익	10.59%	8.55%	5.74%	4.55%
실질수익	6.61%	4.64%	1.94%	0.78%

2500년 전에 금 1온스(28.3g)을 가지고 빵 350덩어리를 살 수 있었

* ▶ [초보] 부동산 vs 주식, 어떤 게 나은가?

다고 하는데, 지금도 그 정도의 빵을 살 수 있다고 합니다. 2500년간 실질 가치를 보존했다고 볼 수 있죠. 물론 금값은 매년 물가 상승률 만큼 상승하지 않으며, 단기적으로 엄청난 등락을 반복합니다. 최근 47년(1973~2020년) 동안에는 연복리수익률 약 8%의 꽤 높은 수익률을 달성했습니다. 인플레이션을 제외하면 실질수익은 약 4% 정도라고 볼 수 있습니다.

원자재(에너지, 농산물, 금속, 귀금속 등)의 경우 1877~2015년 동안 35개 원자재의 수익률을 분석한 논문이 있는데[7] 명목수익은 5~6%, 실질수익은 2% 정도라고 합니다. 참고로 각 원자재에 투자하는 것은 어렵지만 여러 원자재 선물에 투자하는 ETF는 있습니다.

이제 자산배분 전략에서 활용할 자산군들이 정해졌네요. 부동산, 주식, 채권, 현금, 금, 원자재가 등장합니다.

주식과 채권의 차이는 무엇일까*

옛날 옛적에는 사업을 시작하려면 돈을 직접 모으거나, 부모님이나 친구, 친척 또는 지인을 통해 돈을 빌리거나, 은행에서 대출을 받아야 했습니다. 그런데 금융 시장이 생기면서 사업가들은 불특정 다수를 통해

---

* ▶ [왕초보] 주식은 무엇이고, 채권은 무엇이냐? – 자금조달의 3000년 역사

사업자금을 조달받을 수 있게 되었습니다.

채권 시장의 경우 불특정 다수를 통해 대출을 받는다고 보면 되는데, 투자자는 사업가에게 돈을 빌려주는 대신 몇 년 동안 일정 이자를 지불하고 마지막에는 원금을 다시 갚겠다고 약속하는 '채권'이라는 문서를 받게 됩니다. 이때 중요한 것은 사업가가 이자 또는 원금을 제때 지급하지 않으면 파산하고 그에 따른 불이익을 감수해야 한다는 점입니다. 예시에서는 기업으로만 설명했는데, 채권을 발행하는 주체는 국가(국채), 기업(회사채), 지자체(지방채), 은행 등 금융기업(금융채) 등이 있습니다. 신용이 높은 주체는 낮은 이자를 지불해도 채권을 팔 수 있으며, 신용이 낮은 주체는 높은 이자를 지불해야 파산 리스크를 감안하고도 채권을 사겠다는 투자자들이 나타납니다.

주식시장의 경우 불특정 다수를 통해 지분 투자를 받는다고 보면 되는데, 투자자는 사업가에게 돈을 빌려주는 대신 사업가가 만든 기업의 일부(지분)를 대표하는 '주식'이라는 증서를 받게 됩니다. 기업이 돈을 벌면 사업자는 이익의 일부를 배당으로 투자자에게 지급할 수 있습니다. 만약 대박이 나서 큰돈을 벌 경우 기업의 지분을 대표하는 주식의 가격도 천정부지로 치솟을 수 있습니다. 물론 기업의 상태가 안 좋으면 주가가 크게 하락할 가능성도 있습니다.

투자자는 채권을 만기까지 보유할 수도 있으나 언제든지 채권 시장에서 다른 투자자에게 매각해서 현금화할 수 있습니다. 주식도 기업이 존재하는 한 주식을 계속 보유할 수도 있으나 역시 언제든지 주식시장에서 다른 투자자에게 매도할 수 있습니다. 사실 한 기업의 채권이나 주식에 투자해서 수십 년간 자금을 묶이고 싶은 투자자는 많지 않습니다. 이런 환금성이 존재하기 때문에 불특정 다수의 투자자가 본인과 전혀 관계없는 사람이 만든 기업에 투자할 수 있는 것입니다.

---

2. 상관성이 낮은 자산군을 보유한다

보통 자산배분을 언급하면 분산투자를 떠올리는데, 반은 맞고 반은 틀렸습니다. 투자 중에는 개별 종목뿐만 아니라 주식시장 자체도 50% 이상 하락할 수 있습니다. 이 경우에 한국, 미국, 중국, 유럽 등 여러 시장에 분산투자를 하면 자산이 반토막 나는 것을 막을 수 있을까요?

안타깝게도 그렇지 않습니다. 대부분 특정 주식시장이 50% 이상 하락할 정도의 경제 위기가 오면 세계 모든 주식시장들이 큰 타격을 받고 사이좋게(?) 동반 하락할 가능성이 매우 큽니다. 아무리 여러 주식시장에 분산투자를 해도 이 사실은 변하지 않죠.

따라서 자산배분을 할 때는 주식시장과 상관성이 낮은, 즉 주식시장이 깨져도 아랑곳하지 않고 수익을 내거나, 최소한 같이 하락하지는 않는 자산군에 투자해야 합니다. 주식시장과 상관성이 낮은 대표적인 자산군으로 국채와 금이 있는데, 뒤에서 자세히 다루도록 하겠습니다.

3. 자산군별 변동성을 비슷하게 유지한다

'주식과 채권 시장의 상관성이 낮다고 했는데, 그렇다면 자산 중 50%를 주식, 50%를 채권에 투자하면 어떨까?'라는 생각이 들 수 있습니다. 실제로 미국에서는 이보다 조금 더 공격적으로 주식에 60%, 채권에 40% 투자하는 '60/40 포트폴리오'가 수십 년 전부터 유행입니다.

그런데 주식은 채권보다 변동성이 더 큰 자산군이죠. 따라서 자금 자체는 주식에 60%, 채권에 40% 투자한다고 해도 전체 포트폴리오의 리스크 측면에서 보면 주식이 총 리스크의 90% 이상을 차지하게 됩니다. 이 말은 곧 주식이 5% 하락하면 채권이 5% 상승해야 주식의 손실을 만회할 수 있는데, 실제로 채권의 움직임은 주식보다 훨씬 작기 때문에 기껏해야 1~2% 정도밖에 반등하지 않는다는 뜻입니다. 따라서 분산투자를 했는데도 주식의 손실을 충분히 방어할 수 없죠. 이 문제는 변동성이 높은 자산인 주식의 비중을 낮추고 변동성이 낮은 자산인 채권의 비중을 높이면 해결할 수 있습니다.

예를 들어 주식의 변동성이 채권의 3배이고, 자산의 25%를 주식, 75%를 채권에 투자하는 상황에서 주식과 채권이 정반대로 움직인다고 가정하겠습니다. 주식이 3% 빠지면 0.75%(0.25×0.03)의 손실을 보는데, 채권이 1% 올라 주면 0.75%(0.75×0.01)의 수익이 나서 채권이 주식의 손실을 완전히 만회할 수 있겠죠.

주식의 변동성이 채권의 3배 수준이니까 금액을 1/3 수준으로 설정하면 주식과 채권의 리스크가 비슷해집니다. 주식의 리스크는 크나 비중은 작고, 채권의 리스크는 작으나 비중이 크니까요. 이렇게 자산군별 변동성을 비슷하게 유지하는 방법을 '리스크 패리티 Risk Parity'라고 부릅니다.

"그래서 이 자산배분의 3대 핵심이 실전 투자와 무슨 관계가 있지?"라고 의아할지도 모르겠습니다. 이게 왜 중요한지 아직은 이해가 안 될 것입니다. 이제부터 자산배분의 역사를 살펴보면서 드디어 구체적인 전략을 다룰 예정입니다. 이 역사 공부가 끝나면 3대 핵심을 완전히 이해할 수 있을 것입니다!

Chapter 5

★★★

세계 최초의 자산배분, 유대인 전략

11

솔로몬 대왕과 이름 없는 랍비의 위대한 발견

저는 새로운 분야를 공부할 때 그 분야의 역사를 살펴봅니다. 어떻게 이 분야가 발전했는지 처음부터 천천히 알아보면 전체 그림을 보기가 쉽습니다.

자산배분의 역사는 우리가 생각하는 것보다 훨씬 더 깁니다. 세계에서 돈을 가장 잘 다루는 민족 얘기를 하면 유대인이 가장 먼저 떠오릅니다. 자산배분의 역사는 구약 시대에 시작됩니다. 성경에 솔로몬 대왕이 이런 말을 했다고 합니다.[8]

"(자산을) 일곱에게나 여덟에게 나눠줄지어다. 무슨 재앙이 땅에 임할는지 네가 알지 못함이니라."

이 짧은 대목에서 솔로몬 대왕의 다음과 같은 자산배분 철학(?)을 엿볼 수 있습니다.

1. 미래 예측은 불가능하다.
2. 미래가 아름다우면 좋겠으나 재앙이 올 수도 있으니 이에 대비하여 자산의 일부라도 건질 수 있도록 분산투자를 할 필요가 있다.

미래 예측은 불가능하다는 것을 인정하고 알지 못하는 미래를 대비해야 한다

특히 1번 '미래 예측은 불가능하다'가 자산배분의 핵심이라고 볼 수 있습니다. 우리가 한 달 만에 5배 오르는 주식을 정확히 예측할 수 있다면 자산을 주식, 채권, 실물자산 등에 쪼개는 자산배분은 전혀 필요하지 않습니다. 그 5배 오를 주식에 '몰빵'하는 것이 최선이겠죠. 안타깝게도 우리는 '전망 망상 편향'에 빠져 있어서 미래가 전망 가능하다고 믿는 경향이 강하며, 자칭 투자 전문가들은 이 사실을 이용해서 경제와 투자가 예측 가능한 것처럼 행동합니다. 멋진 문구와 전문 용어를 써대면서 주가가 오르거나 경제가 좋아질 것이라고 예측합니다. 하지만 나중에 검증해 보면 그들의 예측이 맞을 확률은 주사위를 던지는 것보다 못합니다.[*9]

이렇게 미래 예측이 어렵고 성공 확률이 낮은데도 자칭 전문가뿐만 아니라 수많은 개미투자자도 예측을 시도하고 있죠. 전망 망상 편향, 정말 막강합니다. 계속해서 예측을 잘하는 사람은 예나 지금이나 매우 드뭅니다. 자산배분을 한다는 것은 미래 예측이 불가능하다는 사실을 인정하는 것입니다.

이번에는 2번을 보겠습니다. 우리는 미래를 예측할 수 없으면서도 대부분 미래가 밝을 것이라고 기대하는 경우가 많은데 솔로몬 대왕은 아주 암울한, 재앙에 가까운 미래가 올지도 모르니 그에 대비할 필요가 있다고 경고합니다.

당시에는 외적들이 이스라엘에 쳐들어오는 경우가 많았겠죠. 만약 오두막집에 모든 자산을 투입했다면 외적이 갑자기 쳐들어와서 마을을 불태우는 일이 발생할 때 전 재산을 날리게 됩니다. 이때는 오두막집에도 투자하되 일부 자산으로 은화를 사서 적들이 찾을 수 없는 곳에 묻어놓는다면 자산의 일부라도 건질 수 있었습니다. 요즘은 외적이 쳐들어오는 경우는 적지만(?) 최근 20년 동안에도 IT 버블 붕괴, 9/11 테러, 미국발 금융위기, 유럽 재정위기, 코로나19 등 금융 시장에 타격을 준 재앙이 많았고, 이 재앙을 예측한 전문가는

---

* ▶ [초보] 주식시장 예측이 가능할까요?

극소수에 불과합니다.

아쉽게도 솔로몬은 구체적으로 어떤 7~8개 자산에 투자하면 좋은지는 밝히지 않았습니다. 다행히도 이름을 남기지 않은 어떤 랍비가 탈무드에 기원전 200년쯤 아래와 같은 기록을 남깁니다.

"모든 사람은 자산을 삼등분하여 1/3은 토지에, 1/3은 사업에 투자하고, 나머지 1/3은 여유자금으로 가지고 있어라(Let every man divide his money into three parts, and invest a third in land, a third in business and a third let him keep by him in reserve)."[10]

현대 언어로 해석하면 자산의 1/3은 부동산에, 1/3은 주식에, 1/3은 현금으로 가지고 있으라는 뜻이 됩니다. '여유자금 1/3'은 외적들이 침입할 경우 들고 튈(?) 수 있고 당시 화폐로도 쓸 수 있었던 금화, 은화, 보석 등을 말하는 것 같은데, 요즘에는 돈이 떼일 가능성이 작고 유동성이 높은 국채를 매입해도 좋습니다.

더 알고 싶은 투자자를 위한 강환국의 영상 과외

▶ [초보] 초보가 알아야 하는 자산배분의 모든 것

12 유대인 전략, 요즘도 통할까?

이 전략은 어떻게 보면 세상에서 가장 오래된 투자전략이라고 볼 수 있습니다. 그런데 2200년 전 이름도 남기지 않은 유대인이 만든 전략이 요즘에도 쓸모가 있을까요?

사실 자산의 1/3만 부동산만 투자하고도 여유자금이 남아서 주식, 채권 등에 투자할 수 있는 투자자는 많지 않을 것입니다. 그러나 부동산에 투자해서 임대수익과 시세차익을 투자자와 나누는 상장 기업인 리츠Real Estate Investment Trusts, REITs에 투자할 수는 있겠죠.

만약 현재 투자자가 탈무드의 랍비가 제안한 것처럼 자산을 삼등분해서 미국 주식, 미국 장기국채, 미국 리츠에 각각 분산투자했다면 어떤 결과가 나왔을까요?

분산투자는 ETF를 통해서 할 수 있습니다. 이번 사례의 경우 미국 주식을 대표하는 S&P 500 지수에 SPY라는 ETF로, 미국 장기국채에는 TLT라는 ETF로, 미국 리츠 시장에는 VNQ라는 ETF를 통해 투자할 수 있습니다.

예시 투자전략 1

유대인 전략

- **레벨:** 초급
- **기대 연복리수익률:** 10% 전후
- **포함 자산:** 3개 ETF
  - 미국 주식SPY, 미국 장기국채TLT, 미국 리츠VNQ 등
- **매수 전략:** 3개 ETF에 자산을 3등분
- **매도 전략:** 연 1회 리밸런싱

더 이상 간단하기도 힘든 전략인데, 최근 27년 동안 이렇게 투자했다면 어떤 결과가 있었는지 살펴보죠.

| 유대인 전략의 주요 지표(1994.1~2021.8)

포트폴리오	초기자산 (달러)	최종자산 (달러)	연복리 수익률(%)	표준편차 (%)	최고의 해(%)	최악의 해(%)	MDD (%)	샤프지수
유대인 전략	10,000	134,456	9.85	10.00	26.59	−16.79	−36.95	0.76

2200년 전에 만든 전략이라는 사실을 믿을 수가 없네요. 이렇게 간단하게만 투자해도 연복리수익률이 약 10%입니다. 72의 법칙을 떠올려보면 복리 10%를 달성한다는 것은 약 7년에 한 번씩 원금이 2배가 된다는 의미입니다.

| 유대인 전략의 수익(1994~2021)

27년간 이 전략을 사용했다면 앞의 그래프와 같은 수익률이 발생했을 것입니다. 지속적으로 우상향하는 모습이 보입니다. 어떻게 이런 기적적인 결과가 있을 수 있죠? 자산배분의 첫번째 원칙, ①장기적으로 우상향하는 자산군을 보유한다는 점을 지켜서 가능해진 기적입니다.

주식, 부동산, 채권 모두 일시적으로는 폭락할 때도 있었지만 장기적으로는 계속 오르며 신고점을 경신했습니다. 이래서 세 자산에 자산을 배분하면 장기적으로 계속 자산이 불어나게 되는 것이죠.

다만 아쉬움도 있습니다. 2008년에는 주식과 부동산이 동반 하락해서 36.95%라는 큰 손실이 발생했습니다. 2007년 10월부터

| 유대인 전략의 손실 폭(1994~2021)

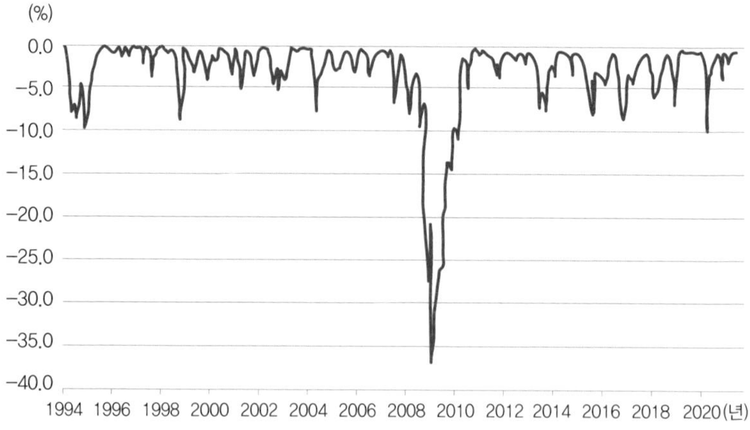

2009년 2월까지 36.95%의 손실이 발생했고, 이 손실을 만회하는데 1년 7개월이 소요되어 2010년 9월에 비로소 자산이 최고점을 돌파했습니다. 이 3년간 유대인 전략에 투자한 투자자는 매우 조마조마하고 스트레스가 많은 나날을 보내야 했겠죠. 앞서 MDD가 20% 넘는 전략은 피하라고 이야기했죠?

유대인 전략은 전반적으로 매우 훌륭한 전략이나 자산배분의 나머지 두 가지 원칙인 ②상관성이 낮은 자산군 보유한다와 ③자산군별 변동성을 비슷하게 유지한다에 적합한 전략은 아닙니다. 그래서 MDD가 높아진 것입니다. 2200년 전 사람이 아무리 현명해도 이런 것까지 고려한 자산배분 전략을 만들기는 무리였겠죠.

Chapter 6

★★★

해리 마코위츠, 자산배분의 열쇠를 찾아내다

13 상관성이 낮은 자산에 분산투자하라

솔로몬 대왕은 7~8개 자산에 분산투자하라는 조언을 남겼고, 탈무드에 등장한 이름 없는 랍비는 자산을 부동산, 주식, 현금(채권)에 투자하라는 구체적인 투자전략을 남겼습니다. 그 후에 세상은 크게 달라졌고 과학도 발전했습니다. 솔로몬 시대 사람들이 20세기 중반 사회에 도착했다면 깜짝 놀라서 적응하지 못했을 것이 뻔합니다.

그런데 정말 놀랍게도 자산배분 분야에서는 1950년대까지, 2000년이 넘는 시간 동안 별다른 발전이 없었습니다. 예를 들면 19세기 독일 통일을 관철하고 독일을 초강대국으로 만든 '철의 재상' 비스마르크Otto von Bismarck는 공을 인정받아 막대한 부를 거머쥐게 되었는데, 이 자산의 관리를 유대인 출신 은행가 블라이흐뢰더Gerson von Bleichröder에게 거의 전적으로 위임했습니다. 블라이흐뢰더는 당시에 최고의 투자 전문가였던 데다가 유럽 권력의 실세였던 비스마르크의 자산 관리를 맡았으니 이 돈을 잘 굴리기 위해 얼마나 노력했겠습니까? 그런데 그가 만든 포트폴리오를 보면[11] 주로 임야, 삼림을 포함한 부동산, 독일·러시아·미국·오스트리아·영국 등 당시 주요국 국채, 그리고 철도주 등을 포함한 주식에 투자했음을 알 수 있습니다.*

방금 소개한 2000년이 넘은 유대인 전략과 거의 일치합니다. 자산을 부동산, 주식, 채권에 분산투자했죠. 다만 자금을 삼등분하지는 않고 임야 투자를 선호하는 비스마르크의 취향을 받아들여 부동산 비중이 조금 더 높았습니다.

비스마르크의 자산배분을 공부한 후 저는 "아, 정말 자산배분 분야에서는 2000년이 넘는 시간 동안 아무 발전도 없었구나!"라고 외친 기억이 있습니다. 돈을 벌기 위해 혈안이 된 사람은 2000년 동안 매우 많았을 것입니다. 심지어 개별 종목에 대한 투자 이론은 중세 시대부터 개발되어 계속 발전하고 있었습니다. 그런데 자산배분 전략에 대한 연구는 전혀 없었다는 점은 매우 놀라웠습니다.

---

* ▶ [독일] 외교와 투자의 천재, 비스마르크의 자산배분

노벨상을 받은 해리 마코위츠의 논문*

그러다 자산배분 전략은 해리 마코위츠Harry Markowitz의 등장으로 크게 발전하게 됩니다. 마코위츠는 1927년 가난한 유대인 가정의 아들로 태어났습니다. 특히 그가 두 살 때 경제 대공황이 터졌으니 먹고살기가 더 어려웠겠죠. 다행히도 머리가 좋았던 마코위츠는 시카고 대학에 입학해 경제학 석사 학위를 받았습니다. 그는 학계에 남고 싶었는데, 그러려면 예나 지금이나 박사학위를 받아야 하죠.

문제는 지도 교수를 만나기 바로 직전까지도 무엇에 대해 논문을 쓸지 전혀 아이디어가 없었다는 점입니다. 교수실 밖에서 우연히 옆에 앉아 있던 사람이 주식 브로커였다고 하는데, 그 브로커가 다음과 같은 역사에 남을 조언을 건넸다고 합니다. "자네, 혹시 주식시장에 대한 논문을 쓰면 어떻겠나?"

마코위츠는 주식을 사본 적도 없었고 물리학과 철학에 훨씬 관심이 많았습니다. 그러나 다른 아이디어가 떠오르지 않았기 때문에 교수에게 주식에 대한 논문을 쓰겠다고 제안했고, 교수도 마침 주식투자에 관심이 많아서 흔쾌히 응했다고 합니다. 마코위츠는 1952년에 12쪽 분량의 논문[12]을 통해 연구 결과를 발표하고 1954년에 이 논문

---

* ▶ [초보] 마코비츠, 12페이지 논문으로 노벨상 받다

을 다듬어 박사논문을 제출했습니다. 구두 논문 심사위원회에는 존 메이너드 케인스John Maynard Keynes와 더불어 20세기에 가장 영향력이 큰 경제학자로 알려진 밀턴 프리드먼Milton Friedman이 있었는데, 프리드먼은 마코위츠를 한 시간 넘게 괴롭혔다고 합니다.

"자네 논문에 틀린 내용은 없지만 이건 경제학이 아니잖아. 그럼 경제학 박사 학위를 줄 수가 없어."

"진짜 문제네. 이건 경제학도, 수학도, 경영학도 아니야. 문학 작품도 아니고 말이야."

마코위츠의 손은 땀으로 흥건히 젖었습니다. '끝인가? 박사학위를 못 받는 걸까? 이대로 학계를 떠나야 하나?' 등 오만 가지 생각이 오갔다고 합니다.

다행히도 심사가 끝나고 지도 교수가 마코위츠에게 와서 "축하하네, 마코위츠 박사!"라고 마코위츠를 안심시켰습니다. 나중에 프리드먼을 만난 마코위츠가 정말 박사학위를 주지 않을 생각이었냐고 질문하자 프리드먼은 "아니, 장난이었지. 우리가 구두 시험에서 학생을 떨어트리지는 않아"라고 답변했다고 합니다.

논문의 파급 효과가 아주 커서 마코위츠는 1990년에 노벨 경제학상을 받게 됩니다. 서론이 길었는데, 도대체 이 논문의 내용이 무엇일까요? 이는 다음의 한 문장으로 요약할 수 있습니다

상관성이 낮은 자산에 분산투자하라.

분산투자에 대해서는 솔로몬 대왕과 탈무드에서 나오는 랍비도 충분히 설명했습니다. 여기에 '상관성'이라는 개념이 추가되었는데, 이 상관성은 투자에서 매우 중요한 개념입니다. 상관성이 낮은 자산에 분산투자를 하면 투자의 목적인 '손실 최소화'와 '변동성 축소'에 성큼 다가갈 수 있기 때문입니다. 사례를 들어 설명하겠습니다.

상관성이 낮은 자산, 상관성이 높은 자산

어떤 섬나라에 상장 기업이 셋 있는데, 한 기업은 우산을 만들고, 두 번째 기업은 아이스크림을 만들고, 세 번째 기업은 수영복을 만듭니다.

이곳의 날씨는 전혀 예측할 수 없습니다. 평균보다 비가 많이 오는 해에는 우산 기업 주식이 40% 오르고 아이스크림과 수영복 기업은 각각 20% 하락합니다. 반대로 평균보다 비가 적게 오는 해에는 우산 기업 주식이 20% 하락하고 아이스크림, 수영복 기업은 각각 40% 상승합니다.

Q. 이 세 기업 중 어떤 기업에 자산을 배분하면 손실을 최소화할 수 있을까요?

A. 한 기업에만 투자한다.

B. 아이스크림과 수영복 기업의 주식에 분산투자한다.

C. 우산과 아이스크림 또는 우산과 수영복 기업의 주식에 분산투자 한다.

정답은 C입니다. 각 번호대로 투자하면 어떤 결과가 발생할지 하나씩 살펴보겠습니다.

A처럼 세 기업 중 한 기업에 '몰빵'할 경우, 날씨를 맞히면 40%를 벌고 날씨를 못 맞히면 20% 손해를 봅니다. 확률은 낮겠지만 5년 연속으로 날씨를 못 맞히면 67.23%(0.8^5-1)의 손실이 발생하고, 10년 연속으로 날씨를 못 맞히면 89.3%($0.8^{10}-1$)의 손실이 발생할 수 있습니다.

B처럼 아이스크림 기업과 수영복 기업의 주식에 각각 자산의 절반을 투자하는 분산투자를 하면 어떨까요? 아쉽게도 도움이 안 됩니다. 두 주식이 같이 움직이기 때문입니다. 날씨가 좋으면 40%를 벌고 나쁘면 20%를 잃는데, 각 기업에 몰빵한 것과 전혀 차이가 없습니다. 이 경우 아이스크림 기업과 수영복 기업 주식의 상관성이 높다고 합니다. 특히 이번 사례처럼 두 자산이 완전히 같이 움직일 경우 상관성은 1입니다. 분산투자를 하긴 했는데 상관성이 높은 자산에 분산투자를 해서 분산투자의 효과가 전혀 없습니다.

C처럼 우산·아이스크림 또는 우산·수영복 기업 주식에 각각 자산의 절반을 투자하는 분산투자가 정답입니다(우산 기업에 50%, 아이스크

림·수영복 기업에 각각 25%를 투자하는 방법도 있습니다).

날씨가 좋으면 우산 기업은 20% 손실을 보고, 아이스크림 또는 수영복 기업은 40% 수익을 내서 총 10%를 벌게 됩니다. 날씨가 나쁘면 우산 기업은 40% 수익을 내고 아이스크림 또는 수영복 기업은 20% 손실을 봐서 총 10%를 벌게 됩니다.

즉, 날씨가 어떻든 상관없이 무조건 10%의 수익률을 낼 수 있다는 뜻입니다. 두 자산의 상관성이 매우 낮아서 발생한 현상인데, 이번 사례처럼 두 자산이 완전히 반대로 움직일 경우 상관성이 -1입니다.

상관성이 낮은 자산에 분산투자를 해서 분산투자 효과를 극대화하고 손실 최소화의 극치에 도달했습니다. 날씨와 전혀 상관없이 손해를 볼 가능성 자체를 없앴으니까요!

이를 표로 정리하면 다음과 같습니다.

A. 한 종목 몰빵

종목	날씨 좋음	날씨 나쁨
우산	−20%	40%

B. 상관성 높은 종목에 분산투자

종목	날씨 좋음	날씨 나쁨
아이스크림	40%	−20%
수영복	40%	−20%
총 수익	40%	−20%

C. **상관성 낮은 종목에 분산투자**

종목	날씨 좋음	날씨 나쁨
우산	−20%	40%
수영복	40%	−20%
총 수익	10%	10%

아쉽게도 현실 세계에는 상관성이 정확히 1인 자산도, 상관성이 정확히 -1인 자산도 없습니다. 그러나 이 사례가 투자에 의미하는 바는 큽니다.

| 상관성을 어떻게 해석할까?

상관성	해석	분산투자 효과
0.5~1	높음	적음
0.2~0.5	어느 정도 높음	유의미함
0~0.2	낮음	높음
0 이하	매우 낮음	매우 높음

실전 사례 1 자산을 바이오 기업 10개에 나누어 투자하는 것은 현명한 분산투자일까요?

그렇지 않습니다. 같은 산업에 속한 기업들의 주식은 상관성이 매우 높아서, 같이 오르거나 같이 떨어질 확률이 매우 높습니다. 특히 바이오 산업이 불투명해 보이거나 주식시장이 전반적으로 좋지 않은 때에는 10개 기업 모두가 같이 급락할 가능성이 큽니다. 아이스크림과 수영복 기업을 동시에 사는 것처럼 분산투자 효과가 적습니다.

실전 사례 2 자산을 미국, 중국, 한국, 유럽 주식에 사등분하면 어떨까요?

사례 1보다는 조금 낫지만, 이것도 별로입니다. 주식시장 간의 상관성도 높은 편입니다. 더 화가 나는 점은 상승장에서는 각 주식시장 간의 상관성이 0.5 이하로 비교적 낮은 편인데 하락장에서는 상관성이 거의 1에 도달할 정도로 급증한다는 것입니다.

이 말은 상승장에서는 한두 개 시장은 두드러지게 오르고 나머지 시장은 이보다 훨씬 덜 오르는 경향이 있는데, 경제 위기가 와서 주식이 50% 이상 급락하는 하락장에서는 모든 주식시장이 같이 폭락한다는 의미입니다. 투자자들이 투매하기 시작하면 함께 묶여 있는 전 세계 주식시장에서 돈을 회수하기 때문에 발생하는 현상이죠.

실전 사례 3 미국 주식, 미국 부동산 리츠, 미국 채권에 자산을 배분하는 전략은 어떨까요?

네, 맞습니다. 이게 바로 조금 전에 살펴본 유대인 전략이죠. 각 자산군의 상관성을 살펴보겠습니다.

| 미국 주식, 리츠, 채권의 상관성 분석(1994~2021)

자산군	미국 주식	미국 부동산 리츠	미국 채권
미국 주식	×	0.60	0.00
미국 부동산 리츠	0.60	×	0.06
미국 채권	0.00	0.06	×

주식과 채권의 상관성은 정확히 0인데, 이는 두 자산이 완전히 따로 논다는 것을 의미합니다. 즉, 주식의 상승과 하락은 채권의 수익에 큰 영향을 미치지 않는다는 뜻입니다. 그래서 주식과 채권에 분산투자하는 전략은 상당한 효과가 있습니다.

문제는 주식과 부동산 리츠 커플인데요, 상관성이 0.6으로 꽤 높습니다. 미국에서는 주식과 부동산 수익이 같이 움직이는 경향이 강합니다. 이 때문에 2008년에 두 자산이 동반 폭락해서 유대인 전략을 사용한 투자자에게 36.95%라는 높은 손해를 안긴 것입니다.

방금 본 세 사례는 상관성이 높은 자산에 투자하면 분산투자를 하긴 했으나 제대로 한 것이 아니라는 예시입니다. 그렇다면 도대체 어떤 방법이 있을까요? 또 "상관성이 낮은 자산에 분산투자하라"가 얼마나 대단한 아이디어길래 마코위츠가 노벨상을 받았을까요? Chapter 6과 Chapter 7에서 마코위츠 이론의 실전 전략인 '60/40 포트폴리오'와 '영구 포트폴리오'를 분석해 보겠습니다.

14 자산배분의 어머니, 60/40 포트폴리오

유대인 포트폴리오에 등장한 세 자산인 주식, 부동산, 채권을 분석하면서 주식과 채권의 상관성은 낮은 편인데 주식과 부동산의 상관성은 높다는 사실을 배웠습니다. 그렇다면 부동산을 투자 포트폴리오에서 삭제해도 무방하다는 결론이 나옵니다. 특히 한국의 경우 많은 투자자가 거주용 부동산에 투자해둔 상태이기 때문에 자산배분 전략을 쓸 때 추가로 리츠에 투자할 필요가 없다는 점도 한몫합니다.

그렇다면 주식과 채권의 비중을 어떻게 설정하면 좋을까요? 저 같으면 주식 50%, 채권 50%라고 답변했을 것 같지만 미국에서는 언젠가부터 주식에 60%, 채권에 40%를 투자하는 '60/40 포트폴리오'가 대세가 되었습니다. 이 포트폴리오는 누구나 손쉽게 만들 수 있으므로 많은 자산배분 전략의 벤치마크로 쓰입니다. 즉, 자산배분 전략의 최소 목적은 이 단순한 60/40 포트폴리오보다 좋은 성과를 달성하는 것입니다. 투자전략의 성과는 더 높은 복리수익이나 더 높은 샤프지수로 측정할 수 있습니다.

실전 투자전략 2

60/40 포트폴리오

- **레벨:** 초급
- **기대 연복리수익률:** 8% 정도
- **포함 자산:** 미국 주식SPY, 미국 중기국채IEF
- **매수 전략:** SPY에 60%, IEF에 40% 투자
- **매도 전략:** 연 1회 리밸런싱

이 전략의 50년 성과를 먼저 보겠습니다.

| 60/40 포트폴리오의 주요 지표(1970.1~2021.8)

포트폴리오	초기자산 (달러)	최종자산 (달러)	연복리 수익률(%)	표준편차 (%)	수익 난 월 (%)	MDD (%)	샤프지수
60/40 포트폴리오	10,000	1,252,954	9.8	9.8	64.7	−29.5	0.52

전략은 단순하지만 성과는 매우 위력적입니다. 50년간 수익률 9.8%를 달성해서 원금이 100배 이상으로 불어났습니다!

| 60/40 포트폴리오의 수익(1970.1~2021.8)

아쉬운 점도 있습니다. 1970년대 주식과 채권이 부진한 시기와 2008년 금융위기 때 각각 거의 30% 수준의 큰 손실을 기록했다는 점입니다. 2000년대 초반에도 20%가 넘는 손실을 기록했습니다.

| 60/40 포트폴리오의 손실 폭(1970~2021)

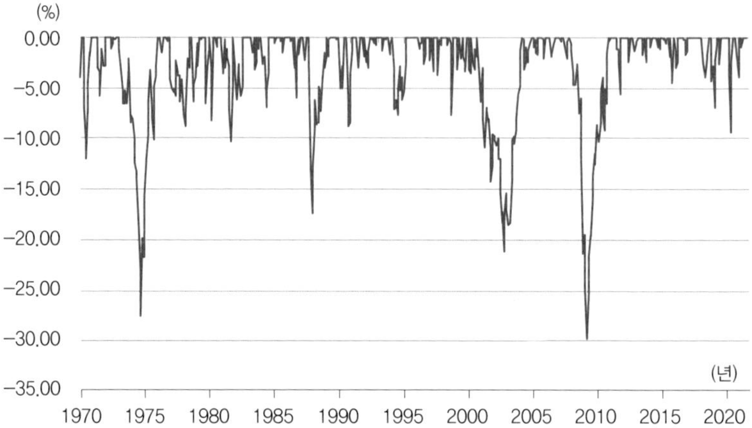

지금 살펴본 60/40 포트폴리오는 미국 자산(미국 주식, 미국 국채)에만 투자하는데, 세계 최초로 인덱스 펀드를 개발한 뱅가드Vanguard라는 회사에서 VSMGX라는 펀드를 개발했습니다. 이 펀드는 글로벌 주식과 채권에 투자해서 글로벌 60/40 포트폴리오를 추종하는 펀드인데 1995년부터 현재까지 기준으로 연복리수익률 8.17%, MDD 37.84%, 샤프지수 0.64라는 성과를 보였습니다.

| 글로벌 60/40 포트폴리오 VSMGX의 수익(1995.1~2021.8)

미국 자산에만 투자한 60/40 포트폴리오는 동 기간에 연복리수익률 9.15%, MDD 29.5%, 샤프지수 0.76을 달성했습니다. 그렇다고 해서 미국 60/40 포트폴리오 전략이 글로벌 60/40 포트폴리오 전략보다 낫다고 단정할 수는 없습니다. 지난 25년간은 미국 주식·채권이 글로벌 주식·채권 수익을 능가했으나 과거 수익이 미래 수익을 예언할 수 있다고 보기는 어렵기 때문입니다. 미래에 수익률이 역전될 가능성도 충분히 있습니다.

참고로 한국 60/40 포트폴리오 전략의 성과는 다음과 같습니다. 1987년부터 코스피지수에 60%, 5년 국채에 40%를 투자했다고 가정했습니다.

| 한국 60/40 포트폴리오의 주요 지표(1987.1~2021.8)

포트폴리오	초기자산 (만 원)	최종자산 (만 원)	연복리 수익률(%)	표준편차 (%)	수익 난 월 (%)	MDD (%)	샤프지수
한국 60/40 포트폴리오	10,000	259,382	9.85	16.4	56.5	−43.3	0.42

| 한국 60/40 포트폴리오의 수익률(1987~2021)

60/40 포트폴리오의 장점은 ETF 한 개만 사면 된다는 점입니다. 세계 최대 자산운용사인 블랙록Blackrock이 글로벌 60/40 포트폴리오의 수익을 추종하는 AOR이라는 ETF를 만들었고, 한국 투자자들도 손쉽게 구매할 수 있습니다. AOR에서 자동으로 주식과 채권에 투자하므로 투자자는 AOR ETF를 산 후 아무것도 안 해도 됩니다.

이렇게 투자하면 세금이 이연된다는 큰 장점이 있습니다. 미국 상장 ETF의 경우 250만 원을 공제한 후 수익의 22%를 양도소득세로 내야 하는데, 수익을 실현하지 않으면 세금을 낼 필요가 없습니다. 따라서 수십 년간 매수해 보유만 하고 매도를 하지 않으면 계속 세금을 내지 않아도 됩니다.

Chapter 7

★ ★ ★

단순하지만 효과적인 영구 포트폴리오

15 해리 브라운이 개발한 영구 포트폴리오의 위력

1950년대에 마코위츠는 각 자산의 상관성이 중요하고, 상관성이 낮은 자산에 분산투자하면 손실 최소화 및 변동성 축소가 가능함을 입증했습니다. 하지만 우리가 목표로 하는 높은 한 자릿수 이상의 연복리수익률을 내면서 MDD를 20% 이하로 제한하는 투자전략의 조건을 만족하는 단순한 전략이 나오기까지는 또다시 30년이 걸렸습니다. 60/40 포트폴리오의 성과도 나쁘지는 않았지만 MDD 20% 도달에 실패했죠.

1980년대 초반 해리 브라운Harry Browne이라는 천재가 우리의 조건을 만족하는 영구 포트폴리오Permanent Portfolio를 개발합니다.

해리 브라운은 누구인가 **Harry Browne**

1933년에 태어난 브라운은 1960년대부터 투자 자문 활동을 했습니다. 그는 1970년에 조만간 달러화가 크게 평가절하될 예정이니 금, 은, 부동산 등 실물자산을 확보하라는 주장을 포함한 책[13]을 썼습니다. 바로 다음 해 닉슨 대통령이 금본위제를 없애고 달러화를 마구 찍어내자 브라운이 예언한 바와 같이 금, 은, 부동산에 투자한 투자자는 엄청난 돈을 벌었습니다.

브라운은 1980년대 초반, 인플레이션은 끝났고 다시 주식과 채권에 투자해야 한다고 주장했는데 이번에도 그의 말은 맞았습니다. 그 후 브라운은 어떤 경제 상황이 와도 만족할 만한 투자 실적을 달성할 수 있는 '영구 포트폴리오'를 개발했습니다.

브라운은 1996년, 2000년 미국 자유당Libertarian Party 후보로 대통령 선거에도 출마했는데, 각각 0.5%, 0.4%의 득표율로 미국 대통령이 되지는 못했습니다. 2003년 별세한 브라운은 세상을 떠나기 전에 투자와 정치 관련 12권의 책을 남겼습니다.

왜 이 전략 이름이 영구 포트폴리오냐고요? 미래에 어떤 경제 상황이 오든 영원히 사용할 수 있는 전략이라는 의미입니다. 도대체 어떤 전략이길래 이런 용감한 주장을 할 수 있었을까요?

실전 투자전략 3

영구 포트폴리오(Permanent Portfolio)

- **레벨:** 초급
- **기대 연복리수익률:** 8% 정도
- **포함 자산:** 4개 ETF
  - 미국 주식SPY, 미국 장기국채TLT, 금GLD, 미국 초단기채권BIL
- **매수 전략:** 4개 ETF에 자산을 4등분
- **매도 전략:** 연 1회 리밸런싱

간단한 전략이죠. 자산을 사등분하고 일 년 동안 가만히 있다가 비중만 다시 조정하면 됩니다. 최근 50년간 이렇게 투자를 했다면 어떤 결과가 있었는지 보겠습니다.

| **영구 포트폴리오의 주요 지표**(1970.1~2021.8)

포트폴리오	초기자산(달러)	최종자산(달러)	연복리 수익률(%)	표준편차(%)	수익 난 월(%)	MDD(%)	샤프지수
영구 포트폴리오	10,000	762,322	8.8	7.2	65.0	−12.7	0.57

유대인 전략보다는 연복리수익률이 낮지만, MDD가 12.7%에 불과합니다! 50년간 투자해서 가장 최악의 순간에 잃는 금액이 겨우 12.7%밖에 안 된다는 것입니다. 수익률을 그래프로 보면 이렇습니다.

| 영구 포트폴리오의 수익(1970~2021)

제가 특히 놀랍게 여기는 점은, 해리 브라운은 1981년에 이 전략을 개발했는데 그때부터 지금까지 쭉 이 전략이 잘 통했다는 점입니다. 투자하기 전 백테스트 결과는 그럴듯하지만 투자하는 순간부터 제대로 수익이 안 나는 투자전략은 생각보다 많습니다.

하지만 영구 포트폴리오는 전혀 다릅니다. 만약 제가 올해 투자전략을 만들었는데 그 전략이 40년 후인 2060년까지 높은 한 자릿수의 수익률을 냄과 동시에 MDD를 13% 이하로 제한한다면 매우 자랑스러울 것입니다.

더 알고 싶은 투자자를 위한 강환국의 영상 과외

▶ [왕초보 1억] 초보자 투자는 이렇게 - 영구 포트폴리오의 모든 것!

16 영구 포트폴리오는 정말 영구적인가?

네 가지 자산에 분산투자만 해도 이렇게 위력적인 결과가 발생하는 것을 보고 적잖이 놀랐을 것입니다. 심지어 1980년대 초반에 공개된 전략이라 거의 40년이 지났는데도 불구하고 아주 잘 통했죠. 더 놀라운 점은 영구 포트폴리오에 포함된 각 자산을 보면 가끔 크게 폭락하는 경우가 있어 MDD도 매우 높다는 사실입니다.

정확히 이야기하면 미국 주식의 1970~2021년 MDD는 50.89%이고, 미국 채권도 동 구간에 23.12%의 MDD를 기록한 적이 있습니다. 금은 같은 기간의 MDD가 자그마치 61.78%나 됩니다. 그런데 어떻게 이런 위험천만한 자산들을 섞은 포트폴리오의 MDD는

12.7%밖에 안 되는 걸까요?

바로 자산배분의 3대 원칙 중 두 가지인 ①장기적으로 우상향하는 자산군을 보유한다와 ②상관성이 낮은 자산군을 보유한다는 두 가지 원칙을 잘 지켰기 때문입니다. 네 자산의 상관성을 한번 볼까요?

| **영구 포트폴리오를 구성하는 자산의 상관성 분석**(1978~2021)

자산군	미국 주식	미국 채권	금	달러 현금
미국 주식	×	0.02	0.05	0.01
미국 채권	0.02	×	0.07	0.04
금	0.05	0.07	×	–0.03
달러 현금	0.01	0.04	–0.03	×

영구 포트폴리오를 구성하는 네 자산의 상관성은 0에 가깝습니다. 주식, 채권, 금, 현금이 따로 움직이는 모습을 볼 수 있죠! 이 말은 한 자산이 크게 망해도 나머지 자산이 같이 하락할 가능성은 적다는 의미입니다.

또한 네 자산은 모두 장기적으로 우상향하는 자산이죠. 따라서 한 자산이 하락해도 나머지 세 자산의 상승 폭이 그 문제 자산의 하락 폭보다 더 큰 경우가 대부분입니다. 그래서 자산이 꾸준히 우상향하는 동시에 큰 손실이 나지 않는 것입니다.

| 영구 포트폴리오의 손실 폭(1970~2021)

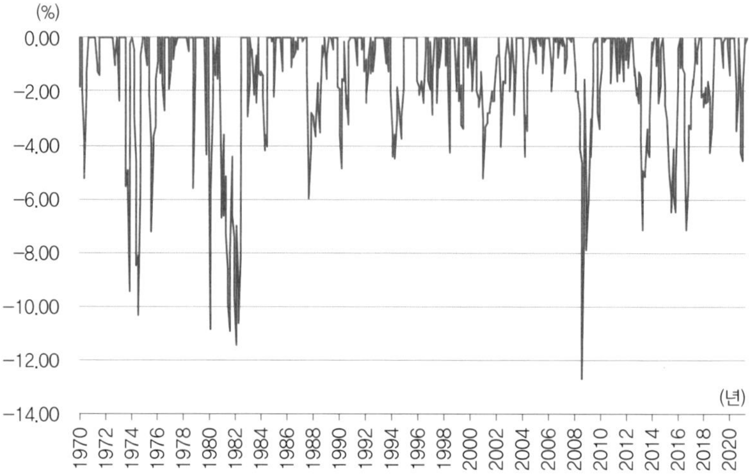

영구 포트폴리오를 구성하는 자산인 주식, 채권, 금의 MDD는 상당한데 영구 포트폴리오는 손실이 10% 이상으로 커진 적이 네 번 밖에 없다는 점이 매우 신기합니다.

경제에도 사계절이 있다

그런데 이런 의문도 듭니다. 최근 50년간 상관성이 낮다고 해서 미래에도 낮다는 보장이 있을까요? 영구 포트폴리오의 실적이 우연은 아닐까요?

자산군 간의 상관성은 시간이 지나면서 변합니다. 그러나 주식, 채권, 금, 현금의 수익은 모두 실물 경제와 관계가 있으며, 경제의 움직임에 따라 특정 구간에는 매우 높은 수익을 내다가 다른 구간에서는 수익이 형편없거나 손실을 내기도 합니다.

경제라는 것은 날씨와 상당히 비슷합니다. 날씨를 구성하는 요소는 수백만 가지가 있으나 우리 눈에 보이는 현상은 '덥다, 춥다, 맑다, 흐리다, 비 온다' 또는 '봄, 여름, 가을, 겨울' 정도로 압축이 가능하죠. 경제도 마찬가지입니다. 경제에 영향을 미칠 수 있는 요소는 우리가 상상할 수 없을 만큼 많으나 경제에도 눈에 보이는 사계절이 있습니다. 경제의 사계절은 다음과 같습니다.

1. 물가가 상승하고 경제 성장률이 높다.

2. 물가가 상승하고 경제 성장률이 낮다.

3. 물가가 하락하고 경제 성장률이 높다.

4. 물가가 하락하고 경제 성장률이 낮다.

여기서 물가가 상승한다·하락한다 또는 경제 성장률이 높다·낮다는 무엇을 의미할까요?

아마 신문에서 "정부는 올해 경제 성장률을 2%로 예측했다"와 비슷한 내용을 자주 보았을 것입니다. 이렇게 주요 경제지표들의 올해, 내년 그리고 중장기 전망치가 발표됩니다. 수많은 기관이 전망을 발표하니 이 전망치들의 평균을 계산해 볼 수 있겠죠. 물론 실제 경제 성장률은 이와 비교해서 높을 수도, 낮을 수도 있습니다. 물가 상승·하락도 마찬가지로 물가의 상승률이 0% 이상인지, 이하인지를 의미하는 것이 아닙니다. 평균 전망치와 비교해 실제 물가 상승률이 더 높았나·낮았나를 비교하는 것입니다.

우리는 내일 당장 어떤 경제 사계절이 들이닥칠지 전혀 예측할 수 없습니다. 전 세계 경제학자들이 계산한 전망치와 비교해 실제 경제가 어떻게 움직일지 예측해야 하는데, 한두 번은 어쩌다 맞출 수도 있겠지만 계속해서 성공하기는 불가능하기 때문입니다. 사실 지금이 어떤 계절인지 진단하기도 쉽지 않습니다. 재미있는 사실은 경제 계절마다 잘나가는 자산이 있고 떨어지는 자산이 있다는 점입니다. 아래 표는 매우 중요하니 아예 외워두기를 추천합니다.

| 경제 계절과 자산 상황

경제 계절	오르는 자산	떨어지는 자산
물가 상승 경제 성장률 높음	금, 개도국 주식	채권, 현금
물가 상승 경제 성장률 낮음	금, (현금)	개도국·선진국 주식, 채권
물가 하락 경제 성장률 높음	선진국 주식, 채권	금, 현금
물가 하락 경제 성장률 낮음	국채, 현금, (금)	개도국·선진국 주식

경제 사계절을 예측하기는 불가능하지만 주식, 채권, 금, 현금에 분산투자를 하면 어느 계절이 오든 상관없이 포트폴리오의 일부 자산은 수익을 냅니다. 따라서 어떤 경제 상황이 와도 포트폴리오 전체가 크게 망가질 가능성은 매우 낮습니다. 또한 주식, 채권, 금은 장기적으로 우상향하는 자산임을 잊어서는 안 됩니다. 따라서 오르는 자산의 상승 폭이 내려가는 하락 폭보다 큽니다.

먼저 네 자산의 성격을 소개하고, 영구 포트폴리오가 각 계절에 어떤 성과를 보였는지 설명하겠습니다.

주식

주식의 가격은 기업의 이익이 커지면 상승합니다. 경제 성장률이 기대치보다 높으면 소비와 투자도 증가하고 기업의 이익이 늘어나겠죠. 반대로 경제 성장률이 기대치보다 낮으면 기업 이익이 줄어들고 주식투자자는 손해를 봅니다.

물가 상승률이 높아지면 전반적으로 원자재 가격도 높아지는데 주로 원자재를 팔아서 돈을 버는 개발도상국 기업의 주식은 오르고, 이 원자재를 비싸게 사야 하는 선진국 기업의 주식은 악영향을 받는 경향이 있습니다. 반대로 물가 상승률이 낮아지면 원자재를 파는 개발도상국 기업의 수익은 감소하고, 그 원자재를 사는 선진국 기업에는 좋은 영향을 미치죠.

채권

주식과 반대로 경제 성장률이 낮으면 대부분 상승합니다. 경기가 나쁘면 보통 중앙은행이 경기를 부양하기 위해 금리를 낮추게 되어 있는데, 금리가 내려가면 채권에는 늘 희소식이죠. 또한 경제 성장률이 매우 낮은 경우, 즉 경제가 큰 위기에 부딪히면 투자자 대부분은 주식 등 리스크가 높은 자산을 투매하고 '안전자산'을 선호하게 됩니다. 선진국, 특히 미국, EU, 일본 등 당분간 망하지 않을 것 같은 국가의 국채가 주요 안전자산으로 많이 사용되죠.

물가 상승률이 높으면 채권에 치명적입니다. 채권은 주식과 달리 받을 수 있는 이자와 원금이 미리 정해져 있습니다. 그런데 물가 상승률이 높으면 미래에 받는 이자 및 원금의 실질 가치가 떨어지겠죠? 또한 중앙은행이 물가 상승을 잡기 위해 금리를 인상할 것입니다. 반대로 약한 물가 상승률은 채권에 긍정적인 영향을 미칩니다.

왜 채권 가격과 금리는 언제나 반비례하나

이 책에서 언급하는 '채권'은 '고정금리 채권'입니다. 고정금리 채권은 발행하는 날부터 이자와 원금이 언제 지급되는지 정확히 명시되어 있습니다. 대한민국 정부가 1.5%의 이자를 주는 10년 만기 채권을 발행하면 정부는 10년간 투자자에게 매년 1.5%의 이자를 지급하고 10년 후에 원금을 지급해야 합니다. 이자와 원금을 지급하지 않으면 대한민국 정부는 파산하게 됩니다.

그런데 왜 하필 이자가 1.5%였을까요? 그게 발행했던 당시 10년 국채의 시장 금리였기 때문입니다. 대한민국과 비슷한 신용도를 가진 국가는 1.5% 정도의 이자를 줘야 투자자들이 채권을 삽니다. 물론 정부는 이자를 덜 주고 싶었겠지만 그렇게 했으면 국채를 사는 투자자를 찾기 어려웠을 것입니다.

그런데 발행 후 얼마 지나지 않아서 10년 국채 시장 금리가 3%로 올랐다고 가정해 봅시다. 그럼 이자를 1.5%밖에 안 주는 채권의 매력도는 매우 떨어지겠죠. 새로 발행되는 10년 국채를 사면 3%를 받을 수 있으니까요. 따라서 이 채권의 가격은 하락하게 됩니다.

반대로 10년 국채 시장 금리가 0.5%로 떨어지면? 그럼 이자 1.5%를 주는 채권은 좋은 채권이죠. 신규 채권을 사면 이자를 덜 받으니까요. 따라서 채권의 가격은 오릅니다.

이래서 금리가 오르면 채권 가격은 무조건 내려가고, 금리가 내리면 채권 가격은 무조건 오릅니다.

금

금은 물가 상승률이 높을 때 사람들이 가장 많이 찾는 자산군입니다. 화폐 가치가 떨어지면 금, 원자재, 부동산 등의 실물자산을 사서 자산의 가치를 보존해야 하기 때문입니다.

금의 단점은 생산적이지 않은 자산이라는 것입니다. 기업은 계속 수익을 창출해서 기업가치가 커지고, 채권은 계속 이자를 지급하니 그 이자를 다시 투자해서 복리효과를 기대할 수 있는데 금 한 덩어리는 천 년이 지나도 그대로 한 덩어리일 뿐입니다. 따라서 위에 설명한 바와 같이 물가 상승률이 낮으면 주식과 채권의 수익률은 상대적으로 높은 데 반해 금의 수익은 부진합니다.

경제 성장률이 높은 경우에도 금은 주식과 채권에 밀려서 빛을 보기 어렵습니다. 단, 경제 성장률이 매우 낮은 경우, 즉 경제가 큰 위기에 부딪히면 투자자 대부분이 주식 등의 리스크가 높은 자산을 투매하고 '안전자산'을 선호하게 된다고 조금 전 이야기했죠? 금도 대표적인 안전자산 중 하나이므로 이때는 금 가격이 오르는 경우가 많습니다.

현금

현금의 단점은 간단합니다. 리스크가 적은 대신 기대수익도 떨어진다는 것입니다. 물가 상승률이 높을 경우 현금의 가치는 떨어집니다. 그런데 현금은 경제 상황이 좋지 않을 때 상대적으로 빛을 보게 됩니다. 특히 물가가 실제로 하락하는 디플레이션이 오면 주식, 채권, 금 등 모든 자산이 맥을 못 추는 와중에 현금의 가치만 상승하게 됩니다. 7000원 했던 밥값이 6000원이 되었다? 당연히 현금 보유자에게는 유리하겠죠.

현금에 대한 생각*

장기적으로 현금 비중을 높게 설정하는 것은 추천하지 않습니다. 특히 요즘은 단기 금리가 너무 낮아서 수익이 거의 없으니까요. 현재 유로화를 사용하는 유럽 국가의 은행들은 예금 이자를 단 한 푼도 주지 않고 오히려 보관 수수료를 가져갑니다.

그런데 인생에는 가끔 누가 봐도 절호의 기회라고 보이는 찬스가 오기 마련입니다. 이때 현금을 가진 자만이 기회를 잡을 수 있기 때문에 현금의 기대수익은 생각보다 높습니다!

경제 상황이 아주 심각해지면 빚을 갚기 위해서 혹은 다른 이유로 자금이 필요해서 급매물이 쏟아져 나오는 경우가 많습니다. 급매물 하면 보통 부동산이 생각나는데 주식 같은 다른 자산에도 비슷한 일이 생깁니다.

금융위기 직후 공익 근무를 할 때 당시 같은 사무실에 있던 공무원들이 "아, 지금 주식을 사면 무조건 돈을 버는데! 투자할 현금이 없어"라고 안타까워했던 기억이 납니다. IMF 위기 전 2000포인트였던 코스피 지수가 1000포인트 미만으로 하락했죠. 누가 봐도 주식이 너무 심하게 빠졌습니다. 그 당시에는 멀쩡한 기업의 주가도 80~90%씩 떨어진 경우가 비일비재했습니다.

* ▶ [왕초보] 현금 꼭 보유해야 하나, 대출 받아서 투자해도 되는가?

이렇게 살다 보면 누가 봐도 돈을 벌 기회가 몇 번씩은 찾아오는데 이 때 현금이 있어야 기회를 잡을 수 있습니다. 현금은 일반적으로 수익이 가장 낮으나, 이러한 상황에서는 현금을 가진 자가 왕이 됩니다. 그래서 투자를 할 때는 반드시 현금도 일부 보유하기를 추천합니다.

더 알고 싶은 투자자를 위한 강환국의 영상 과외

▶ [초보] 자산배분에 어떤 자산군을?

▶ [왕초보 1억] 초보자 투자는 이렇게 - 영구 포트폴리오의 모든 것!

17 경제 계절이 바뀌어도 꾸준히 수익을 내다

네 가지 자산의 성격 및 장단점을 살펴보았으니, 실제로 투자에서 어떤 결과로 나타났는지 설명하겠습니다(미국 기준)[14].

1970년대 – 물가 상승, 경제 성장률 낮음

제2차 세계대전이 끝난 후 1960년대까지 미국 경제는 매우 좋았습니다. 이 기간에 미국 주식에 투자한 사람들은 재미를 많이 봤죠. 그런데 1960년대 말부터 미국이 베트남에서 전쟁을 하고 복지를 늘리는 바람에 달러를 엄청나게 찍게 되었습니다. 게다가 1970년대에 석유를 생산하는 국가들이 유가를 대폭 인상해서 물가는 더 오르고 미국 경제는 큰 타격을 받았습니다. 물가는 상승하고 경제 성장률은 낮았던 암울한 시기였죠.

| **영구 포트폴리오 각 자산군의 수익률**(1972~1979)

자산군	연복리수익률(명목, %)	연복리수익률(실질, %)	최종 수익 증가율(실질, %)
주식	5.1	−2.8	−20
채권	3.8	−4.0	−28
현금	6.5	−1.5	−11
금	34.1	24.1	+460

따라서 주식, 채권, 현금의 수익률이 물가 상승률보다도 낮아 실질 연복리수익률은 마이너스로 나타납니다. 그런데 금은 인플레이션에 강하기 마련이죠. 1970년대 금값은 인플레이션을 제하고도 460%나 상승하여 나머지 세 자산의 부진을 완전히 커버했습니다.

1980~1990년대 – 물가 하락, 경제 성장률 높음

1970년대 말 미국의 경제 상황은 위에서 설명한 것처럼 매우 비관적이었습니다. 1979년 8월 경제 주간지 비즈니스 위크Business Week 커버에는 '주식은 죽었다(Equities are Dead)'라는 문구가 등장하기도 했죠. 이때 연준에 폴 볼커Paul Volcker라는 영웅이 나타나서 금리를 15% 수준까지 올리고 화폐 공급량을 줄여서 당시 연간 두 자릿수였던 인플레이션을 잡는 데 성공했습니다. 1986년에는 플라자 합의 Plaza Accord를 통해 달러 가치가 엔화와 마르크화 대비 떨어져 미국 경제의 경쟁력이 강화되었고, 1990년대에는 실리콘밸리에서 인터넷 경제 붐이 일어나서 전반적으로 1980~1990년대 미국 경제는 호황이었습니다.

| 영구 포트폴리오 각 자산군의 수익률(1980~1999)

자산군	연복리수익률(명목, %)	연복리수익률(실질, %)	최종 수익 증가율(실질, %)
주식	17.9	13.3	+1,124
채권	10.7	6.4	+247
현금	6.9	2.8	+73
금	−2.3	−6.1	−72

앞서 배운 바와 같이 이러한 상황에서는 주식과 채권 수익이 높습니다. 생산성이 없는 금의 매력은 급감했으나 주식, 채권의 수익으로 충분히 만회할 수 있었습니다.

2000년대 – 물가 하락, 경제 성장률 낮음

1990년대 말은 1970년대 말과 대조적이었습니다. 인터넷이 세상을 바꿔서 앞으로 경제는 영원히 성장할 것이고 당시 1만 포인트 남짓이었던 다우존스 지수가 곧 3만 6000포인트를 뚫을 것이라고 주장하는 책도 나왔죠[15](참고로 20년이 지난 2021년 10월까지도 아직 못 뚫었습니다).

현실은 달랐습니다. 2000년대 초에는 인터넷 버블이 터졌고 2008년에는 1929년 대공황 이후 가장 큰 경제 위기인 금융 위기가 발생해서 경제는 큰 타격을 받았습니다.

| 영구 포트폴리오 각 자산군의 수익률(2000~2009)

자산군	연복리수익률(명목, %)	연복리수익률(실질, %)	최종 수익 증가율(실질, %)
주식	−1.0	−3.4	−29
채권	7.7	5.0	+64
현금	2.8	0.2	+2
금	14.9	12.1	+222

따라서 1980~1990년대에 엄청난 수익을 냈던 주식은 큰 타격을 입었습니다. 하지만 중앙은행들이 경제 위기를 극복하기 위해 금리를 0%로 하향 조정하는 바람에 채권 수익은 상당히 높았고, 돈이 많이 풀려서 화폐가치가 하락하는 동시에 안전자산으로 인식되기도 하는 금에 돈이 많이 몰리게 되며 금 가격도 상당히 올랐습니다. 1970년대와 마찬가지로 주식시장은 부진했으나 이번에는 채권과 금이 주식의 부진을 만회했습니다.

2010년대 – 물가 하락, 경제 성장률 높음

2000년대 말 미국발 금융위기 때문에 세계 경제가 어려웠다는 사실을 기억할 것입니다. 절망적인 상황이었죠. 경제를 구하기 위해 미국, 유럽, 일본 등 선진국의 중앙은행들은 금리를 0%로 낮춘 것도 모자라 양적 완화를 통해 엄청난 자금을 경제에 쏟아부어 물가 상승률을 낮게 유지함과 동시에 경제를 살리는 데 성공합니다. 그래서 1980~1990년대보다는 조금 약한 수준이지만 다시 물가는 하락하고 경제 성장률은 높은 경제 체제로 돌아왔습니다.

| 영구 포트폴리오 각 자산군의 수익률(2010~2019)

자산군	연복리수익률(명목, %)	연복리수익률(실질, %)	최종 수익 증가율(실질, %)
주식	13.3	11.5	+197
채권	6.8	5.0	+63
현금	0.6	−1.2	−11
금	2.9	1.1	+12

1980~1990년대와 비슷하게 주식, 채권을 선택한 투자자는 재미를 볼 수 있었습니다. 금리가 워낙 낮아서 현금을 보유하고 있던 사람들은 손해였지만 영구 포트폴리오 투자자는 걱정이 없었죠.

영구 포트폴리오 활용하는 법

짧게 경제 역사와 각 자산군의 수익을 분석해 본 결과 다음과 같은 결론을 낼 수 있습니다.

1. 경제 계절은 수년간 지속되는 경향이 있다.
2. 특히 경제 계절 말기가 되면 투자자는 이 계절이 영원하리라고 착각하는 경우가 많은데, 경제 계절은 언젠가는 반드시 변한다.
3. 우리는 언제 어떤 경제 계절이 올지 절대 예측할 수 없다.
4. 어떤 경제 계절이 오든 크게 상승하는 자산군이 있다.
5. 어떤 경제 계절이 오든 수익이 낮거나 하락하는 자산군도 있다.
6. 그러나 상승하는 자산군의 수익이 하락하는 자산군의 손실을 만회하고 남는다.
7. 따라서 10년 단위로 전체 포트폴리오는 상승했다.

이 전략은 어떻게 실행하면 될까요? 자산을 사등분해서 네 개 ETF를 사고(SPY, TLT, GLD, BIL) 일 년 동안 아무것도 안 하다가 각 ETF의 비중만 다시 자산의 25%로 맞춰주면 됩니다.

말 그대로 영구적으로 이 방법으로 투자할 수도 있으나 아무래도 중간에 번 돈을 쓸 일이 있을 것입니다. 그때는 목표 비중보다 실제 비중이 높은 ETF부터 팔면서 현금화하면 됩니다. 반대로 추가 자금을 투입할 때는 목표 비중보다 실제 비중이 낮은 ETF부터 투입합니다.

예를 들어 2021년 1월 1일에 아래와 같이 투자를 시작했다가, 7월 1일에는 투자 금액이 두 번째 표처럼 변했다고 가정해 보겠습니다.

| 2021년 1월 1일 투자 시작

자산	금액	비중
주식(SPY)	2500만 원	25%
채권(TLT)	2500만 원	25%
금(GLD)	2500만 원	25%
현금(BIL)	2500만 원	25%
총자산	1억 원	100%

| 2021년 7월 1일 투자 중

자산	금액	비중
주식(SPY)	3500만 원	31.8%
채권(TLT)	2700만 원	24.5%
금(GLD)	2300만 원	20.9%
현금(BIL)	2500만 원	22.7%
총자산	1억 1000만 원	약 100%

갑자기 돈이 필요한 경우 비중이 목표치인 25%보다 높은 주식을

먼저 팔아서 현금화하면 되겠죠. 반대로 투자할 자금이 추가로 생겼을 경우 비중이 낮은 금을 먼저 매수하는 것이 좋습니다.

자산배분의 3대 원칙을 기억하십니까? 영구 포트폴리오는 처음 두 가지 원칙인 ①장기적으로 우상향하는 자산군을 보유한다, ②상관성이 낮은 자산군을 보유한다 이 두 가지를 완벽하게 실행한 전략입니다. 3대 원칙 중 두 가지만 잘 실행해도 이런 놀라운 결과가 발생합니다. 그럼 세 가지 원칙을 모두 지키는 포트폴리오는 어느 정도의 위력을 보일까요? 이에 대해서는 다음 장에서 이어서 살펴보겠습니다.

마지막으로 영구 포트폴리오가 너무 미국 중심적이라는 생각이 들고, 미국을 넘어 글로벌 시장에 투자를 하고 싶다면 아래와 같은 배분을 추천합니다.

| 영구 포트폴리오 글로벌 버전

자산군	해당 ETF	비중(%)
주식	VT(전 세계, 선진국 비중 높음)	12.5
	EEM(개발도상국)	12.5
채권	TLT(미국 장기채)	12.5
	BWX(글로벌 국채)	12.5
금	GLD(금)	25
현금	BIL(달러화 예금)	12.5
	원화 예금	12.5

왜 VT와 EEM에 동시에 투자하라고 권하는 걸까요? VT는 전세계에 투자하는 ETF이기는 하나 2021년 9월 30일 기준으로 미국 비중이 절반 이상이며, 나머지는 아시아와 유럽 지역 선진국에 투자하고 개발도상국 비중은 10% 정도밖에 되지 않습니다.

그런데 선진국과 개발도상국 주식의 흐름은 조금 전에 봤듯 조금씩 다릅니다. 따라서 선진국과 개발도상국에 분산투자하기 위해 주식 비중의 절반은 VT, 나머지 절반은 개발도상국에만 투자하는 EEM을 추천한 것입니다.

Chapter 8

★★★

레이 달리오의 사계절 포트폴리오

18

레이 달리오가 발견한 투자의 성배

영구 포트폴리오는 높은 한 자릿수의 수익률을 내면서 MDD를 20% 이하로 제한한 첫 번째 전략이었습니다. 브라운 외에도 마코위츠의 이론에 감명을 받고 효과적인 자산배분 전략을 연구한 사람들은 많은데, 레이 달리오도 그중 하나입니다.

레이 달리오는 누구인가 **Ray Dalio**

1949년에 태어난 달리오는 12세 때 처음으로 주식을 사서 3배를 벌었다고 합니다. 그 스릴을 잊지 못했는지 1973년 하버드에서 MBA를 받은 후 뉴욕 증권거래소로 가서 선물을 거래하기 시작했고, 1975년에 브리지워터Bridgewater Associates라는 투자회사를 설립합니다.

1980년대 초 그는 미국 주식이 폭락할 것이라고 예측해 미국 주식을 공매도했으나 반대로 미국 주식이 큰 폭으로 상승하여 큰돈을 잃게 됩니다. 이 때문에 고객들과 직원들은 떠났고, 브리지워터는 다시 달리오만 혼자 남은 1인 기업이 되었습니다.

레이 달리오는 그 위기를 극복하고 화려한 복귀에 성공합니다. 브리지워터는 2021년 3월 기준 1400억 달러를 운용하는 세계 최대 규모의 헤지펀드로 성장했고, 레이 달리오의 개인 자산은 200억 달러에 달한다고 합니다. 우리는 브리지워터의 대표 전략 중 올웨더 포트폴리오All-Weather Portfolio를 이 책에서 자세히 알아볼 예정입니다.

올웨더 포트폴리오의 초보자 버전(?)이라고 할 수 있는 사계절 포트폴리오All-Seasons Portfolio('올시즌 포트폴리오'라고도 불립니다)는 미국에서 유명한 자기계발 작가인 토니 로빈스Tony Robbins의 『머니[16]』라는 책을 통해 대중적으로 알려졌습니다.

로빈스는 대중에게 알맞은 투자전략을 찾던 중 자산배분의 대가로 알려진 달리오를 만나서 한 수 가르침을 받습니다. 다행히도 달리오는 로빈스의 책을 좋아해서 흔쾌히 인터뷰에 응했다고 합니다. 달리오는 앞서 설명한 바와 같이 1980년대 초에 크게 망해서 엄청난 스트레스를 받았습니다. 잘나가던 회사에서 고객들은 돈을 뺐고, 그는 살아남기 위해 모든 직원을 해고할 수밖에 없었습니다.

이런 뼈아픈 경험을 다시는 겪지 않겠다고 생각한 달리오는 그 후 "투자 포트폴리오를 어떻게 만들어야 경제가 어떤 상황에 닥치든 상관없이 안정적인 수익을 낼 수 있을까?"라는 질문에 집착했습니다.

1990년대 초가 되어서야 그는 마침내 답을 찾았습니다. 답은 마코위츠가 말했던 '상관성이 낮은 자산군에 분산투자하라'였는데요, 달리오는 아래 그림을 '투자의 성배'라고 명명했습니다.[17]

| 레이 달리오가 발견한 투자의 성배

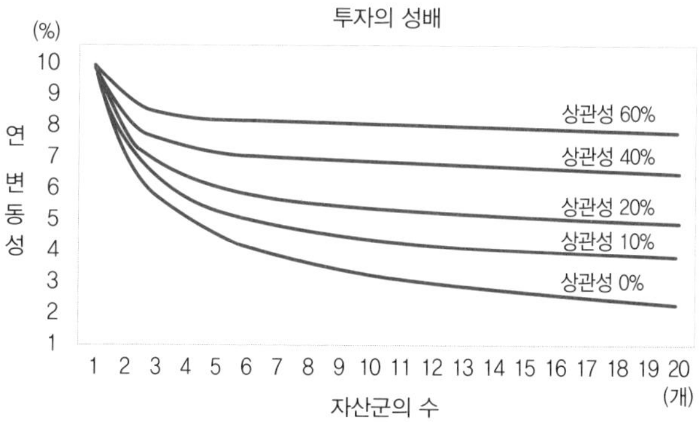

샤프 지수	1년간 손실 확률
0.25	40%
0.28	39%
0.31	38%
0.36	36%
0.42	34%
0.50	31%
0.63	26%
0.83	20%
1.25	11%
2.50	1%

달리오는 상관성이 0인 자산군을 여러 개 찾으면 연 변동성을 획기적으로 줄일 수 있다는 사실을 발견했습니다. 영구 포트폴리오는 상관성이 0과 가까운 자산이 네 개(주식, 채권, 금, 현금) 있는 포트폴리오죠.

더 알고 싶은 투자자를 위한 강환국의 영상 과외

- [초보] 투자자 99%에 맞는 필승 투자법 - 4계절 포트폴리오
- [초보] 투자자 99%에 맞는 필승 투자법 - 4계절 포트폴리오의 한국화
- [왕초보 1억] 4계절 포트폴리오(올웨더) 초간단 설명!

19 자산군의 변동성을 비슷하게 유지한다는 것

혹시 눈치채셨습니까? 레이 달리오가 말하는 '투자의 성배'는 마코위츠 이론의 복습에 불과합니다. "상관성이 낮은 자산에 분산투자하라." 우리가 이미 다 아는 얘기죠. 그런데 자산배분의 세 번째 원칙은 뭐였죠? ③자산군별 변동성을 비슷하게 유지한다였죠.

투자의 세계에서는 '변동성'을 '리스크'라고 부르기도 합니다. 통상적으로 변동성이 높은 자산군은 수익과 손실의 폭이 커서 리스크가 높고, 변동성이 낮은 자산군은 수익과 손실의 폭이 작아서 리스크가 낮다고 간주합니다.

변동성은 우리가 고등학교 때 배운 '표준편차'로 측정합니다. 이 책에서는 변동성과 리스크를 동일한 개념으로 사용하겠습니다.

변동성을 비슷하게 유지하는 것의 중요성

어쨌든 달리오는 투자의 성배 발견 후 연구에 소홀하지 않았습니다. 이 세 번째 원칙이 매우 중요하다는 결론에 도달했죠. 그는 로빈스에게 투자자들이 대중적으로 활용하는 '자산의 60%, 40%를 각각 주식과 채권에 배분하는 60/40 포트폴리오'는 투자 금액은 60/40으로 배분되었을지도 몰라도 변동성(리스크)은 주식에 90% 이상 몰려 있어서 분산투자의 효과가 거의 없다고 설명했습니다.

| 60/40 포트폴리오의 금액 비율과 리스크 비율[18]

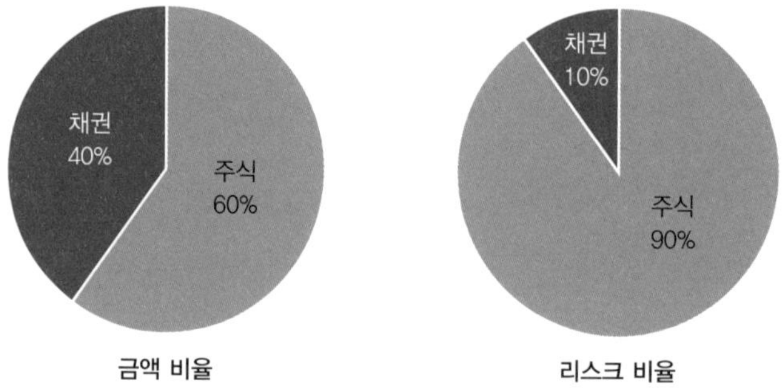

따라서 60/40 포트폴리오의 수익률은 주식시장이 오를 때는 같이 오르지만 주식시장이 안 좋을 때는 떨어질 수밖에 없습니다. 주식시장이 50% 하락할 때 변동성이 주식보다 낮은 채권이 50% 올라서 손실을 만회하기란 불가능합니다. 채권은 가장 좋은 시나리오에도 기껏해야 10~20% 만회가 고작이라 전체 손실을 만회할 수 없죠.

따라서 영구 포트폴리오처럼 자산을 금액으로 사등분하는 것보다는 변동성이 상대적으로 높은 주식과 금의 비중을 줄이고 채권의 비중을 높여서 각 자산군의 변동성 비율을 비슷하게 만드는 방법이 최선이라는 것입니다. 이렇게 투자 비중을 금액으로 나누지 않고 리스크별로 나누는 방법을 리스크 패리티Risk Parity라고 합니다.

달리오는 로빈스에게 경제에도 사계절이 있고 계절마다 잘나가는 자산군이 있다고 설명하는데, 이는 '영구 포트폴리오'를 공부하면서 충분히 설명했으므로 생략하겠습니다.

20 사계절 포트폴리오대로 투자했다면 결과는?

여기까지 유심히 달리오의 설명을 경청하던 로빈스는 우리가 모두 궁금해하는 핵심 질문을 던집니다.

토니 로빈스, 레이 달리오의 사계절 포트폴리오 비중을 받아내다[19]

로빈스: 그래 레이, 설명해줘서 고마워. 덕분에 자산배분을 완전히 새로운 눈으로 바라보게 되었어. 근데, 그래서 어쩌라는 거야? 구체적으로 어떤 포트폴리오에 어떤 자산군을 포함하고 비중을 어떻게 가져가라는 거니?

달리오: 그게 그렇게 쉬운 게 아니야…….

로빈스: 너는 사람들을 돕는 걸 좋아하잖아. 개미들에게 성공 투자 공식을 하나만 줘. 형제자매들을 돕는다고 한번 생각해 봐!

(아마 달리오는 이쯤에서 구체적인 수치를 주지 않으면 로빈스가 계속 괴롭힐 것이라는 사실을 눈치챘을 것입니다)

레이: 그래, 알았어. 주식은 30%, 미국 7~10년 중기국채 10%, 미국 20~25년 장기국채 40%, 금 7.5%, 원자재 7.5%야! 이제 됐지?

로빈스의 헌신적인 노력으로 우리는 사계절 포트폴리오의 비중을 알게 되었습니다. 저 비중으로 투자했다면 어떤 결과가 발생했을지 계산해 보죠.

실전 투자전략 4

사계절 포트폴리오(All-Seasons Portfolio)

- **레벨:** 초급
- **기대 연복리수익률:** 8~10% 정도
- **포함 자산:** 5개 ETF
  - 미국 주식SPY, 미국 중기국채IEF, 미국 장기국채TLT, 금GLD, 원자재DBC

◆ **매수 전략**

– 자산을 SPY에 30%, IEF에 15%, TLT에 40%, GLD/DBC에 각각 7.5% 배분

◆ **매도 전략:** 연 1회 리밸런싱

이 전략의 1970년부터 현재까지 성과는 아래와 같습니다.

| **사계절 포트폴리오의 주요 지표**(1970.1~2021.8)

포트폴리오	초기자산 (달러)	최종자산 (달러)	연복리 수익률(%)	표준편차 (%)	수익 난 월 (%)	MDD (%)	샤프지수
사계절 포트폴리오	10,000	1,147,274	9.6	7.9	66.9	−13.1	0.63

| **사계절 포트폴리오의 수익**(1970~2020)

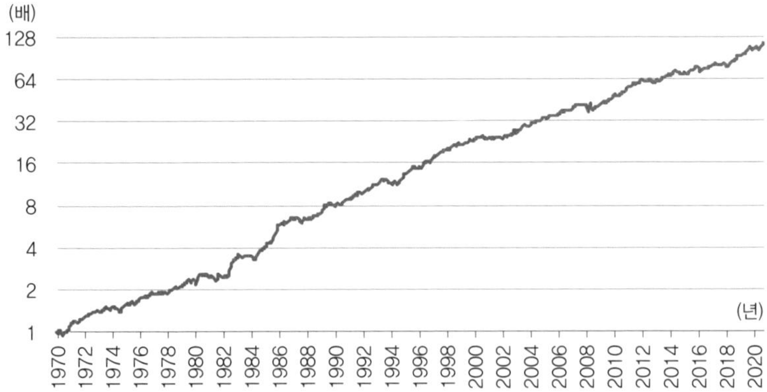

사계절 포트폴리오는 영구 포트폴리오보다 수익률이 조금 더 높은데, 영구 포트폴리오가 수익률이 낮은 현금에 자산의 25%를 투자하기 때문입니다. 놀랍게도 사계절 포트폴리오도 가장 최악의 순간에 잃는 금액이 겨우 13.1%밖에 안 됩니다! 그래프로 보면 이렇습니다.

| **사계절 포트폴리오의 손실 폭**(1970~2020)

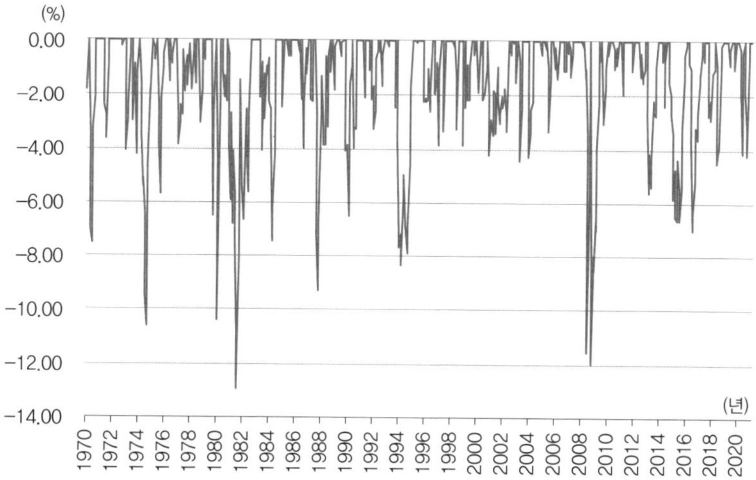

MDD 13.1%는 1980년대 초반에 발생했으며, 그다음 위기 상황인 2008~2009년 금융위기 시기에도 손실을 13% 안팎으로 제한했습니다. 그 외에 10% 이상 손실이 발생한 경우는 1970년대 중반, 1980년대 초에 딱 두 번 더 있었습니다.

Chapter 9

자산운용의 끝판왕,
올웨더 포트폴리오

21 사계절 포트폴리오의 약점을 보강하다

이번에 소개하는 올웨더 포트폴리오All-Weather Portfolio는 바로 앞에서 설명한 사계절 포트폴리오와 비슷하면서도 조금 다릅니다. 사계절 포트폴리오는 달리오가 로빈스의 압박을 견디지 못하고 즉석에서 짜낸 단순한 포트폴리오지만, 올웨더 포트폴리오는 달리오와 브리지워터의 직원들이 심혈을 기울여 만든 심화 버전입니다.

단순한 포트폴리오를 추구하는 투자자라면 Chapter 9은 건너뛰어도 됩니다. 올웨더 포트폴리오는 사계절 포트폴리오보다 조금 더 복잡한 전략인데, 투자에서는 결코 복잡한 전략이 간단한 전략을 이긴다는 보장이 없습니다. 다만 자타공인 자산배분의 최고봉인 달리오와 브리지워터의 논리를 이해하면 여러분도 얻어갈 수 있는 점이 많다고 판단해 이 전략을 포함했습니다. 때마침 유튜브 「내일은 투자왕 - 김단테」로 알려진 김동주 이루다투자일임 대표가 올웨더 전략을 주제로 한 『절대수익 투자법칙[20]』이라는 책을 발간해서 많은 참고가 되었습니다.

50년간 철옹성처럼 높은 한 자릿수의 연복리수익률과 낮은 MDD를 자랑하는 사계절 포트폴리오도 약점이 있습니다. 그러나 결론적으로 약점이 크지 않다고 판단하기에 많은 투자자에게 추천하는 것입니다. 단점이 무엇인지도 설명하겠습니다.

브리지워터는 전 세계의 자산군을 아래의 표로 요약한 적이 있습니다. 영구 포트폴리오 때 등장했던 경제적 사계절 표의 심화 버전이라고 할 수 있죠. 이 표도 외워두면 매우 유용합니다.

| 경제 계절별 잘나가는 자산군

❶ 물가 상승, 경제 굿!	❷ 물가 상승, 경제 배드!	❸ 물가 하락, 경제 굿!	❹ 물가 하락, 경제 배드!
개발도상국 주식			
국제 부동산		선진국 주식	
금, 원자재	금, 원자재	선진국 부동산	금
개발도상국 채권	개발도상국 채권	선진국 중기국채	선진국 장기국채
물가연동채	물가연동채	선진국 회사채	
	현금		현금

그런데 사계절 포트폴리오는 아래와 같이 투자를 하죠.

| 경제 계절과 사계절 포트폴리오의 자산군별 비중(단위: %)

변동성	❶ 물가 상승, 경제 굿!	❷ 물가 상승, 경제 배드!	❸ 물가 하락, 경제 굿!	❹ 물가 하락, 경제 배드!
	개발도상국 주식			
고 변동성	국제 부동산		선진국 주식(30)	
	금(7.5), 원자재(7.5)	금(7.5), 원자재(7.5)	선진국 부동산	금
	개발도상국 채권	개발도상국 채권	선진국 중기국채 (15)	선진국 장기국채 (40)
저 변동성	물가연동채	물가연동채	선진국 회사채	
		현금		현금

경제 사계절은 다 커버했지만, '물가 상승', 즉 1번과 2번 시나리오에 대한 비중이 좀 작습니다. 또한 다음과 같은 의문점도 있습니다.

1. 미국 주식에만 투자하는 것이 옳은가?

한 자산군에 자산을 모두 투자하는 것이 스마트하지 않은 것처럼 한 국가의 주식시장에 자산을 집중하는 것은 스마트하지 않아 보입니다. 최근에는 전 세계 주식시장의 상관성이 높아지긴 했으나 선진국과 개발도상국의 주식시장은 다른 움직임을 보이는 경우가 많습니다.

또한 앞으로 세계화 흐름으로 전 세계가 가까워질 수도 있지만 반대로 미·중 무역분쟁 등으로 인해 세계가 미국, 유럽, 아시아의 경제 블록으로 나눠질 가능성도 있습니다. 최근에는 미국과 중국 사이가 계속 나빠지면서 '디커플링'이 온다는 주장도 심심치 않게 들립니다. 디커플링이 현실이 되면 미국, 중국, 유럽이 '따로 놀아서' 각 경제 블록 간의 상관성이 약해지고 지리적 분산투자 효과가 커질 수도 있습니다.

2. 중기국채 투자는 의미가 있는가?

미국 중기국채와 장기국채의 상관관계는 0.9가 넘습니다. 즉, 분산투자 효과가 너무 떨어져서 굳이 중기국채를 포트폴리오에 포함할 필요가 없죠.

3. 인플레이션에 대비할 수 있는가?

1970년대 전 세계는 통화량 조절 실패와 오일 쇼크로 인해 큰 인플레이션을 경험한 적이 있습니다. 1980년대 중반부터 지금까지는 중앙은행들이 꽤 성공적으로 인플레이션을 제어했으나, 앞으로도 성공하리라는 보장은 전혀 없습니다.

특히 2020년 코로나 사태 이후 전 세계적으로 천문학적인 액수의 돈이 풀리면서 인플레이션 우려가 현실이 될 가능성이 커지고 있습니다. 사계절 포트폴리오 중 인플레이션 방어 자산은 금과 원자재뿐인데, 두 자산의 비중이 총 15%에 불과해 다소 낮은 편입니다.

추가된 자산군*

사계절 포트폴리오 전략이 특히 높은 인플레이션의 세계에 덜 적합하다는 점을 고려해 올웨더 포트폴리오에는 다음 두 자산군이 추가됩니다.

물가연동채

물가연동채는 미국 재무부가 발행한 채권인데, 채권 원금과 이자가 소비자물가지수Consumer Price Index, CPI와 연동된 상품입니다. 즉, 물가 상승률이 높으면 투자자는 그에 대한 보상을 받게 되므로 인플레이션에 대응할 수 있습니다.

신흥국 채권

브라질, 러시아, 인도 등이 신흥국으로 구분되는 대표적인 국가인

---

* ▶ 제로금리 시대 채권에 투자해도 되나요 + 신규 올웨더 전략

데, 이러한 국가들은 원자재를 수출하는 경우가 많습니다. 인플레이션이 심화되는 경우 달러화가 상대적으로 약해지고 원자재를 수출하는 국가의 화폐가 강해질 가능성이 높습니다. 또한 원자재를 수출하는 국가 및 기업의 수입이 증가해서 파산할 가능성이 적어집니다.

제외된 자산군

포함되지 않는 자산군도 있습니다. 부동산과 비트코인은 올웨더 포트폴리오에 없습니다.

부동산

아마 의문을 가지는 분들이 많겠죠. "아니, 부동산이 물가 상승을 방어하는 최고의 수단 아닌가? 아무리 화폐 가치가 떨어져도 집은 남잖아"라고 반박할 수 있습니다. 실제로 우리가 본 최초의 전략인 유대인 전략에는 부동산이 포함되어 있었죠.

사실 물가 상승을 대비해서 거주용 부동산을 사놓는 것은 권장할 만합니다. 어떤 경제 상황이 오든 내가 살 집은 있어야 하니까요. 문제는 엄청난 부자가 아닌 이상 부동산으로 '자산배분'을 하기는 매우 어렵다는 점입니다. 웬만한 사람들은 순자산 전체를 집에 투자해도 모자라서 대출까지 필요한 것이 현실이니까요.

소규모 자산으로 부동산에 투자하고 싶다면 대안은 있습니다. 부동산에 투자해서 임대수익과 시세차익을 투자자와 나누는 상장 기업인 리츠입니다. 한국에도 최근 리츠가 몇 개 생겼는데 역사가 짧은 편이고, 유대인 포트폴리오를 분석했을 때 미국 리츠와 주식시장의 상관성이 0.6이 넘어서 분산투자 효과가 작다는 결론에 도달했습니다. 따라서 독립적인 자산군으로 리츠는 큰 의미가 없습니다.

비트코인

2017년 전 세계를 투기 열풍에 빠트린 장본인 비트코인. 혹자는 법정화폐는 중앙은행들이 돈을 계속 찍어내서 가치가 하락하는데 숫자가 한정된 비트코인은 유한해서 '21세기의 금' 역할을 할 수 있다고 주장하기도 합니다. 또한 주식, 채권 등 기존 자산군과 상관성이 낮은 편입니다. 문제는 2009년에 탄생한 비트코인은 존재한 지 얼마 되지 않은 자산이며 심지어 대중적으로 알려진 지는 몇 년밖에 되지 않았다는 점입니다.

자산배분에서는 장기적으로 우상향하는 자산을 활용해야 하는데, 개인적으로 저는 비트코인이 우상향하는 자산인지에 대한 논리적 근거가 희박하다고 봅니다. 비트코인의 수가 유한한 것은 사실이나 누구나 새로운 암호화폐를 만들어낼 수 있지 않나요? 실제로 2021년 9월 1일 기준으로 1만 1669개의 암호화폐가 존재하고 있으며 그 수는 계속 늘어나고 있죠. 비트코인이 그중에서 황제 역할을 계속 유지할 수 있다는 보장은 전혀 없습니다.

게다가 비트코인이 법정화폐의 존재를 위협한다고 판단할 경우 각국 정부가 비트코인 소유 및 거래를 금지하는 법안을 강행할 가능성도 있습니다. 미국 정부도 1930년대 개인의 금 소유를 금지하는 법안을 도입한 적이 있습니다. 물론 제 생각에 동의하지 않는 사람들도 있을 것입니다. 이 경우에는 자산배분 3대 원칙인 ③자산군별 변동성을 비슷하게 유지한다를 유념하기 바랍니다. 비트코인은 변동성이 주식보다도 더 큰 자산이므로 포트폴리오 비중을 5% 이하로 유지하기를 추천합니다.

저는 비트코인 등 암호화폐가 자산배분에 쓰일 자산군으로는 적합하지 않지만 트레이딩 수단으로는 매우 훌륭하다고 생각합니다. 그래서 실제로 암호화폐를 트레이딩하는 전략에 제 자산의 상당 부분을 투자하고 있기도 합니다. 그런데 그 전략의 수익 구조와 MDD는 암호화폐 매수 및 보유와는 현저하게 다릅니다. 이와 관련해 systrader79 님과 함께 『가상화폐 투자 마법공식[21]』이라는 책도 발간한 바 있으니 참고하기 바랍니다.

22 올웨더 포트폴리오의 자산군 비중

이 모든 것을 고려한 김동주 대표가 저서 『절대수익 투자법칙』에서 제안하는 올웨더 포트폴리오의 자산군별 비중은 다음 표와 같습니다.[22] 아쉽게도 달리오와 브리지워터는 올웨더 포트폴리오 구성에 필요한 노하우는 깊이 있게 분석했으나 정확한 투자 비중을 제시한 적은 없습니다.

자, 그러면 포트폴리오가 무엇으로 구성되어 있는지, 각 경제 사계절은 어떻게 커버하고 있는지 살펴볼까요?

| 올웨더 포트폴리오의 자산군별 비중

자산군	영문	ETF 티커	비중(%)
미국 주식	US Stocks	SPY	12
미국 외 선진국 주식	Developed Market Stocks(ex-US)	EFA	12
신흥국 주식	Emerging Market Stocks	EEM	12
원자재	Commodities	DBC	7
금	Gold	GLD	7
미국 제로쿠폰 장기국채	Extended Duration Treasuries	EDV	18
물가연동채(만기 15년 이상)	Treasury Inflation-Protected Securities	LTPZ	18
미국 회사채	US Corporate Bonds	LQD	7
신흥국 채권	Emerging Market Bonds	EMLC	7

위의 올웨더 포트폴리오의 자산군별 비중을 보면 주식이 전 세계로 분산되었고, 주식 비중이 다소 늘어났고, 물가연동채와 신흥국 채권에 회사채도 추가되었습니다. 물론 이 비중에 대해서도 갑론을박할 수 있지만, 일단 뒤로 잠시 미루고 이 내용을 다시 정리해 보겠습니다.

| 경제 계절과 올웨더 포트폴리오의 자산군별 비중(단위: %)

	❶ 물가 상승, 경제 굿!	❷ 물가 상승, 경제 배드!	❸ 물가 하락, 경제 굿!	❹ 물가 하락, 경제 배드!
	개발도상국 주식(12)			
고 변동성	국제 부동산		선진국 주식(24)	
	금(7), 원자재(7)	금(7), 원자재(7)	선진국 부동산	금(7)
	개발도상국 채권(7)	개발도상국 채권(7)	선진국 중기국채	선진국 장기국채(18)
저 변동성	물가연동채(18)	물가연동채(18)	선진국 회사채(7)	
		현금		현금

밸런스가 사계절 포트폴리오보다 더 잘 잡혔습니다. 특히 물가 상승에 대한 대비가 꽤 잘 되었다고 할 수 있죠. 전략은 아래와 같이 요약할 수 있습니다.

실전 투자전략 5

올웨더 포트폴리오(All-Weather Portfolio)

- **레벨:** 중급
- **기대 연복리수익률:** 8~10%

- **포함 자산 & 매수 전략:** 자산을 위 '올웨더 포트폴리오의 자산군별 비중' 표와 같이 배분
- **매도 전략:** 연 1회 리밸런싱

김동주 대표는 1926년부터 데이터를 수집해서 올웨더 전략의 1926~2019년 백테스트를 진행했습니다. 여기서 1970년 전 데이터는 신뢰성이 조금 떨어지고, 일부 자산군의 수익률 데이터가 존재하지 않는다는 문제가 있다는 점은 참고해야 합니다. 또한 1971년 금본위제 폐기 전에는 금이 곧 법정화폐였으므로 금 가격의 변동성이 매우 적었다는 점도 고려해야 합니다.

금본위제란 무엇인가

옛날 옛적에는 금 자체가 돈이었고 약 1870년부터는 당시 강대국들이 자국의 법정화폐를 금과 연동시켰습니다. 즉, 어떤 사람이 법정화폐를 들고 중앙은행에 찾아오면 중앙은행은 그 화폐를 금으로 바꿔줄 의무가 있었습니다. 간단히 말해서 '금=법정화폐'라고 보면 되고, 따라서 금본위제 체제에서는 금 가격의 변화가 거의 없었습니다.

2차 세계대전이 끝나고 미국은 전 세계 금의 70% 정도를 보유하게 되었습니다. 종전 바로 직전인 1944년 새로운 화폐 체제에 대해 협의하기 위해 브레턴우즈Bretton Woods라는 휴양지에 자유주의 국가의 수장

들이 모였습니다. 그들은 각 국가는 자국 화폐를 달러로 바꾸고 그 달러를 미국 중앙은행에 제시하면 금을 받을 수 있다고 합의했습니다. 즉, 달러를 기축통화로 한 금본위제가 도입된 것입니다.

그런데 1960년대 말 베트남 전쟁과 사회복지 팽창으로 미국 재무부가 달러를 마구 찍어내는 일이 생겼습니다. 이때 다른 나라들이 의심을 하기 시작했습니다. "아니, 이거 달러 주면 금 주는 거 맞아? 미국이 금이 그렇게 많아?"라고요. 그래서 프랑스를 비롯한 우방국들이 미국에서 금을 빼가기 시작하자 금의 비축량이 부족했던 미국은 1971년, "오늘부터 더 이상 달러를 금으로 바꿔주지 않는다"라고 일방적으로 선언해 버립니다. 우방국들은 어이가 없었겠지만 미국의 결정에 찍소리할 수 있는 나라는 당시에 없었죠. 금본위제는 이것으로 막을 내리고 지금의 불환지폐不換紙幣, Fiat Money로 대체되었습니다.

아무튼 1926~2019년 김동주 대표가 계산한 올웨더 전략의 주요 지표는 아래와 같습니다.

| 올웨더 포트폴리오의 주요 지표(1926~2019)

포트폴리오	연복리 수익률(%)	표준편차(%)	수익 난 해 (%)	MDD (%)
올웨더 포트폴리오	9.24	12.15	79.8	40~50 추정

93년 동안 경제공황, 2차 세계대전, 한국전쟁, 베트남 전쟁, 오일 쇼크, 닷컴 버블, 금융위기 등 별의별 안 좋은 사건이 많았는데 올웨더 포트폴리오는 꿋꿋이 버텨 복리 9.24%라는 수익을 달성했습니다. 만약 1926년에 태어난 사람이 1만 달러 규모의 올웨더 포트폴리오를 선물 받아서 93년 후인 2019년에 열어 보았다면 어떤 결과가 있었을까요? 그 돈이 4052.96만 달러가 되어 있었을 것입니다. 복리의 마법이란 놀라운 것이죠.

단, 조금 전 사계절 포트폴리오와 비교해서 MDD는 상당히 높아졌습니다. 그 이유는 사계절 포트폴리오 전략의 백테스트는 1970년에 시작하는 반면 올웨더 전략의 백테스트는 1926년에 시작해서 경제대공황을 포함하기 때문입니다. 올웨더 전략은 대공황이 최고조에 도달한 1930년에 10.47%, 1931년에는 20.85%의 손실을 맞이합니다.

물론 1929년에 8.42%, 1930년 24.9%, 1931년 43.34%, 1932년 8.19% 하락하는 등 84%의 MDD를 보인 미국 주식의 수익보다는 손실 폭이 낮지만 어쨌든 손실이 컸던 것은 사실입니다.

하지만 저는 개인적으로 이런 대공황이 다시 올 가능성은 높지 않다고 봅니다. 대공황의 주요 원인으로 당시 중앙은행들이 실물경제가 망가지는데도 돈을 풀기는커녕 오히려 통화량을 줄인 것을 꼽는데, 이때 쓴맛을 본 중앙은행들이 이후 경제 위기가 발생하면 통화량을 급격히 늘리는 방법을 체화한 것 같기 때문입니다. 이번 코로나19 사태 대처가 대표적인 사례죠.

그래서 2차 세계대전 이후 올웨더 전략의 MDD는 우리가 추구하는 20% 이하로 감소했습니다. 물론 제 의견에 동의하지 않고 1920년대 말 수준의 대공황도 충분히 가능하다고 주장하는 경우도 있을 것입니다. 미래에 중앙은행 임직원들이나 중앙은행에 영향을 미칠 수 있는 정치인들이 어리석은 행동을 할 가능성을 배제할 수는 없습니다. 이 경우 이 책에 나오는 모든 전략들이 최근 50년보다 더 높은 손실을 기록할 가능성도 있습니다.

23 일년에 한 번 투자 비중만 조정하면 되는 방법

저는 투자자 대부분에게 지금까지 이야기한 자산배분 전략을 추천합니다. 영구 포트폴리오, 사계절 포트폴리오, 올웨더 포트폴리오 셋 다 매우 좋아 보입니다. 그 이유는 아래와 같습니다.

1. 높은 한 자릿수의 연복리수익률을 얻을 수 있다.
2. 과거 50년 MDD를 15% 이하로 제한했다.
3. 어떤 경제 상황이 와도 포트폴리오에 큰 악영향을 주지 못한다.
4. 리밸런싱을 일 년에 한 번만 해도 되므로 투자를 연구하는 데 많은 시간을 투입할 필요가 없다.

자산배분 전략의 장단점

리밸런싱을 일 년에 한 번 하면 왜 일반 투자자에게 좋은지부터 먼저 살펴보겠습니다. 이 책에서는 앞으로 매월 한 번씩 리밸런싱이 필요한 전략들도 살펴볼 것입니다. 그런데 잦은 리밸런싱을 하면 수수료 등 거래 비용이 발생합니다. 또한 투자자 대부분은 매월 한 번씩 기계적으로 투자전략을 집행할 만한 절제력이 없습니다.

제 개인적인 경험을 되돌아보면 귀찮거나 바빠서인 경우도 있었고, 심리적인 요인도 있었습니다. 사람이란 전략을 실행하면서 늘 어느 정도의 불안을 느끼게 되어 있습니다. 분명 전략은 채권을 팔고 주식을 사라고 하는데, '음, 지금 이 타이밍에서 주식을 사면 될까? 너무 비싼 거 같은데? 불안한데?' 같은 생각이 들면서 전략을 믿지 못하고 오히려 의심 마귀가 저를 괴롭히더라고요. 그럼 보통 '음, 상황이 정리될 때까지(?) 며칠만 기다려볼까?'라는 식으로 해야 하는 행동을 미루는 경우가 자주 생겼습니다. 물론 며칠이 지나고 상황이 정리되는(?) 경우는 한 번도 없었습니다(정리되긴 뭐가 정리되겠습니까?).

추가로 이야기하자면 저는 자는 시간을 빼놓고 하루 내내 투자전략을 연구해도 행복한, 매우 특이한 사람입니다. 심지어 돈 버는 것 자체보다 투자를 연구하는 것이 더 재미있습니다. 이 책을 읽는 여러분 중 저와 비슷한 경우도 있겠지만 대부분은 그렇지 않을 것이라고 확신합니다. 저도 인생에는 투자 연구 말고도 가치 있고 재미있는 일이 많다고 인정합니다.

영구 포트폴리오나 사계절 포트폴리오를 채택하면 일 년 내내 아무것도 안 해도 됩니다. 일 년에 한 번 투자 비중만 조정해주면 되는데, 이 작업에 약 10분 정도가 소요됩니다. 이렇게 적은 시간을 들여 투자하고 나머지 시간에는 더 가치 있는 일을 하면서 높은 한 자릿수의 연복리수익률을 낼 수 있다니, 놀랍지 않습니까?

물론 단점도 있습니다. 앞에서 '상대적 박탈감'에 대해 설명했는데, 자산배분 전략은 주식시장이 강세장일 때 소외되는 현상이 있습니다. 주식뿐 아니라 다른 자산에도 투자하지만, 주식 강세장에서 채권이나 금이 주식과 비슷한 높은 수익을 낼 가능성은 작으니까요.

더 알고 싶은 투자자를 위한 강환국의 영상 과외

- ▶ [초보] 투자자 99%에 맞는 필승 투자법 - 4계절 포트폴리오
- ▶ [초보] 투자자 99%에 맞는 필승 투자법 - 4계절 포트폴리오의 한국화
- ▶ [왕초보 1억] 4계절 포트폴리오(올웨더) 초간단 설명!

Chapter 10

꼭 짚어봐야 할 자산배분의 주요 이슈

24 어느 나라 주식에 투자해야 할까?

2010년부터 2020년까지 주식에 투자했다면 한국 주식은 10년 넘게 계속 횡보했고, 미국 주식은 같은 시기에 엄청나게 상승했다는 사실을 잘 알고 있을 것입니다. 특히 미국 S&P 지수는 배당을 제하고도 2009년 3월 저점을 찍은 후 2020년 11월까지 거의 5배 상승했습니다! 2010년대에 한국에 투자한 투자자는 바보가 되었고 미국 시장을 고집했던 투자자는 천재 소리를 들었을 것입니다.

그럼 미국 주식에 올인하는 것이 당연하겠죠? 누가 미쳤다고 한국 주식을 살까요? 하지만 다음 표를 보면 여러분의 인식이 조금 달라질 수도 있습니다.

| 주요 주식시장 10년별 실질수익(단위:%, 1900~1950년대)[23]

1900년대	실질수익	1910년대	실질수익	1920년대	실질수익	1930년대	실질수익	1940년대	실질수익	1950년대	실질수익
미국	83	미국	10	독일	178	영국	6	스페인	140	독일	739
전 국가 분산투자	9	프랑스	–35	미국	170	독일	2	**전 국가 분산투자**	138	일본	662
프랑스	9	영국	–44	캐나다	134	캐나다	–9	호주	132	이탈리아	484
독일	9	**전 국가 분산투자**	–54	**전 국가 분산투자**	100	**전 국가 분산투자**	–10	미국	122	프랑스	484
러시아	–7	독일	–92	영국	87	미국	–12	영국	117	**전 국가 분산투자**	384
영국	–34	러시아	–100	스웨덴	72	스웨덴	–22	캐나다	115	미국	376
				프랑스	41	프랑스	–54	스웨덴	100	호주	277
				스페인	24	스페인	–61	프랑스	–19	영국	270
								독일	–35	스웨덴	240
										캐나다	222
										스페인	98

| 주요 주식시장 10년별 실질수익(단위:%, 1960~2010년대)[24]

1960년대	실질수익	1970년대	실질수익	1980년대	실질수익	1990년대	실질수익	2000년대	실질수익	2010년대	실질수익
스페인	312	한국	456	스웨덴	503	스위스	231	중국	76	미국	235
호주	148	일본	66	한국	354	미국	217	노르웨이	48	뉴질랜드	209
전 국가 분산투자	75	캐나다	30	일본	310	스웨덴	190	브라질	45	스웨덴	198
일본	74	**전 국가 분산투자**	10	스페인	188	프랑스	117	캐나다	42	스위스	140
캐나다	71	영국	8	**전 국가 분산투자**	185	영국	110	호주	36	독일	139
미국	41	스위스	–5	독일	179	스페인	96	한국	22	프랑스	137
스웨덴	31	호주	–12	영국	173	독일	92	스페인	17	일본	135
영국	28	미국	–17	이탈리아	169	호주	59	**전 국가 분산투자**	6	영국	105
독일	21	프랑스	–20	프랑스	158	**전 국가 분산투자**	53	뉴질랜드	–3	대만	98
이탈리아	–1	스웨덴	–22	스위스	96	캐나다	52	스위스	–4	**전 국가 분산투자**	97
프랑스	–6	독일	–31	미국	96	이탈리아	40	스웨덴	–13	노르웨이	95
		스페인	–69	호주	39	노르웨이	2	대만	–23	캐나다	70
		이탈리아	–74	노르웨이	23	뉴질랜드	–6	영국	–23	러시아	61
				캐나다	–4	일본	–47	미국	–27	호주	61
						대만	–49	프랑스	–32	이탈리아	48
						한국	–66	이탈리아	–35	한국	33
								독일	–36	스페인	23
								일본	–41	중국	10
										브라질	–13

이 도표를 보면 앞선 10년간 글로벌 주식시장에서 강자로 활약한 국가가 다음 10년 동안에도 활약할 때도 있었으나, 그렇지 않은 경우가 더 많다는 사실을 알 수 있습니다. 예를 들면 대한민국은 1970년대 전 세계에서 주식 수익률이 가장 높은 국가였고, 1980년대에도 이 상승세를 이어 주요국 중 2위를 차지했습니다. 1988년의 서울 올림픽 호재와 맞물리면서 엄청난 투기성 버블이 생겼고 시골 할머니들도 소를 팔고 상경해서 주식을 샀다고 합니다. 1980년대 말 코스피지수가 처음으로 1000포인트를 넘어섰죠.

이렇게 20년 동안 엄청난 수익을 기록한 한국 주식을 1980년대 말에 사서 보유했다면? 한마디로 망했을 것입니다. 1990년대 말 IMF 사태로 코스피지수는 300포인트 이하로 급락했습니다. 20년 동안의 화려한 수익도 투자자의 보호막이 되지 못했습니다. 참고로 코스피지수는 1000포인트 위아래를 횡보하다 2008년에 마지막으로 1000포인트 이하로 떨어졌습니다. 2009년이 되어서야 비로소 '세자리 코스피'는 역사의 뒤안길로 사라졌습니다.

앞의 표를 보면 유사한 사례가 넘쳐흐릅니다. 2차 세계대전 패전국인 독일, 일본, 이탈리아가 나란히 1950년대에 각각 1, 2, 3위를 차지할 줄 누가 알았겠습니까? 스페인의 경우 1940년대와 1960년대 주요국 중에서 가장 높은 수익을 달성하고 1930년대, 1950년대, 1970년대는 가장 낮은 수익을 달성했습니다. 중국은 2000년대 주요국 중 가장 높은 수익을 자랑했으나 바로 다음인 2010년대 수익은 형편없었습니다.

또한 미국 주식의 수익은 주요국 중 2010년대에 가장 높았으나 바로 전인 2000년대에는 10년 동안 마이너스였습니다. 2009년 초에 제가 투자자들을 붙잡고 미국 주식에 투자해서 10년 보유하라고 했다면 응하는 투자자는 거의 없었을 것입니다. 저를 벌레 보듯 하면서 미친 사람이라고 욕만 안 했어도 다행이었겠죠. "아니, 2002년에 IT 버블 터지고, 2008년에는 금융위기로 난리 나고, 중국의 강력한 도전까지 받고, 높은 부채에 허덕이는 미국 시장에 투자하라고? 당신 사이비 아냐?"라는 소리를 들었을 것입니다.

앞의 두 도표를 통해 여러분이 얻어갈 내용은 단 하나입니다.

우리는 절대로 미래에 잘나갈 국가를 예측할 수 없다!

예측 불가능한 미래에서도 수익을 내는 분산투자

그럼 어떻게 해야 할까요? 아마 이 책을 열심히 읽었다면 답을 알 것입니다. 예측이 불가능하니 분산투자를 해야죠. 어떤 분산투자가 좋을까요?

1. 간편하게 한 개의 ETF만 사고 싶다면 글로벌 주식시장 전체를 구

매하는 VT라는 ETF가 있습니다. 그런데 이 ETF는 미국 시장 비중이 50%가 넘는 것이 단점입니다. 또한 선진국 비중이 거의 90%입니다.

2. SPY(미국), EFA(미국 외 선진국), EEM(개발도상국)의 3개 ETF로 자산을 삼등분하는 것도 방법이 될 수 있습니다.
3. 미국과 미국 외 선진국 시장의 상관성은 매우 높은 편입니다. 반대로 개발도상국 시장과의 상관성은 상대적으로 낮은 편입니다. 그렇다면 엇비슷한 SPY, EFA에 각각 자산의 25%를 투자하고 EEM에 50%를 투자할 수도 있습니다. 특히 2010년대에는 미국 등 선진국의 수익이 전반적으로 좋았고 개발도상국 수익이 비교적 낮아서 2020년대에는 이 추세가 반전될 경우 EEM 비중 증가가 득이 될 수 있습니다.

일부 전문가들은 미국의 대기업이 거의 모든 신흥국에 진출해 있고 여기서 이익의 상당 부분을 창출하기 때문에 굳이 개발도상국 ETF를 살 필요가 없다고 주장합니다.

한국 경제는 개발도상국에서 선진국으로 변신하는 데 성공했으나, 한국 주식은 아직 선진국보다는 개발도상국 지수와 상관성이 높은 편입니다.

아쉽게도 앞의 표에서 1970~2010년대 미국과 한국의 10년간 수익을 비교하면 미국 주식으로 개발도상국 주식 대체가 가능하다는 주장은 근거가 전혀 없다는 사실을 알 수 있습니다. 1970, 1980, 2000년대는 한국 주식이 평균 이상의 수익을 내면서 선방했지만 1990, 2010년대에는 평균 이하의 수익을 보여주었습니다. 미국 주식은 정확히 반대, 즉 1990년대와 2010년대에 평균 이상의 수익을 내고 1970, 1980, 2000년대에 평균 이하의 수익을 기록했음을 볼 수 있습니다.

더 알고 싶은 투자자를 위한 강환국의 영상 과외

▶ [왕초보 1억] 어느 나라에 투자해야 하나요?

25 정확한 자산배분 비중에 집착할 필요는 없다

지금까지 유대인, 60/40, 영구, 사계절, 올웨더 등 여러 자산배분 포트폴리오를 살펴보았습니다. 그런데 유대인과 60/40을 제외한 나머지 전략은 연복리수익률과 MDD가 비슷합니다. 사실 이 결과는 당연합니다. 자산배분 전략의 3대 원칙을 지키면, 심지어 그중 위의 두 가지만 지켜도 복리수익은 높은 한 자리, MDD는 15% 미만이 됩니다.

마지막으로 자산배분의 3대 원칙을 복습하겠습니다.

1. 장기적으로 우상향하는 자산군을 보유한다
2. 상관성이 낮은 자산군을 보유한다
3. 자산군별 변동성을 비슷하게 유지한다

여기에 올웨더 전략을 소개할 때 선보인 도표를 다시 한번 강조하고 싶습니다.

| 경제 계절별 잘나가는 자산군

	❶ 물가 상승, 경제 굿!	❷ 물가 상승, 경제 배드!	❸ 물가 하락, 경제 굿!	❹ 물가 하락, 경제 배드!
	개발도상국 주식			
고 변동성	국제 부동산		선진국 주식	
	금, 원자재	금, 원자재	선진국 부동산	금
	개발도상국 채권	개발도상국 채권	선진국 중기국채	선진국 장기국채
저 변동성	물가연동채	물가연동채	선진국 회사채	
		현금		현금

투자 비중이 너무 이상하지만 않으면 사계절이 전부 커버되면서 어느 정도 밸런스가 있는 자산배분 전략이 나올 수밖에 없습니다. 이 표를 이용하면 직접 자산배분 포트폴리오를 만들 수도 있습니다. 예를 들어보겠습니다.

나만의 포트폴리오 만드는 법

예 1 상남자 포트폴리오

	❶ 물가 상승, 경제 굿!	❷ 물가 상승, 경제 배드!	❸ 물가 하락, 경제 굿!	❹ 물가 하락, 경제 배드!
	개발도상국 주식			
고 변동성	국제 부동산		선진국 주식	
	금, 원자재	금, 원자재	선진국 부동산	금
	개발도상국 채권	개발도상국 채권	선진국 중기국채	선진국 장기국채
저 변동성	물가연동채	물가연동채	선진국 회사채	
		현금		현금

사계절별로 자산을 하나씩 포함했고, 그중 각각 가장 변동성이 높은 자산군 위주로 골랐습니다. 비중은 변동성이 가장 높은 금·원자재를 가장 낮게, 개발도상국·선진국 주식은 그보다 조금 높게, 선진국 장기국채를 가장 높게 설정해야겠네요.

저는 개발도상국 주식에 16%, 금·원자재에 12%, 선진국 주식에 20%, 그리고 나머지 52%는 국채에 투자하는 것은 어떨까 싶습니다. 기대수익이 높고, 대신 MDD도 높으나 각 계절마다 선방할 수 있는 자산배분 포트폴리오가 탄생했습니다.

| 예 2 조용히 삽시다 포트폴리오

❶ 물가 상승, 경제 굿!	❷ 물가 상승, 경제 배드!	❸ 물가 하락, 경제 굿!	❹ 물가 하락, 경제 배드!
개발도상국 주식			
국제 부동산		선진국 주식	
금, 원자재	금, 원자재	선진국 부동산	금
개발도상국 채권	개발도상국 채권	선진국 중기국채	선진국 장기국채
물가연동채	물가연동채	선진국 회사채	
	현금		현금

이번에는 앞 예시와는 달리 오로지 채권으로만 포트폴리오를 만들었습니다. 여기도 사계절이 다 커버됩니다. 비중을 굳이 말하자면 개발도상국 채권 20%, 물가연동채 25%, 선진국 중기국채 30%, 선진국 장기국채 25% 정도가 어떨까 싶습니다. 당연히 변동성이 낮은 자산 비중은 좀 더 높게, 변동성이 높은 자산 비중은 좀 더 낮게 설정했습니다. 포트폴리오를 구성할 때는 이렇듯 변동성에 주의해야 합니다.

| 예 3 ▶ 세상 곧 멸망 포트폴리오

❶ 물가 상승, 경제 굿!	❷ 물가 상승, 경제 배드!	❸ 물가 하락, 경제 굿!	❹ 물가 하락, 경제 배드!
개발도상국 주식			
국제 부동산		선진국 주식	
금, 원자재	금, 원자재	선진국 부동산	금
개발도상국 채권	개발도상국 채권	선진국 중기국채	선진국 장기국채
물가연동채	물가연동채	선진국 회사채	
	현금		현금

가장 비관적인 포트폴리오입니다. 세상에 대혼란이 올 것을 대비해서 금과 현금 등에 자산을 상당 부분 배분하고 인플레이션을 대비해 물가연동채도 샀습니다. 이 방법으로 투자해도 사계절이 얼추 커버되기 때문에 세상이 안 망해도(?) 성과는 나쁘지 않을 것입니다. 굳이 비중을 정한다면 제 경우는 물가연동채 30%, 금 15%, 선진국 회사채 30%, 현금 25% 정도로 투자할 것 같습니다.

26 제로·마이너스 금리 체제에서 채권에 투자하라고?

2020년대의 최대 이슈 중 하나는 제로·마이너스 금리입니다. 2000년대 말부터 제로 금리, 2010년대 중반부터 마이너스 금리가 도입되어 2020년에는 세계 국채 중 80% 이상의 수익이 1% 이하로 하락했습니다. 고정금리 채권의 수익은 금리 하락에서 발생하는 시세차익과 정기적 이자에서 발생하는 수입이 있는데 현재 금리 수준에서는 금리가 더 하락하기 어렵고 이자 수입도 매우 적죠. 게다가 전 세계 중앙은행들이 코로나19 사태에 대처하기 위해 대대적으로 돈을 풀고 있어서 인플레이션을 유발할 가능성도 적지 않습니다. 그 경우 고정금리 채권의 가치가 떨어지게 되겠죠.

영구 포트폴리오와 올웨더 포트폴리오도 그렇지만 사계절 포트폴리오는 고정금리 장기채의 비중이 특히 높습니다. 그럼 이걸 다 팔고 인플레이션 체제에서 수익이 좋은 물가연동채와 금을 잔뜩 사야 할까요? 제 생각은 아래와 같습니다.

현재 금리가 낮지만 더 떨어질 수도 있으며, 금융 위기에 가장 빛을 발하는 자산은 채권이다

2021년 9월 기준 미국 1년 만기 국채 단기금리는 0.08%, 30년 만기 국채 금리는 1.96%에 불과하나 여기서 더 하락하지 못하리라는 법도 없습니다. 독일 1년 만기 국채 단기금리는 -0.69%, 30년 만기 국채 금리는 0.13%니까요. 이 경우 고정금리 채권이 상승할 가능성도 있습니다. 미래는 알 수 없습니다.

또한 2008년 금융 위기나 2020년 초 코로나19 사태 같은 금융 시장의 공황이 오면 보통 주가가 급락하고 그 돈이 안전자산으로 몰리는데, 최고의 안전자산은 선진국 고정금리 국채입니다. 또한 경제와 물가가 동반 하락하면 고정금리 장기채에 매우 유리하다는 사실은 경제 사계절을 연구하면서 배웠죠. 실제 수치만 봐도 금융 시장에 패닉이 올 때 고정금리 장기채의 수익이 물가연동채의 수익을 훨씬 능가한다는 사실을 볼 수 있습니다.

| 주요 금융 시장 급락 시 고정금리 채권 및 물가연동채 상승폭

자산군/연도	2008년	2011년	2020년
고정금리 장기채	+35%	+33%	+32%
물가연동채	−7%	+13%	+12%

금의 경우 변동성이 높습니다. 금의 MDD는 61%입니다. 또한 주식은 10년을 기준으로 할 때 약 7년 정도는 상승하는 반면 금은 한 번 하락하기 시작하면 걷잡을 수가 없습니다.

금의 실질 가격은 1930년대부터 1970년까지 거의 40년에 걸쳐 하락했고, 1970년대에 가파르게 상승했으나 그 후 또 2000년까지 20년 연속으로 하락하기도 했습니다. 금의 비중을 너무 높게 설정하는 것은 별로 추천하고 싶지 않습니다.

| 금의 실질 가격(1900~2021)

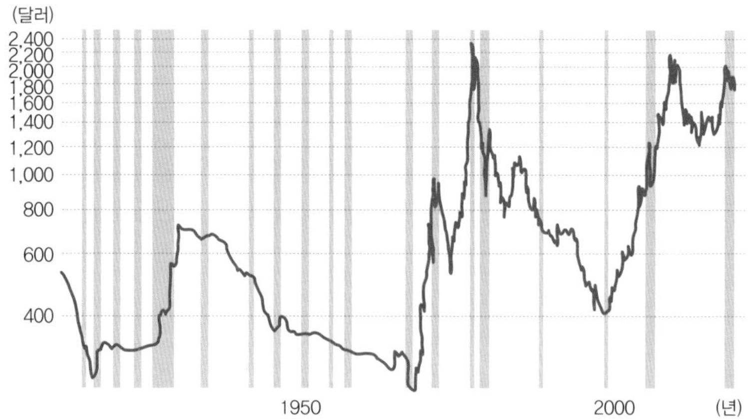

그렇다면 물가연동채와 금을 자산배분에 포함하지 말라는 얘기일까요? 제 메시지는 그것이 아닙니다. "금리는 더 떨어질 수 없고 조만간 인플레이션이 온다"가 유일하게 가능한 경제 시나리오가 아니라는 것입니다. 다른 유형의 경제 계절이 올 가능성도 배제하면 안 됩니다. 따라서 물가 상승에 강한 물가연동채와 금, 물가 하락에 강한 고정금리채 모두를 자산배분 포트폴리오에 포함해야 합니다.

그런데 다른 자산군을 추가한다고 해도 현재 채권 금리가 낮은 것은 사실이고, 채권을 포트폴리오에 포함할 경우 기대수익이 낮아지는 것은 어쩔 수 없습니다. 따라서 저는 포트폴리오 비중을 선정하고 일 년 동안 가만히 기다리는 정적자산배분보다는 자산배분에 마켓 타이밍을 가미한 전략, 즉 '동적자산배분'이 최소한 향후 몇 년간은 더 유력하다고 봅니다. 이렇게 자연스럽게 다음 진도로 넘어가네요.

더 알고 싶은 투자자를 위한 강환국의 영상 과외

▶ 제로금리 시대 채권에 투자해도 되나요 + 신규 올웨더 전략

Part 3

돈 버는 사람들은 이렇게 주식을 산다

: 수익률을 극대화하는 마켓 타이밍 전략

★ ★ ★

Chapter 11

마켓 타이밍의 큰 그림

27 마켓 타이밍은 미래 예측이 아니다

앞에서도 이야기했지만, 이 세상에서 투자를 통해 돈을 버는 방법은 딱 세 가지입니다.

자산배분: 우리의 자산을 주식, 채권, 부동산, 원자재 등 서로 성격이 다른 자산군에 배분하는 작업입니다. 대표적인 방법으로 60/40, 영구, 사계절, 올웨더 포트폴리오 등의 전략을 알아보았죠.

마켓 타이밍: 조만간 오를 가능성이 큰 자산을 사고, 조만간 하락할 가능성이 큰 자산을 파는 행위입니다. 이번 장에서 집중적으로

다룰 것입니다.

종목 선정: 전체 시장보다 더 수익이 높거나 리스크가 낮을 것이라고 기대되는 종목을 사고 그렇지 않은 종목을 파는 것입니다. 이번 책에서는 다루지 않으니 이 내용이 궁금하다면 『하면 된다! 퀀트 투자』를 참고하기 바랍니다.

저는 성공적인 투자를 위해서는 자산배분, 마켓 타이밍, 종목 선정이 똑같이 중요하다고 봅니다.

왜 자산배분을 집중적으로 다뤘나?*

세 분야가 동일하게 중요한데 제가 지금까지 자산배분을 집중적으로 다룬 이유는 다음과 같습니다.

1. 초보자 또는 투자에 별로 관심이 없는 사람도 이해하고 실행하기 편

* ▶ [초보] 투자자 99%에 맞는 필승 투자법 – 4계절 포트폴리오

▶ [초보] 투자자 99%에 맞는 필승 투자법 – 4계절 포트폴리오의 한국화

합니다.

2. 일 년에 한 번 정도만 포트폴리오를 관리해주면 되므로 시간을 많이 내지 않아도 됩니다.
3. 일 년에 한 번 시간을 내는 것치고는 높은 한 자릿수의 수익률이 기대됩니다. 예금 금리 1% 시대에 높은 한 자릿수의 수익률은 상당히 매력적입니다.
4. 하나의 자산군이 망해도 다른 자산군이 상승해서 손실을 커버해 주기 때문에 수십 년을 투자해도 MDD가 10% 넘어가는 사례가 많지 않습니다. 따라서 투자자가 스트레스를 덜 받습니다.

그래서 저는 초보 투자자나 투자보다는 다른 곳에 관심이 더 많다는 사람들에게는 자산배분만 하라고 추천합니다. 그중에서도 영구 포트폴리오, 사계절 포트폴리오 또는 올웨더 포트폴리오를 권합니다. 그런데 높은 한자릿수의 수익과 MDD 10~15% 정도의 성과에 만족하지 못하는 투자자는 마켓 타이밍과 종목 선정의 비법도 알아야 합니다.

다시 이야기하자면 마켓 타이밍이란 조만간 오를 가능성이 큰 자산을 사고, 조만간 하락할 가능성이 큰 자산을 파는 행위입니다. 그런데 이를 두고 미래를 예측하는 행위로 착각하는 사람들이 있습니다. 아마 그럴듯한 미사여구를 구사하면서 "다음 달에는 주식이 올라!", "올해 3분기부터 중국 주식이 폭락하고 내년 1분기부터 반등

할 거야!" 등을 외치는 자칭 전문가들을 언론에서 많이 보았을 것입니다.

그런데 그들의 예측은 맞을까요? 앞서 여러 번 언급했듯, 전문가들의 예측이 맞을 확률은 원숭이가 그냥 무작위로 선택한 결과보다도 낮습니다.[25]

마켓 타이밍, 예측이 아니라면 대체 무엇일까?

마켓 타이밍은 확률 게임입니다. 수많은 투자자가 수십 년에 걸쳐 금융 시장 데이터를 분석하고 수천 개의 논문을 발표한 결과, 주식 시장은 효율적인 시장이 아니라는 결론에 도달했습니다.

효율적 시장 가설이란 무엇인가

1965년 유진 파마Eugene Fama 교수는 효율적 시장 가설Efficient Market Hypothesis, EMH을 주장했습니다.[26] 이를 한마디로 압축하면 "주가는 무작위로 움직이므로 아무도 미래 주가를 예측할 수 없다"입니다. 이 가설에 따르면 현재 투자자들이 알 수 있는 모든 정보는 이미 주가에 반영되어 있고, 따라서 아무리 정보를 분석해도 초과수익을 얻을 수 없다는 주장입니다. 파마는 이 논문에 근거해 2013년 노벨경제학상을 받았습니다.

효율적 시장 가설에 따르면 주식을 살 때 주가가 오를지 내릴지 전혀 감을 잡을 수 없으나, 이번 장에서 살펴볼 현명한 마켓 타이밍을 통해 사고파는 시기를 잘 맞추면 오를 주식을 살 확률을 조금이나마 높일 수 있습니다.

물론 '오를 확률이 높다'와 '무조건 오른다'는 완전히 다른 얘기입니다. 그러나 이길 확률을 단 몇 퍼센트라도 올릴 수 있다면 투자 수익률은 언젠가 뚜렷이 차이를 보일 것입니다.

28 마켓 타이밍의 3가지 기법

앞서 마켓 타이밍은 예측이 아니라고 했습니다. 그렇다면 어떻게 자산을 사고파는 시기를 맞출 수 있을까요?

1. 가격(모멘텀)을 통한 마켓 타이밍

학계와 투자자들이 가장 열심히 분석한 분야입니다. 현재까지의 연구 결과로는 동서고금 거의 모든 자산군을 통틀어서 다음 두 가설이 정설로 받아들여지고 있습니다.

1. 최근 3~12개월간 많이 오른 자산은 향후 3~12개월 동안에도 계속

오를 가능성이 높다.

2. 최근 3~12개월간 수익이 양(+)이었던 주식은 향후 3~12개월 동안에도 계속 양의 수익을 보일 가능성이 높다.

즉, 자산 시장은 최근 오른 자산이 계속 오르는 '모멘텀Momentum 효과'를 보여줍니다. 따라서 최근 많이 오른 자산을 사면 단순히 자산배분만 하는 것보다 더 높은 수익을 거둘 가능성이 큽니다. 이렇게 '모멘텀을 보이는' 자산의 비중을 확대하는 투자 기법을 바로 '동적자산배분Dynamic Asset Allocation'이라고 합니다.

2. 계절성Seasonality을 통한 마켓 타이밍

상식적으로 생각했을 때 길게 보면 1월부터 12월까지 각 월의 수익이 엇비슷한 것이 정상입니다. 월화수목금 각 요일도 수익이 비슷하겠죠? 그런데 주식시장은 상식적인 곳이 아닌 것 같습니다. 시간별로, 요일별로, 월별로, 연도별로 주식이 잘나가는 구간이 있고 그렇지 않은 구간이 있습니다. 그리고 이 계절적인 패턴이 수백 년 전부터 계속 이어져 온다는 점이 매우 신기합니다.

특히 주식시장에서는 11~4월의 수익이 5~10월의 수익을 압도하는데, 이는 한국뿐만 아니라 최근 300년 전부터(!) 거의 모든 국가에서 볼 수 있었던 기현상입니다. Chapter 17에서 이 효과를 자세히 분석해 보도록 하겠습니다. 이것 말고도 특히 한국 주식시장의 경우에는 다음과 같은 계절성 효과가 있는데, 이 책에서는 자세히 다루지는 않겠습니다. 관심이 간다면 박상우 저자의 『주식시장을 이긴 전략들[27]』을 참고하기 바랍니다.

- 1월에 주식, 특히 소형주의 수익이 다른 월의 수익보다 높다.
- 월요일의 주식 및 주가지수의 수익은 다른 날보다 낮고, 목요일과 금요일은 상대적으로 높은 편이다.
- 월말, 월초에 주식 또는 주가지수의 수익은 높은 편이며, 월중 수익은 저조한 편이다.
- 공휴일 전후에 보통 때보다 주식 수익률이 높다.
- 장이 열려 있는 시간(9:00~15:30) 중 오전 수익은 음(−)이고, 장 마감 1~2시간 전에 수익이 발생할 가능성이 높다.
- 장이 열려 있는 시간(9:00~15:30) 수익은 평균적으로 마이너스이며, 장이 닫혀 있는 시간에 대체로 수익이 발생한다(즉, 시가가 전날 종가보다 높게 형성되는 경향이 있다).

3. 경제지표를 통한 마켓 타이밍

경제와 주식시장이 관계가 있다는 점은 누구나 압니다. 그럼 경제지표가 좋아지거나 나빠지는지 보고 주식을 사고팔면 돈을 벌 수 있지 않을까요? 지금까지의 연구 결과를 보면 이러한 투자가 가능해 보입니다. 제 유튜브 채널에서도 경제 성장률, 금리, 환율, 물가,

실업률, 수출 등 각종 경제지표가 한국 주식시장에 어떤 영향을 미치는지 분석한 바 있습니다.* 단, 이 책에서는 글로벌 ETF를 통한 투자를 추구하기도 하고, 경제지표를 통한 마켓 타이밍 전략의 실현은 꽤 복잡하고 번거로워서 자세히 다루지는 않겠습니다.

참고로 밸류에이션Valuation을 통한 마켓 타이밍도 있습니다. 예를 들면 PER, PBR을 기준으로 저평가된 국가의 주식을 사는 방법이 있죠. 그런데 이 방법은 가격과 계절성보다 위력이 떨어져 이 책에서는 자세히 다루지 않습니다. 이 외에도 다른 마켓 타이밍 기법이 여러 가지 있을 것이라고 추정되나 역시 이 책에서는 다루지 않습니다.

---

* ▶ OECD 선행지수로 한국에서 초과수익!

▶ [초보] 경제와 주식시장, 너희들의 관계는? (1)

▶ 금리 타이밍으로 코스피 +7% 달성!

▶ [경제와 주식] 유가와 물가지표는 투자에 도움이 되나?

▶ [왕초보 1억] 환율이 오르면 주식이 오르나?

▶ [왕초보 1억] 수출이 증가하면 주식도 오르겠지!

▶ 경제지표 마켓 타이밍으로 복리 10% 이상 벌기!

Chapter 12

가격을 통한 마켓 타이밍, 모멘텀

29 최근 수익이 높았던 자산에 투자하는 '상대 모멘텀' 전략

본격적으로 가격을 통한 마켓 타이밍 전략을 분석하기 전에 알아야 할 사항이 몇 가지 있습니다. 지금까지 주로 자산배분 전략을 배웠는데, 이번 장에서는 자산배분을 하되 각 자산에 가격을 통한 마켓 타이밍을 적용하여 비중을 조정하는 동적자산배분 전략을 분석하도록 하겠습니다.

먼저 이 전략 대부분의 기반이 되는 '상대 모멘텀'과 '절대 모멘텀' 전략을 설명하겠습니다. 쉽게 말하면 금융 자산은 '최근 오르는 자산이 계속 오르는' 경향이 많습니다.

효율적 시장 가설이 맞다면 전 세계에 공개되어 있고 오해의 여지가 전혀 있을 수 없는 가격 정보로, 즉 주식의 과거 가격을 통해 미래 가격의 움직임을 전망한다는 것은 말도 안 되는 행위입니다.

그런데 현실 세계에는 과거 가격만 이용한 투자 방법으로 엄청난 부를 축적한 사람들이 상당히 많습니다. 잭 슈웨거Jack D. Schwager는 수십 년에 걸쳐 전 세계를 돌아다니며 돈을 엄청나게 번 트레이더들을 인터뷰해 그 결과를 『시장의 마법사들』 시리즈로 발간했습니다.[28] 주식 트레이딩에 관심이 있는 사람은 거의 무조건 읽어야 하는 필독서라고 할 수 있죠. 그런데 이 전설적인 트레이더 중 대부분이 과거 가격을 기반으로 투자를 했다는 점이 놀랍습니다. 이 중 대부분은 최근에 많이 오른 자산이 계속 오를 거라고 베팅하는 '모멘텀 투자전략'을 사용했습니다.

학계는 어떻게 반응했을까요? 1960년대부터 미국 경제학 학계에서는 효율적 시장 가설을 정설로 받아들이고 거의 종교처럼 신봉했습니다. 그래서 실제로 모멘텀 투자전략을 통해 큰돈을 번 트레이더들을 운이 좋은 사람이나 우연의 일치로 돈을 번 사람들로 깎아내렸습니다.

그런데 시간이 더 지나면서 금융 데이터는 계속 쌓였고 이 데이터를 손쉽고 빠르게 분석할 수 있는 컴퓨터 및 데이터베이스 툴들이 점점 더 발달했습니다. 이렇게 되니 교수들도 궁금해졌죠. "혹시 그 모멘텀 투자전략이라는 거 먹히는 거 아닌가? 이걸로 돈 번 사람이 많다고 하는데 증명해 보고 싶네!" 하고요.

그래서 1993년, 내러시먼 제가디시Narasimhan Jeegadeesh교수와 셰리던 티트먼Sheridan Titman 교수가 '상대 모멘텀'을 분석한 논문을 발표했습니다.[29] 상대 모멘텀이란 말 그대로 상대적으로 최근 수익이 높았던 자산에 투자하는 전략입니다. 예를 들어 한국에 2000개 종목이 있다면 이 2000개 종목의 최근 일 년 수익률을 계산하고 순위를 매길 수 있죠. 그 후 상위 10%, 즉 1위부터 200위까지의 주식에 투자하는 것을 상대 모멘텀 전략이라고 할 수 있습니다.

최근 수익은 어떻게 계산하나

위와 같은 문의를 종종 받습니다. 이는 의외로 매우 간단합니다. 예를 들면 최근 일 년 수익을 계산하고 싶다면 아래와 같이 일 년 전 가격과 현재 가격을 비교하면 됩니다.

예 A주의 주가가 2019년 6월 30일에 8000원이었다가 2020년 6월 30일에 1만 원이 된 경우

수익률은 (현재 주가/일 년 전 주가)−1이므로, 25%(10,000/8,000−1=0.25)입니다.

이 논문의 결과와 반응은 충격적이었죠! 논문의 결론은 '최근 3~12개월 상대 모멘텀이 높은 주식이 향후 3~12개월에도 월등히 높은 수익을 낸다'였습니다. 이는 효율적 시장 가설을 완전히 뒤집는 결과였습니다. 제가디시와 티트먼은 수많은 퀀트 투자 논문에 언급되는 영예를 누리며 퀀트 투자의 전설이 되었습니다.

수많은 연구자가 이 결과를 뒤집으려 데이터를 분석했으나 성공하지 못했습니다. 오히려 상대 모멘텀은 주식뿐만 아니라 채권, 금, 원자재, 부동산, 외환, 암호화폐 등 이 세상 거의 모든 자산군에서 유효한 패턴이라는 것이 입증되었습니다.

최근 공개된 논문[30]을 보면 상대 모멘텀 효과는 최소 1800년(!)부터 존재했다고 합니다. 19세기 초반에도 주식, 채권, 원자재, 외환 시장이 있었는데 그때부터 최근 12개월간 상대적으로 많이 올랐던 자산을 매수하고 상대적으로 많이 떨어진 자산을 공매도했을 경우 상당히 높은 수익을 즐길 수 있었습니다.* 따라서 상대적으로 최근 3~12개월간 많이 오른 자산을 사는 상대 모멘텀 투자전략이 요즘은 투자의 정석 중 하나로 받아들여지고 있죠.

흥미로운 점은 주식 개별 종목에서는 최근 한 달 동안 많이 오른 종목은 다음 달에는 다시 큰 폭으로 하락하는 '추세 반전 효과'가 있

---

* ▶ 217년 데이터 분석, 시장에서 이기는 방법은 영원하리!

다는 점입니다. 그런데 묘하게도 주가지수와 주가지수를 추종하는 ETF의 경우 최근 한 달 수익이 높았던 지수나 ETF가 다음 달에도 계속 오르는 '모멘텀 효과'를 보였습니다.[31] 그래서 이 책 뒷부분에는 최근 한 달 동안 많이 오른 ETF 비중을 높게 설정하는 전략들이 많이 나옵니다.

마지막으로 아주 심플한 전략 한 개만 소개하고 이 장을 마칩니다.

예시 투자전략 6

한미 상대 모멘텀 전략

- **매수 전략:** 한국과 미국 지수 중 최근 12개월간 수익이 더 높은 지수에 투자
- **매도 전략:** 월 1회 리밸런싱

매우 간단한 전략 아닌가요? 결과는 다음과 같습니다.

| 한미 상대 모멘텀 전략의 주요 지표(1982~2021)

포트폴리오	초기자산(달러)	최종자산(달러)	연복리 수익률(%)	표준편차(%)	수익난 월(%)	MDD(%)	샤프지수
한미 상대 모멘텀	10,000	4,454,665	16.2	19.7	62.3	−52.7	0.62
코스피지수	10,000	516,813	10.2	25.9	53.7	−71.2	0.24
S&P 500	10,000	982,509	11.9	15.0	65.6	−51.0	0.54

이 간단한 전략을 사용했을 때의 연복리수익률이 16.2%입니다. 코스피보다 6%, S&P 500보다 4.3% 더 높은 수익을 즐길 수 있었습니다. 1980년대 한국 시장이 잘나갈 때는 한국 시장에 투자하고, 1990년대 한국 시장이 IMF 때문에 박살 날 때는 미국에 투자하고, 2000년대 미국이 부진할 때는 다시 한국에, 2010년 미국 기술주가 성장할 때는 미국에 투자를 하니 한 곳에만 투자한 것보다 수익이 훨씬 더 높습니다.

물론 MDD도 매우 높은 전략이라 이 방법을 추천하지는 않지만, '상대 모멘텀의 파워'를 체험하기에는 괜찮은 전략이었다고 확신합니다.

| 한미 상대 모멘텀 전략의 수익(1981.1~2021.8)

더 알고 싶은 투자자를 위한 강환국의 영상 과외

▶ 모멘텀의 오묘한 세계 (1) - 상대 모멘텀

▶ 모멘텀의 오묘한 세계 (2) - 1990~2018년 라이브 백테스트

30 추세를 따라가는 '절대 모멘텀' 전략

수백 년 전부터 투자 현인들은 "추세는 당신의 친구(The trend is your friend)"임을 강조했습니다. 1688년(!) 포르투갈계 네덜란드인 요제프 데 라 베가Joseph de la Vega가 쓴 세계 최초의 주식투자 설명서[32]에는 "주가가 많이 떨어졌다고 더 떨어질 수 없는 것이 아니고, 주가가 엄청나게 비싸도 더 오르지 못하는 것이 아니다. 주가가 오르면 사람들은 더 오를 것 같아서 더 사들인다"라는 명언을 남겼습니다.*

---

* ▶ [초보] 세계 최고의 주식 책

주식이나 자산시장에서 추세가 형성되면 당분간은 유지되는 특성을 설명한 것이죠.

경제학 교과서에서 '비교우위론'의 아버지로 알려진 데이비드 리카도David Ricardo가 이 조언을 받아들여 천문학적인 돈을 벌었으며, "손실은 짧게, 수익은 길게(Cut short your losses and let your profits run on)"라는 투자 명언을 남겼습니다.[*33]

절대 모멘텀 전략의 포인트는 '추세를 따라가는 것'입니다. 즉 강세장에서는 주식 등 기대수익이 높은 자산에 투자하고 약세장에서는 현금이나 채권 등을 보유하여 리스크 관리에 중점을 두는 것입니다.

여기서 상승장과 하락장을 어떻게 구분하느냐는 문제가 생기는데, 주로 '주가의 단순 이동평균' 또는 '최근 수익'을 기준으로 상승장과 하락장을 판단하는 경우가 많습니다. 상대 모멘텀을 분석할 때 우리는 이미 최근 3~12개월간 많이 오른 자산이 향후 3~12개월 동안 계속 오른다는 점을 배웠죠.

---

* ▶ [초보] 경제의 신 리카도에게 배우는 투자 3대 원칙!

단순 이동평균은 어떻게 계산하나

단순 이동평균은 최근 X개월 동안의 가격 평균을 계산하면 됩니다.

여기서는 현재 코스피지수가 3개월 단순 이동평균보다 높으면 상승장, 그렇지 않으면 하락장으로 생각하겠습니다. 우리가 2020년 5월 31일에 투자를 고려하고 있다고 가정해 보죠. 그날 코스피지수는 2030포인트로 마감했습니다.

3월 30일, 4월 30일 코스피지수는 각각 1754, 1947포인트였습니다. 그렇다면 3개월 단순 이동평균은 약 1910포인트((1754+1947+2030)/3)였고, 현재 코스피지수(2030포인트)는 이보다 높으니 현 시장을 상승장으로 가정하는 것입니다.

한 달의 시간이 흘러서 6월 30일이 되었고 코스피지수는 2113포인트로 상승하였습니다. 그럼 이 날의 3개월 단순 이동평균은? 2030포인트((1947+2030+2113)/3)이고, 6월 30일의 코스피지수는 이보다 높습니다. 상승장은 지속되고 있습니다.

그럼 "최근 몇 개월의 단순 이동평균, 또는 최근 몇 개월의 수익으로 상승장과 하락장을 구분합니까?"라는 질문이 나올 수밖에 없죠. 이 질문에 대한 답변은 조금 뒤에 하겠습니다.

상대 모멘텀을 언급하면서 1800년부터 상대 모멘텀 유효 여부를 분석한 논문이 있다고 이야기했는데,[34] 연구자들은 주식, 채권, 원자재, 외환 시장에서 절대 모멘텀이 유효한지도 같이 분석했습니다. 이들은 상승장과 하락장을 가르는 기준으로 '최근 12개월 수익'을 사용했고, 상승장에서는 해당 자산을 매수하고 하락장에서는 현금을 보유하는 것보다 더 공격적으로 아예 해당 자산을 공매도하는 전략을 분석했는데 이 역시 1800년부터 매우 잘 통했다고 합니다.[*]

심지어 더 깊게 절대 모멘텀 전략의 유효성을 분석한 선구자도 있는데, 그는 1223년(!)부터 2013년까지 790년 동안의 데이터를 분석했습니다.[35] 1223년은 칭기즈칸이 활약하고 몽골군이 세계를 정복하던 시기였는데 이 때에도 채권, 외환 및 원자재 시장이 존재했고 그 시장들의 가격이 남아 있다고 합니다. 연구자들은 100여 개의 자산을 분석해 1223년부터 최근 12개월간 0 이상의 수익을 보인 자산을 매수하고 최근 12개월간 0 이하의 수익을 낸 자산을 공매도했을 경우, 연 13%라는 높은 수익을 낼 수 있었음을 발견했습니다. 하지만 이 100개 자산을 그냥 사서 보유했을 때는 연수익이 4.8%에 그쳤다고 합니다.[**]

---

* ▶ 217년 데이터 분석, 시장에서 이기는 방법은 영원하리!

** ▶ [초보] 추세추종 전략의 800년 역사

절대 모멘텀 전략은 상대 모멘텀 전략의 약점을 보완합니다. 대 하락장이 올 경우 모든 주식이 다 같이 급락하는 경우가 많은데, 이 시기에는 상대 모멘텀 전략을 활용하면 '오르는' 주식을 사는 것이 아니라 울며 겨자 먹기로 '다른 주식보다 덜 떨어진' 주식을 사게 될 가능성이 높죠. 그런데 덜 떨어지는 주식은 필요 없습니다. 오로지 힘차게 오르는 주식, 상승 추세를 이끄는 기업의 주식만 필요합니다. 절대 모멘텀 전략은 이러한 대 하락장에서 투자하는 것 자체를 피하고 현금, 채권 등을 사놓으며 다음 상승장 기회를 노립니다.

이해하기 어려울 수 있으니 이번에도 심플한 전략을 하나 예로 들겠습니다.

예시 투자전략 7

코스피 절대 모멘텀 전략

- **매수 전략:** 코스피지수가 10개월 이동평균선 이상이면 '상승장'으로 간주하여 주식(코스피지수)에 투자하고, 그렇지 않을 경우 한국 5년 국채에 투자
- **매도 전략:** 월 1회 리밸런싱

| 코스피 절대 모멘텀 전략 vs. 코스피지수 주요 지표 비교(1987.10~2021.8)

포트폴리오	초기자산(달러)	최종자산(달러)	연복리 수익률(%)	표준편차(%)	MDD (%)	샤프지수
코스피 절대 모멘텀	10,000	875,339	14.2	18.0	−29.1	0.64
코스피지수	10,000	106,055	7.3	26.6	−71.2	0.18

보다시피 코스피지수를 그냥 34년간 보유하는 것보다 코스피지수가 10개월 이동평균을 웃돌 때는 코스피지수를 보유하고 그렇지 않으면 채권에 투자하는 전략의 수익이 훨씬 더 높았습니다. 그런데 그보다 더 중요한 점은, 코스피 절대 모멘텀 전략의 MDD가 34년간 코스피지수를 보유하는 전략보다 확실히 적다는 점입니다. IMF 사

| 코스피 절대 모멘텀 전략 vs. 코스피지수 수익 비교(1988~2021년)

태로 코스피가 71%나 하락했지만 코스피 절대 모멘텀 전략의 MDD는 29%에 불과하죠! 이는 1997년 IMF 외환위기, 2008년 금융위기 등 대 하락장이 왔을 때 끝까지 주식을 보유하지 않고 지수가 10개월 이동평균을 밑돌 경우 주식을 매도했기 때문입니다.

어떤 기준으로 상승장과 하락장을 구분할까?

이제 다시 '어떤 기준으로 상승장과 하락장을 구분할까?'라는 질문에 대한 답을 시도해 보겠습니다. 절대 모멘텀을 활용한 대부분의 투자전략은 10개월, 12개월 단순 이동평균과 1, 3, 6, 12개월 최근 수익률을 자주 쓰는 경향이 있는데, 어떤 구간이 월등히 좋다는 정답은 없기 때문에 투자자가 임의로 구간을 선택하면 됩니다. 이 책에 나오는 투자전략을 봐도 전략의 창시자마다 절대 모멘텀 구간을 조금씩 다르게 선택하고 있음을 알 수 있습니다.

어떤 구간을 활용할지 모르겠다면 『주식투자 ETF로 시작하라』의 저자인 systrader79가 소개하는 '평균 모멘텀 스코어'라는 방법도 있습니다.[*36] 이 경우 최근 1~12개월 수익을 모두 사용하게 됩니다.

---

* ▶ 상승장과 하락장을 구분하는 비법!! – 평균 모멘텀 스코어

평균 모멘텀 스코어 전략은 특정 한 가지 수치의 모멘텀 값에 의존하지 않고, 여러 절대 모멘텀 값의 수치를 평균 낸 방식입니다. 일반적인 절대 모멘텀의 경우, 단일한 모멘텀 값에 의존합니다. 예를 들면 최근 3개월 수익률, 6개월 수익률, 12개월 수익률 같은 방식이죠. 상승 구간에서는 100% 투자를 하고, 하락 구간에서는 투자를 하지 않으므로 현금을 보유하게 되는 구조입니다.

평균 모멘텀 스코어 방식은 특정 한 가지 모멘텀 값의 수치를 이용하는 것이 아니라 여러 기간의 모멘텀 값을 평균 내는 방식입니다. 예를 들어, 12개월 평균 모멘텀 스코어는 1~12개월의 개별적인 12개의 절대 모멘텀 값의 평균을 낸 수치입니다. 평균 모멘텀 스코어를 이용하면 이 수치가 바로 해당 시점의 투자 비중이 됩니다. 아래의 예에서는 약 58%(7/12)가 투자 비중으로 결정되는 것입니다.

| 12개월 평균 모멘텀 스코어 예시

N개월 모멘텀	현재가 〉N개월 전 가격일 경우: 1 현재가 〈N개월 전 가격일 경우: 0
1개월 모멘텀	0
2개월 모멘텀	1
3개월 모멘텀	1
4개월 모멘텀	0
5개월 모멘텀	1
6개월 모멘텀	1

7개월 모멘텀	0
8개월 모멘텀	1
9개월 모멘텀	0
10개월 모멘텀	1
11개월 모멘텀	1
12개월 모멘텀	0
12개월 평균 모멘텀 스코어	0.58333

그런데 왜 이렇게 12개월의 모멘텀의 평균을 낸 값을 이용할까요? 그 이유는 두 가지입니다. 첫 번째는 과최적화 방지, 두 번째는 분산투자 효과 때문입니다.

과최적화 방지

주가지수를 대상으로 어떤 수치의 절대 모멘텀 값을 적용했을 때 가장 우수한 성과가 나오는지는 데이터를 돌려보면 금방 알 수 있습니다. 미국 주가지수 같은 경우는 12개월 최근 수익률이 잘 통하는 편입니다. 하지만 이런 것은 의미가 없습니다. 과거의 데이터를 기반으로 짜맞춘 결과이기 때문입니다. 결과적으로 지나간 데이터를 통해서 어떤 수치가 가장 좋은지를 후행적으로 찾아낸 것입니다. 이러한 백테스트 과정이 전혀 의미가 없는 것은 아니지만, 단순히 과거의 통계치에서 가장 우수한 성과가 나왔기 때문에 미래에도 이 값이 가장 우수한 성과를 보일 것이라고 생각해서는 결코 안 됩니다.

왜냐하면 앞으로의 움직임이 과거와 똑같으리라는 보장은 전혀 없기 때문입니다. 가장 이상적인 모멘텀 값은 백테스트 구간이나 종목에 따라 계속 다르게 나올 수밖에 없습니다. 따라서 과거 데이터상에서 특정한 몇 개월의 수치가 가장 높게 나왔다고 그 값이 최적의 값이라고 생각하는 것은 과최적화의 오류를 범하는 것입니다.

이 때문에 과거 데이터상 최적의 수치를 찾아서 실제 투자에 적용했을 때는 백테스트 데이터보다 훨씬 못한 결과가 발생하는 경우가 흔합니다. 미래 시장의 움직임은 과거의 움직임과 다를 가능성이 훨씬 높기 때문입니다. 하지만 이렇게 평균 모멘텀 스코어의 개념을 적용해서 모든 기간의 값에 골고루 투자할 경우 과최적화의 위험에서 완전히 벗어나게 됩니다.

분산투자 효과

어떤 모멘텀의 기간 값이 가장 좋은지에 대해서는 앞서 잠깐 언급한 바와 같이 1~12개월 어느 모멘텀이든 잘 통하는 것으로 알려져 있습니다. 이런 관점에서 바라본다면 과최적화의 문제를 방지하고 앞으로 실제 투자할 구간에서도 문제없이 모멘텀 전략의 효과를 얻기 위해서는 여러 개의 모멘텀에 분산하여 투자하는 것이 이상적입니다.

분산투자의 핵심 원리는 상관성이 낮은 상품에 자금을 나누어 투자하면 평균적인 수익률은 유지하면서, 손실과 변동성을 줄일 수 있다는 것이었죠? 모멘텀의 타임 프레임을 분산시키면 동일한 효과를 기대할 수 있습니다. 절대 모멘텀의 타임 프레임을 분산하여 투자하는 평균 모멘텀 스코어를 이용하면 백테스트 구간이 아닌 실제 투자 구간에서도 성과의 저하 없이 안정적입니다. 12개의 타임 프레임에 분산투자되어, 특정한 절대 모멘텀 스코어 값 어느 하나에 절대적으로 좌우되지 않기 때문이죠. 평균 모멘텀 스코어를 활용한 예시를 보겠습니다.

예시 투자전략 8

한미 평균 모멘텀 스코어

- **레벨:** 중급
- **기대 연복리수익률:** 6~8%
- **포함 자산:**
  - 미국 주식SPY, 미국 장기국채TLT, 한국 주식(KODEX 200), 한국 20년 만기 국고채 등
- **매수 전략:**
  - 4개 자산의 각 투자 비중을 평균 모멘텀 스코어로 측정
  - 투자 비중: 25%×평균 모멘텀 스코어, 나머지 비중은 현금으

로 보유
◆ **매도 전략:** 연 1회 리밸런싱

그래프는 S&P 500, 미국 20년 장기 채권, KOSPI 200, 한국 20년 만기 국고채를 대상으로 12개월 평균 모멘텀 스코어를 적용한 절대 모멘텀 전략의 수익입니다. 서브 프라임, 코로나19와 같은 충격적인 시장 상황에도 연복리수익률 8%, MDD -7%의 안정적인 성과를 보여줍니다. 주식과 장기 채권이라는 상관성 낮은 포트폴리오를 12개

| 한미 평균 모멘텀 스코어와 각 지수의 수익 비교

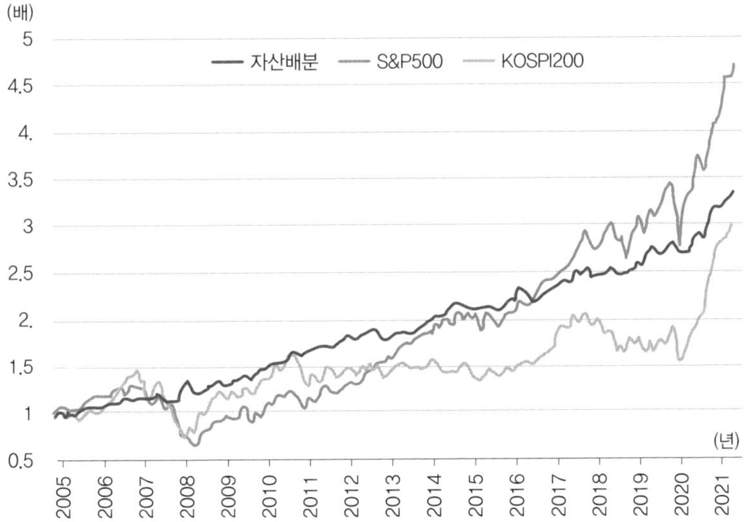

의 모멘텀 타임 프레임에 분산시켜 리스크를 현저히 낮추었기 때문에 이렇게 안정적인 성과가 가능합니다.

다시 한번 강조하는데, 특정 구간 모멘텀에 절대적인 장점이 있는 것은 아닙니다. 이런 관점에서 저는 백테스트상에서 가장 우수한 성과가 나왔다고 특정 구간의 값을 쓰기보다는 과최적화의 위험이 없고, 어떤 시장 상황에도 대처할 수 있는 평균 모멘텀 스코어 전략이 상당히 매력적이라고 봅니다.

더 알고 싶은 투자자를 위한 강환국의 영상 과외

▶ 모멘텀의 오묘한 세계 (4) - 절대 모멘텀

▶ 모멘텀의 오묘한 세계 (5) - 절대 모멘텀 라이브 백테스트

31 왜 오르는 자산은 계속 오르고 떨어진 자산은 계속 하락할까?

본격적인 모멘텀 기반 마켓 타이밍 전략을 분석하기 전에 한번 고민해 볼 필요가 있는 주제가 있습니다. 도대체 왜 최근 올랐던 자산은 계속 오르고 떨어진 자산은 계속 하락하는 경향이 있는 걸까요?

그 이유를 알아야 모멘텀 효과가 과거의 우연한 현상인지, 아니면 미래에도 지속되어 투자 전략을 만들 때 활용할 수 있을지 판단할 수 있을 것입니다. 이는 인간의 관성인 과소 반응Underreaction 및 과잉 반응Overreaction 편향과 밀접한 연관이 있습니다.

과소 반응 편향Underreaction

원래 기업가치가 1조 원이어서 한동안 시가총액이 1조 원 언저리를 맴돌던 '환국바이오'라는 기업이 있다고 해봅시다. 그런데 갑자기 환국바이오가 모든 암세포를 무찌를 수 있는 신약 개발에 성공해서 기업가치가 5조 원으로 올랐습니다. 효율적인 시장에서는 그 뉴스가 퍼지는 즉시 모든 투자자가 그 정보를 소화하고 이 신상품이 주가에 미치는 영향을 정확히 계산하여 몇 초 만에 주식이 5배 상승해야 합니다. 그런데 실제로는 그런 식으로 주가가 움직이는 경우는 드뭅니다. 그 이유는 다음과 같습니다.

1. 일단 저 신약이 정말 그렇게 엄청난 약인지 투자자들이 이해하는데 시간이 필요합니다.
2. 설사 이해한다고 하더라도 한동안 시가총액이 1조 원 근처를 맴돌았던 관성이 있어서 이 신약 때문에 기업가치가 '5배나!' 올랐다고 믿는 투자자는 많지 않을 것입니다.
3. 마지막으로, 투자자는 주식이 조금만 올라도 파는 경향이 있죠. 처분 효과 편향 때문입니다. 여러분도 10배 오른 주식을 20~30% 정도의 수익만 내고 판 가슴 아픈 경험이 있지 않나요? 환국바이오 시가총액이 1.3조~1.5조 언저리일 때 사서 본전을 만회할 수 있기를 학수고대한 투자자들도 있을 것입니다. 이 투자자들은 환국바이오 주식이 30%, 50% 올라서 본전을 만회한 순간

주식을 상당 부분 처분할 것입니다. 손실 회피 편향 때문이죠.

이로 인해 환국바이오의 시가총액은 당장 1조 원에서 5조 원으로 오르지 않고 천천히, 서서히 오르게 됩니다. 즉, 오르는 주식이 한동안 계속 오르는 것이죠. 이 기간이 수개월 걸리는 경우가 대부분입니다. 이렇게 투자자들이 새로운 정보를 처음에 과소평가하는 현상을 '과소 반응 편향'이라고 합니다.

과잉 반응 편향Overreaction

그러나 시간이 지날수록 점점 더 많은 투자자가 신약의 진가를 알아보면서 주가는 서서히 올라서 환국바이오의 시가총액은 신약 개발 일 년 후 5조 원에 도달합니다. 그럼 효율적인 시장에서는 이제 주식이 더 오르지 않고 5조 원 근처에서 맴도는 것이 합리적이겠죠. 그러나 상당히 많은 경우 주가는 더 오를 수 있습니다. 이유는 이렇습니다.

1. 환국바이오 주식은 몇 개월 동안 다섯 배 올랐기 때문에 많은 애널리스트, 언론 등의 주목을 받았을 것입니다. 환국바이오에 대한 좋은 얘기가 여기저기서 나오겠죠. 이 현상을 보고 경험이 적은 투자자는 "환국바이오 좋은가 봐! 암을 치료하는 신약 만들었대!" 하고 기업가치 같은 것은 따지지 않고 주식을 사는 경우가 있을

것입니다.

2. 경험이 매우 많은 고수 투자자들 중에도 신상품이나 기업가치 같은 것을 고려하지 않고 오르는 가격만 보고 주식에 투자하는 '모멘텀 투자자'들이 매우 많습니다.

이 경우 환국바이오의 기업가치와 상관없이 주식이 계속 오르는 추세가 한동안 지속될 수 있습니다. 시가총액이 5조에서 10조, 20조까지도 오를 수 있죠. 이렇게 투자자들이 오버해서 과한 반응을 보이는 현상을 '과잉 반응 편향'이라고 부릅니다.

종합해 보면 투자자는 상승 전반에는 과소 반응 편향을, 후반기에는 과잉 반응 편향을 보이는 경우가 많습니다. 둘 중 어떤 이유 때문이건 최근 올랐던 주식이 계속 오르는 현상이 벌어집니다. 이 현상은 1~2년간 지속되는 경우가 많습니다.

이것이 최근 3~12개월 많이 올랐던 주식이 향후 3~12개월도 계속 오르는 현상을 설명할 수 있습니다. 주식이 1~2년에 걸쳐서 오르면 3~12개월 뒷북을 쳐도 충분히 돈을 벌 수 있으니까요. 과소 반응 및 과잉 반응 편향은 인간에게 공통적인 편향이므로 최근 올랐던 자산이 계속 오르는 모멘텀 효과가 주식뿐만 아니라 주가지수, 채권, 원자재, 부동산, 가상화폐 등 인간이 거래하는 거의 모든 자산군에서 공통으로 보이는 것입니다.

물론 이 사례에서 등장한 환국바이오의 주가가 영원히 오르지는 않을 것입니다. 언젠가 스마트한 투자자들이 "어라? 환국바이오 신약이 좋긴 한데 그렇다고 해서 환국바이오 기업가치가 20조? 이건 좀 심하지 않아? 버블이네. 너무 많이 오른 거 같은데!"라고 판단하며 차익 실현에 나서게 되고 슬슬 환국바이오 주식을 팔게 됩니다. 이렇게 환국바이오의 주가 상승은 더디어지게 되고 차익 실현에 나선 투자자들이 점점 더 많아지면 주가도 하락하게 되겠죠. 이래서 형성된 추세가 영원히 지속되는 경우는 많지 않고 대부분 1~2년 만에 끝나게 됩니다.

한미 상대 모멘텀, 코스피 절대 모멘텀 전략에서 보았지만 이 모멘텀 전략이 매일, 매월, 매년 통하는 것은 아닙니다. 최근 잘나간 주식이나 주가지수가 계속 오르리라는 보장은 없죠. 그러나 그렇게 투자하는 것이 확률적으로, 장기적으로 주식이나 주가지수를 그냥 매수해서 보유하는 것보다는 수익률이 훨씬 높다는 것을 강조하고 싶습니다.

또한 과소 반응 편향과 과잉 반응 편향은 인간의 심리, 인간의 편향이 만든 현상이므로 인간이 거래를 하는 시장에서는 지속적으로 발생할 확률이 매우 높습니다. 이는 '모멘텀 투자'가 과거에 우연히 통한 전략이 아니라 미래에도 계속 통할 가능성이 높다는 점을 암시합니다.

Chapter 13

★★★

파버,
망나니 자산군을
순한 양으로 만들다

32 역대 최다 다운로드 수를 기록한 논문

이번에는 자산배분 전략에서 보았던 것처럼 마켓 타이밍 전략들이 역사적으로 발전한 모습을 살펴볼 것입니다.

지금까지 상대 모멘텀 전략을 통해 높은 수익을 내고 절대 모멘텀 전략을 통해 MDD를 크게 줄일 수 있다는 사실을 배웠고, 왜 모멘텀 현상이 발생하는지도 알게 되었습니다. 그렇다면 '이 둘을 섞으면 시너지가 나지 않을까? 수익은 높이고 MDD를 줄일 수 있는 것 아닐까?'라는 생각이 자연스럽게 듭니다. 그러나 상대 모멘텀과 절대 모멘텀 개념은 수십 년, 아니 수백 년 전부터 알려져 있었는데 이 둘을 결합한다는 아이디어에 도달하기까지는 매우 오랜 시간이 걸렸습니다.

2006년이 되어서야 미베인 파버Mebane Faber라는 사람이 글로벌 전술적 자산배분 전략, 줄여서 GTAAGlobal Tactical Asset Allocation 전략을 창조해 냈습니다. 파버가 GTAA를 발표한 논문[37]은 전 세계에서 역대 최고 다운로드 수를 기록한 논문이 되었습니다. 우선 파버는 자산배분 전략에 절대 모멘텀을 섞으면 꽤 괜찮은 타이밍 전략이 나올 수 있음을 짐작했죠.

실전 투자전략 9

GTAA 5(Global Tactical Asset Allocation 5)

- **레벨:** 초급
- **기대 연복리수익률:** 8~10%
- **포함 자산:** 5개 ETF
  - 미국 주식SPY, 국제 주식EFA, 미국 중기채IEF, 원자재DBC, 부동산VNQ
- **매수 전략:**
  - 각 ETF에 자산의 20%씩 투입
  - 각 ETF의 가격이 10개월 이동평균보다 높으면 각 ETF 보유, 아니면 현금 보유
- **매도 전략:** 연 1회 리밸런싱

매우 간단한 전략입니다. 포트폴리오를 다섯 개 자산으로 나누되, 각 자산의 가격이 10개월 이동평균 이상이면 매수, 아니면 현금을 보유하는 전략이죠. 또한 매월 말에 변경사항을 점검합니다. 따라서 각 달의 투자 비중이 100%, 80%, 60%, 40%, 20% 또는 0%가 될 수 있습니다.

이 전략의 실적을 보겠습니다.

| GTAA 5 전략의 주요 지표(1973.1~2021.8)

포트폴리오	초기자산 (달러)	최종자산 (달러)	연복리 수익률(%)	표준편차 (%)	수익 난 월 (%)	MDD (%)	샤프지수
GTAA 5	10,000	849,665	9.6	6.7	71.1	−11.4	0.73

사실 수익률이 대단한 정도는 아닙니다. 9.6%는 영구 포트폴리오나 올웨더 포트폴리오와 큰 차이가 없죠. 놀라운 점은 이것입니다. 5개 ETF에 자산의 각 20%를 투자해 가만히 보유하고 아무것도 안 했다면 수익은 엇비슷했으나 MDD가 46%로 증가했을 것입니다. 2008년 금융위기 때 주식, 원자재, 부동산이 다 같이 망했거든요!

누차 강조하지만, 투자에서 가장 중요한 것은 수익률이 아닙니다. 지속 가능한 투자를 위해서는 낮은 MDD가 가장 중요합니다. 원래 MDD 46%를 기록하는 망나니(?) 자산군 집단을 단순한 이동평균선 마켓 타이밍을 통해 MDD 11%를 기록한 순한 양(?) 집단으로 순화시킨 것입니다.

| **GTAA 5 전략의 수익**(1973~2021)

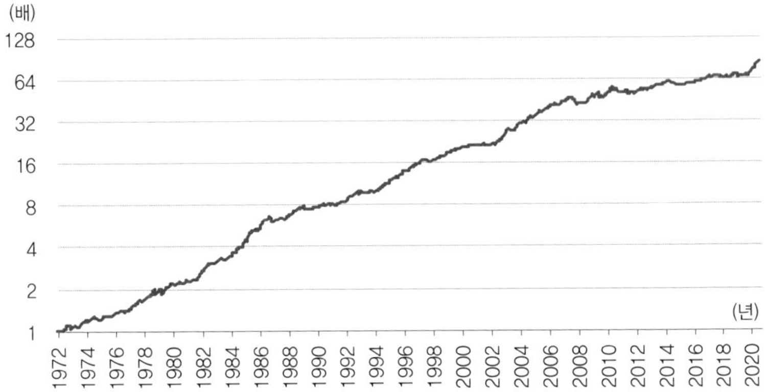

그래프를 보면 자산이 매우 고르게 우상향합니다.

| **GTAA 5 전략의 손실 폭**(1973~2021)

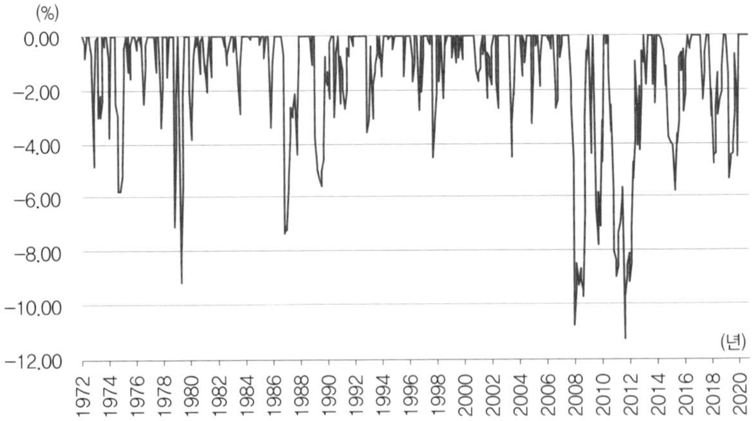

일시적이나마 10% 이상 잃은 경우도 50여 년 동안 겨우 세 번밖에 없음을 알 수 있습니다. 절대 모멘텀의 위력이 대단하네요.

더 알고 싶은 투자자를 위한 강환국의 영상 과외

▶ 모멘텀의 오묘한 세계 (6) - GTAA (자산배분+절대 모멘텀)

33 수익률을 더욱 높인 공격형 전략

GTAA 5 전략의 결과를 보고 크게 기뻐한 파버는 상대 모멘텀과 절대 모멘텀을 자산배분에 결합시키는 전략을 고안해 내고 이 전략을 GTAA 3 공격형GTAA Aggressive 3이라고 명명합니다.

실전 투자전략 10

GTAA 3 공격형

(Global Tactical Asset Allocation Aggressive 3)

- **레벨:** 중급
- **기대 연복리수익률:** 10% 정도
- **포함 자산:** 13개 ETF
  - 미국 대형주SPY, 미국 대형가치주IWD, 미국 소형주IWM, 미국 소형가치주IWN, 미국 모멘텀주MTUM, 국제 주식EFA, 미국 장기채TLT, 미국 중기채IEF, 미국 회사채LQD, 원자재DBC, 부동산VNQ, 국제 국채BWX, 금GLD
- **매수 전략:**
  - 각 ETF의 1개월, 3개월, 6개월, 12개월 평균 수익률 계산
  - 가장 수익률이 높은 3개 ETF에만 동일한 금액 투자
  - 단, 각 ETF의 가격이 10개월 이동평균보다 낮으면 현금 보유
- **매도 전략:** 월 1회 리밸런싱

전략이 어렵게 느껴질 수 있으니 예를 들겠습니다. 미국 대형주 ETF인 SPY의 가격이 2020년 6월 30일에는 307.01달러, 같은 해 5월 31일에는 302.99달러, 3월 31일에는 255.12달러였고 2019년 12월 31일에는 317.02달러, 같은 해 6월 30일에는 285.88달러였다고 합시다. 그렇다면 다음처럼 모든 13개 자산의 평균 수익률을 계산하고 순위를 매길 수 있겠죠. 앞에서 평균 모멘텀 스코어를 설명할 때도 한 개 특정 구간으로 모멘텀을 측정하는 것보다는 여러 구간을 보는 것이 낫다고 했는데, 이 전략도 비슷한 논리로 각 ETF의 1, 3, 6, 12개월 수익을 동시에 보는 것입니다.

1개월 수익률: (307.01/302.99)−1=1.33%

3개월 수익률: (307.01/255.12)−1=20.33%

6개월 수익률: (307.01/317.02)−1=−3.16%

12개월 수익률: (307.01/285.88)−1=7.39%

1, 3, 6, 12개월 평균 수익률: (1.33+20.33−3.16+7.39)/4=6.48%

SPY가 3위 안에 들어갈 때 10개월 이동평균을 보는데, SPY의 경우 2019년 9월부터 2020년 6월까지 10개월 이동평균이 298.23달러였습니다. 그렇다면 현재 가격인 307.01달러가 이동평균 가격보다 높기 때문에 투자가 가능합니다. 우리 포트폴리오의 1/3을 투자하면 되겠죠. GTAA 3 공격형 전략의 백테스트를 해보니 아래와 같은 결과가 나왔습니다.

| **GTAA 3 공격형 전략의 주요 지표**(1980.1~2021.8)

포트폴리오	초기자산(달러)	최종자산(달러)	연복리 수익률(%)	표준편차(%)	수익 난 월(%)	MDD(%)	샤프지수
GTAA 3 공격형	10,000	1,905,765	13.4	12.5	63.4	−20.8	0.74

확실히 조금 전 본 GTAA 5 전략보다는 연복리수익률이 더 높은데, 그 대신 MDD와 표준편차도 증가했습니다. 그래도 단순하게 13개 ETF에 같은 금액을 투자했으면 연복리수익률이 10% 정도에 MDD

| GTAA 3 공격형 전략의 수익(1980~2021)

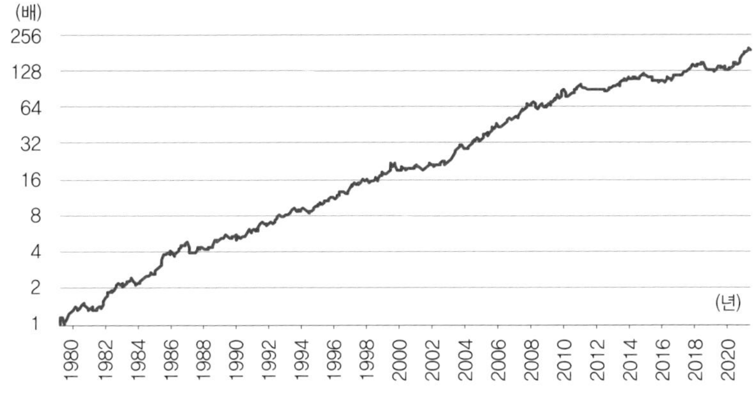

가 42%나 되는데, 절대 모멘텀을 통해서 MDD를 절반 이하로 줄이고 상대 모멘텀을 활용해서 수익을 연 3% 이상 개선했습니다.

| GTAA 3 공격형 전략의 손실 폭(1980~2021)

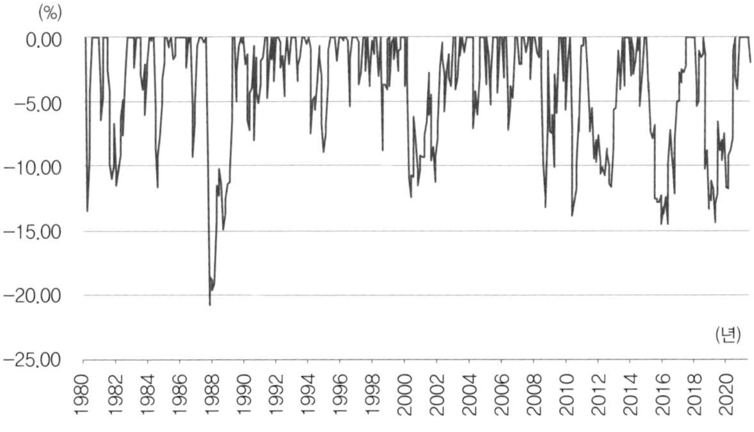

이 전략도 자산이 꽤 고르게 우상향하는 것이 보입니다. 대신 손실 폭이 GTAA 5 전략보다 더 커졌습니다. 1987년 블랙 먼데이를 피하지 못하고 9월에는 -9.3%, 10월에 -12.6%라는 큰 손해를 입었습니다. 그 때문에 포트폴리오가 두 달 만에 20.8%나 하락했습니다. 그 외에 포트폴리오가 10% 이상 손실을 본 사례도 꽤 자주 있음을 볼 수 있습니다.

만약 GTAA 5와 GTAA 3 공격형 전략 중에서 하나를 선택해야 한다면 어떨까요? 저 같으면 스트레스를 덜 받는 GTAA 5 전략을 선택할 것 같은데, 여러분 중에는 수익도 높지만 리스크도 더 높은 GTAA 3 공격형 전략을 선택하고 싶은 분도 많을 것입니다. 취향의 차이죠. 다만 포트폴리오가 10% 이상 깨지는 경우가 종종 발생하니 그 스트레스는 감당해야 합니다.

미베인 파버는 누구인가 **Mebane Faber**

대학에서 엔지니어링과 생물학을 전공한 파버는 박사학위를 시작하기 전 일 년간 실무 경험을 쌓기 위해 워싱턴에서 바이오기업 애널리스트로 일하기 시작했는데, 이 일을 통해 퀀트 투자에 빠졌다고 합니다. 샌프란시스코에서 퀀트 애널리스트로 일하다 보니 이 일이 너무 재밌어서 캠브리아 투자운용Cambria Investment Management이라는 회사를 차려서 헤지펀드를 운영하고 개인투자자들이 GTAA 전략을 사용할 수 있는 ETF를 만들었습니다.

투자자 교육에 관심이 매우 많은 편인데, 그가 쓴 책 중 4권을 파버의 홈페이지(mebfaber.com)에서 무료로 다운받을 수 있습니다. 「Meb Faber Show」라는 팟캐스트를 운영하고 있으며 같은 이름의 유튜브 채널도 운영하고 있습니다.

Chapter 14

★★★

심플하면서 효과적인 안토나치의 듀얼 모멘텀

34 이보다 더 간단할 수는 없다

파버의 GTAA 3 공격형 전략은 상대 모멘텀과 절대 모멘텀을 같이 활용해서 수익을 높이고 MDD를 줄였지만 뭔가 복잡해 보입니다. 2012년 게리 안토나치Gary Antonacci는 이 전략을 획기적으로 단순화하는 데 성공하고 전략을 '듀얼 모멘텀'이라고 명명합니다.

듀얼 모멘텀 전략도 상대 모멘텀의 높은 수익과 절대 모멘텀의 MDD 제어 효과를 합친 전략이라고 볼 수 있습니다. 그가 저서인 『듀얼 모멘텀 투자 전략[38]』을 통해 전 세계에 알린 전략은 다음과 같습니다. 이 책에서는 두 가지의 듀얼 모멘텀 전략을 소개하므로, 기본 전략을 '오리지널 듀얼 모멘텀'이라고 부르겠습니다.

실전 투자전략 11

오리지널 듀얼 모멘텀(Dual Momentum)

- **레벨:** 초급
- **기대 연복리수익률:** 10~15%
- **포함 자산:** 미국 주식SPY, 선진국 주식EFA, 미국 채권AGG
- **매수 전략:**
  - 매월 말 미국 주식SPY, 선진국 주식EFA, 초단기채권BIL의 최근 12개월 수익률을 계산
  - SPY의 수익률이 BIL 보다 높으면 SPY 또는 EFA 중 최근 12개월 수익률이 더 높은 ETF에 투자
  - SPY의 수익률이 BIL 보다 낮으면 AGG에 투자
- **매도 전략:** 월 1회 리밸런싱

더 이상 전략이 심플해지기도 어렵죠. 12개월 상대 모멘텀을 보고 미국 또는 선진국 주식에 투자하되, 두 주식시장의 최근 12개월 수익이 현금보다도 떨어지면 주식을 팔고 채권을 사는 전략입니다. 놀라운 점은 이런 간단한 전략을 통해서 다음과 같은 결과가 나왔다는 점입니다.

| 오리지널 듀얼 모멘텀 전략(1970.1~2021.8)

포트폴리오	초기자산 (달러)	최종자산 (달러)	연복리 수익률(%)	표준편차 (%)	수익난 월 (%)	MDD (%)	샤프지수
오리지널 듀얼 모멘텀	10,000	14,428,536	15.1	12.4	66.9	−19.6	0.84

동 기간에 미국(SPY)과 선진국 주식(EFA) ETF에 각각 50%를 투자했다면 1970~2021년 총 연복리수익률이 10.1%였는데 오리지널 듀얼 모멘텀 전략은 15.1%로 훨씬 높았습니다. 또한 미국·해외 주식 동일 비중 포트폴리오는 2007년 10월부터 2009년 2월까지 53.6%라는 엄청난 폭의 MDD를 경험하게 되는데, 오리지널 듀얼 모멘텀의 MDD는 19.6%으로 반도 안 됩니다.

| 오리지널 듀얼 모멘텀 전략의 수익(1970~2021)

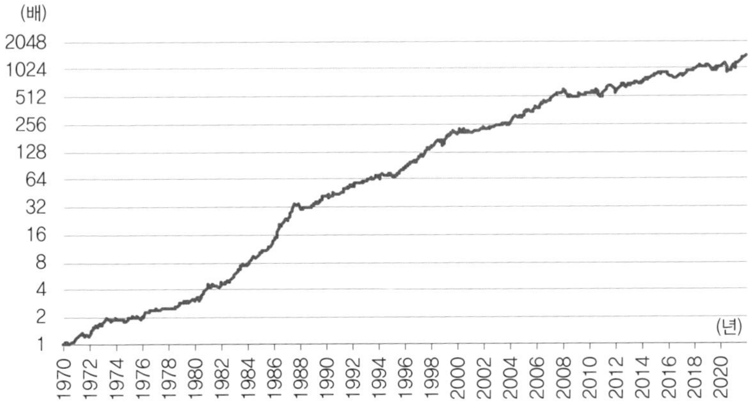

| 오리지널 듀얼 모멘텀 전략의 손실 폭(1970~2021)

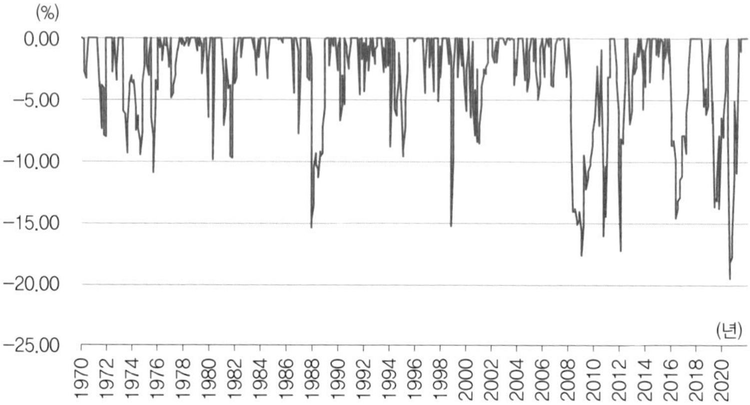

2008년 외에도 1973~1974년, 2000~2002년 등 글로벌 주식시장이 40% 이상 하락한 경우가 있었는데 이때도 오리지널 듀얼 모멘텀 전략은 15% 이상 하락하지 않았습니다. 하지만 코로나19 사태로 인해 오리지널 듀얼 모멘텀 전략은 2020년 MDD를 갱신합니다. 이렇게 투자 전략들의 손실이 커져 기존 MDD를 갱신하는 경우 어떻게 해야 하는지는 Chapter 18에서 배우게 됩니다.

게리 안토나치는 누구인가 **Gary Antonacci**

안토나치는 1978년 하버드 대학 MBA를 취득하고 시카고 대학 박사과정에 입학하는 등 전형적인 엘리트 금융 코스를 밟았습니다. 당시 시카고 대학에는 '효율적 시장 가설(242쪽 참조)'을 만든 파마가 있었으므로 시카고에서 효율적 시장 가설은 진리이자 법이었죠. 그런데 당시 옵션 거래로 큰돈을 벌고 있었던 안토나치는 효율적 시장 가설로 본인의 존재가 부정당하는 느낌을 받았을 것입니다. 가격이 무작위로 움직인다면 본인이 꾸준히 돈을 번다는 것 자체가 모순 아니겠습니까!

이러한 환경에 환멸을 느낀 안토나치는 박사 과정을 때려치우고 방랑하기 시작했습니다. 인도에서 몇 년 살기도 했으며, 마술도 배우고 예술 활동도 했다고 하죠.

그러다가 무슨 바람이 불었는지 약 35년이 지난 2012년에 '듀얼 모멘텀'이라는 전략을 개발하고 베스트셀러까지 써서 장안의 화제가 되었습니다. 어떻게 그가 갑자기 금융의 세계로 돌아오게 되었는지, 참 미스터리입니다.

더 알고 싶은 투자자를 위한 강환국의 영상 과외

▶ 모멘텀의 오묘한 세계 (7) - 듀얼 모멘텀

▶ 모멘텀의 오묘한 세계 (8) - 듀얼 모멘텀 백테스트

35 손실률을 더 떨어뜨리다

책의 성공에 가려서 잘 알려지지 않았던 흥미로운 점은 안토나치가 그의 논문[39]에 MDD를 더 줄일 수 있는 전략을 공개했다는 점입니다. 이 전략을 그는 종합 듀얼 모멘텀 전략으로 명명했습니다.

이는 자산배분과 마켓 타이밍 기법을 섞은 전략입니다. 기본적으로 주식, 채권, 부동산 및 불경기에 강한 자산으로 포트폴리오를 사등분해서 MDD를 한 번 낮추고, 그 안에서도 절대 모멘텀 기법을 통해 하락장 투자를 피해서 또 한 번 MDD를 낮추는 전략이죠. 또한 각 파트 내에서 상대 모멘텀을 도입해 상승장일 경우 최근 가장 잘 나가는 자산에 투자함으로써 수익도 극대화하고 있습니다.

실전 투자전략 12

종합 듀얼 모멘텀(Composite Dual Momentum)

- **레벨:** 중급
- **기대 연복리수익률:** 10~15%
- **포함 자산:**
  - 포트폴리오를 4개 파트로 나눔(각 파트에 자산의 25% 배분)
  - 파트 1: 주식 - 미국 주식SPY 또는 해외 주식EFA
  - 파트 2: 채권 - 미국 회사채LQD 또는 미국 하이일드 채권HYG
  - 파트 3: 부동산 - 부동산 리츠VNQ 또는 모기지 리츠REM
  - 파트 4: 불경기 - 미국 장기채TLT 또는 금GLD
- **매수 전략:**
  - 매월 말 각 파트별 2개 자산의 최근 12개월 수익률을 계산
  - 둘 중 수익이 더 높은 ETF에 투자
  - 두 ETF 수익 모두가 BIL(미국 초단기채) 수익보다 낮으면 달러 현금에 투자
- **매도 전략:** 월 1회 리밸런싱

| **종합 듀얼 모멘텀 전략의 주요 지표**(1973.1~2021.8)

포트폴리오	초기자산(달러)	최종자산(달러)	연복리 수익률(%)	표준편차(%)	수익 난 월(%)	MDD(%)	샤프지수
종합 듀얼 모멘텀	10,000	2,423,943	11.9	8.2	71.6	−10.9	0.90

놀라운 결과가 아닐 수 없습니다. 50여 년을 투자해서 MDD가 10.9%에 불과하다니! 자산배분과 마켓 타이밍을 합치니 상당히 위력적인 결과가 나왔습니다. 비록 조금 전 살펴본 주가지수 2개만 쓴 오리지널 듀얼 모멘텀 전략보다는 연복리수익률이 다소 떨어졌지만(11.9% vs. 15.1%), 대신 MDD가 거의 절반 수준으로 줄었고(-10.9% vs. 19.6%) 변동성이 감소하여 샤프지수도 증가했습니다(0.90 vs. 0.84). 또한 수익이 난 월도 증가했고요(71.6% vs. 66.9%).

두 전략 중 어느 전략을 쓰느냐는 여러분이 판단할 일이지만, 저는 장기적으로 버티기에는 감소한 MDD 덕분에 종합 듀얼 모멘텀 전략이 지속하기 더 쉬울 것이라고 감히 예측해 봅니다. MDD가

| 종합 듀얼 모멘텀 전략의 수익(1973~2021)

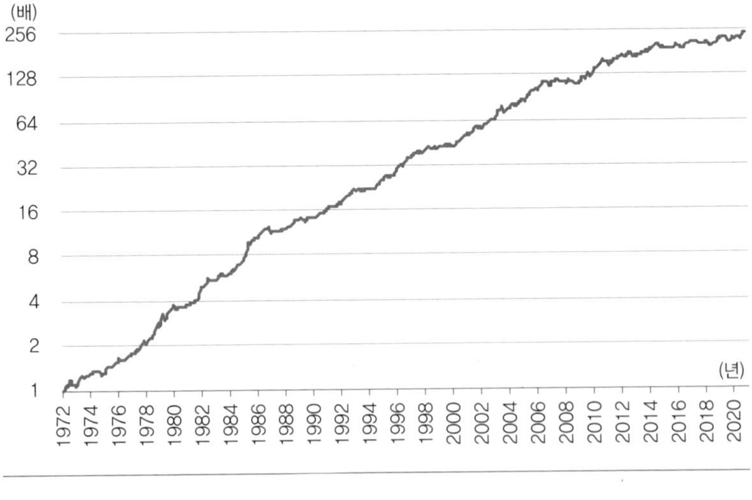

| 종합 듀얼 모멘텀 전략의 손실 폭(1973~2021)

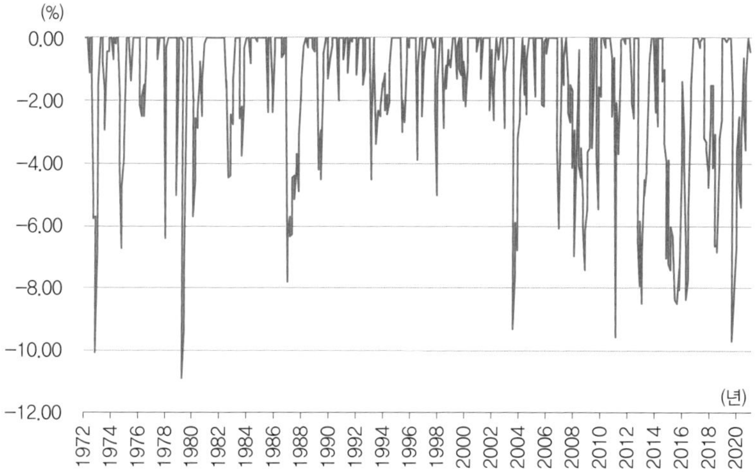

10%를 넘는 경우가 거의 없다는 점은 종합 듀얼 모멘텀 전략의 가장 큰 자랑입니다. 1980년 대 초 일시적으로 10.9% 규모의 손실을 기록한 것이 50년간 유일하게 손실이 10% 넘어간 사례입니다!

흥미롭게도 두 전략을 만든 안토나치는 오리지널 듀얼 모멘텀, 즉 주가지수 ETF 2개만 사용하는 전략을 8개 ETF를 사용하는 종합 듀얼 모멘텀보다 더 선호한다고 밝혔습니다.[40] 안토나치는 과거에 주식의 수익이 다른 자산군보다 높은 점을 짚으며 투자자는 주식 비중을 극대화할 필요가 있다고 강조했습니다.

그는 종합 듀얼 모멘텀에 포함된 기타 자산들은 주식 포트폴리오의 리스크를 줄여주는 역할을 하지만, 오리지널 듀얼 모멘텀에서 절대 모멘텀도 그 역할을 충분히 해준다고 주장했습니다. 따라서 MDD가 조금 더 높더라도 수익률이 높은 오리지널 듀얼 모멘텀이 유리하다는 의견을 펼칩니다. 저는 사실 복리 3% 남짓을 포기하고 MDD를 절반 수준으로 낮추는 것이 더 유리하다고 생각하지만, 판단은 여러분에게 맡기겠습니다.

이색적 마켓 타이밍(1) – 휴먼 인디케이터*

이 책에서 소개하는 마켓 타이밍 전략은 주로 동적자산배분 전략이지만 좀 더 이색적이고 재미있는, 그러나 매우 유용한 전략들도 몇 가지 소개하겠습니다.

투자자들 대부분은 투자를 할 경우 워런 버핏, 조지 소로스, 레이 달리오 등 투자 고수들이 무엇을 사고파는지에 관심이 많습니다. 그러나 그들이 사는 주식도 떨어지는 경우가 상당히 많습니다. 투자 고수들을 맹신했다가 큰 손해를 볼 가능성도 있습니다. 그들의 승률은 절대로 100%가 아닙니다.

그러나 여러분 주변에는 아마 사기만 하면 떨어지고, 팔기만 하면 오르는 '마이너스의 손'도 분명 있을 겁니다. 상승장 끝에서 투자를 하기 시

---

* ▶ 휴먼 인디케이터 – 최고점, 최저점 타이밍은 가능하다!

작해서 최고점에서 매수를 하고, 하락장 끝 무렵에 투매를 해서 최저점에 매도를 하는 사나이들! 도대체 무엇을 어떻게 하는지는 모르겠으나 하는 투자마다 망하는, '승률 0%'의 투자자들은 의외로 꽤 많습니다.

이런 마이너스의 손을 가진 투자자들을 '휴먼 인디케이터Human Indicator'라고 부르기도 합니다. 여러분 주변에 가장 투자를 못하는 친구나 지인을 찾아서, 정확히 반대로 투자하십시오. 이것이 고수들의 매수와 매도 선택을 메모하는 것보다 훨씬 더 효과적인 마켓 타이밍 비법이 될 수도 있습니다.

저도 이런 휴먼 인디케이터들을 몇 명 압니다. 한 명은 10년 이상 직장에서 열심히 일해서 수억 원을 모았는데 최근 코인 투자를 시작한 후 연전연패를 거듭하면서 그 돈을 모두 날리고 지금은 빚을 내서 계속 투자하고 있습니다. 저는 그가 코인 투자를 포기하는 날이 코인 시장의 최저점이 될 것이라고 생각하고 그날 코인을 매수할 겁니다.

더 알고 싶은 투자자를 위한 강환국의 영상 과외

▶ 듀얼 모멘텀 전략의 업그레이드 (4) - 종합 듀얼 모멘텀

Chapter 15

시장의 위험을 미리 감지하고 피하는 켈러의 전략들

36 수익률 10% 이상을 버는 적금이 있다고?

2012년 이후 듀얼 모멘텀 전략을 개선하려는 시도가 활발히 이루어지고 있습니다. 그중 몇 가지 전략을 소개하려 하는데, 바우터 켈러Wouter Keller가 "적금 대안으로 쓸 수 있다"라고 주장한 PAAProtective Asset Allocation 전략부터 시작하겠습니다.[41]

바우터 켈러는 누구인가 Wouter Keller

켈러는 계량경제학과 수리경제학 박사학위를 받은 후 네덜란드 통계청에 입사해서 일하다 임원으로 퇴직했습니다. 그 후 54세의 나이에 IT

컨설팅 회사를 차려 큰돈을 벌고, 그 돈을 소위 전문가라고 불리는 사람들에게 맡겼는데 수익이 매우 저조했다고 합니다. 그래서 직접 투자를 하기 위해 환갑이 넘은 나이에 투자를 본격적으로 공부하기 시작했습니다.

그는 2012년부터 투자, 특히 동적자산배분Tactical Asset Allocation에 대한 논문을 쓰기 시작하여 현재까지 9개의 논문을 발표했습니다.[42] 주로 듀얼 모멘텀 전략을 업그레이드하는 내용을 논문에 담았는데, 70세가 넘은 나이에도 매년 꾸준히 논문을 발간하며 동적자산배분 전략을 업그레이드하고 있습니다.

PAA 전략은 상대 모멘텀을 사용한다는 점에서 듀얼 모멘텀과 유사한데, 절대 모멘텀 대신 광폭 모멘텀Breadth Momentum을 사용한다는 점이 다릅니다. 광폭 모멘텀은 무엇일까요? 절대 모멘텀은 한 자산군의 자체 수익만 보고 이 자산에 투자할지 말지 결정합니다. 예를 들어 미국 주식에 투자할지 말지 고민이라면, 미국 주식의 최근 12개월 수익률을 계산해 플러스이면 투자하고 마이너스이면 투자하지 않습니다.

그런데 광폭 모멘텀은 다른 자산군의 수익도 투자 결정에 중요한 요소라고 주장합니다. 예로 미국 주식의 최근 12개월 수익률이 플러스여도 개발도상국의 주식, 금, 채권 등 미국 주식과 관계없어 보이는 자산군의 최근 12개월 수익률이 마이너스일 경우 미국 주식에 대한 투자를 보류할 수 있다는 논리죠.

실전 투자전략 13

PAA(Protective Asset Allocation)

◆ **레벨:** 고급

◆ **포함 자산:** 12개 ETF

– 미국 대형주SPY, 나스닥QQQ, 미국 소형주IWM, 유럽 주식VGK, 일본 주식EWJ, 개발도상국 주식EEM, 미국 부동산 리츠VNQ, 금GLD, 원자재DBC, 하이일드 채권HYG, 회사채LQD, 미국 장기채TLT

◆ **매수 전략:**

– 안전자산 비중 설정(광폭 모멘텀)

• 12개 ETF 중 현재 가격이 12개월 단순 이동평균보다 낮은 자산(하락 추세) 수를 측정

• 하락 추세 ETF 수에 따른 안전자산 비중은 다음과 같이 설정함

하락 추세 ETF 수	0개	1개	2개	3개	4개	5개	6개 이상
안전자산 비중	0%	16.67%	33.33%	50%	66.67%	83.33%	100%

– 안전자산 비중만큼 미국 중기국채(IEF)에 투자

- 안전자산에 투자하지 않는 금액은 상대 모멘텀으로 6개 ETF에 분산투자
    - 매월 말 각 ETF의 12개월 단순 이동평균을 계산, (현재 가격/12개월 이동평균)-1이 가장 높은 6개 자산에 투자

◆ **매도 전략:** 월 1회 리밸런싱

전략만 보면 PAA의 개념을 이해하기 어려울 수 있습니다. 안전자산 비중을 먼저 설정하는 개념이 생소할 것입니다. 주식, 채권, 금, 원자재, 부동산까지 포함된 ETF 12개 중 6개 이상의 자산군이 '하락 추세'를 보이면 아예 투자하지 않고 전체 포트폴리오를 안전자산인 IEF(미국 중기국채)에 투자합니다. 12개 자산군 중에서 3개만 하락 추세를 보여도 안전자산 투자 비중이 50%나 되죠. 매우 보수적인 전략이라고밖에 표현할 수 없습니다.

켈러는 '상승 추세'와 '하락 추세'를 측정하는 구간을 12개월 단순 이동평균으로 정리했습니다. 현 가격이 이보다 높으면 상승장, 낮으면 하락장인 것이죠.

또한 안전자산으로 현금이나 초단기 채권이 아닌 미국 중기국채 IEF를 선택한 것도 눈에 띕니다. 켈러는 IEF가 현금이나 초단기 채권보다 기대수익이 더 높고 글로벌 금융 시장이 전반적으로 하락장에 돌입하는 경우 미국 국채가 강세를 보일 가능성이 높아서 IEF를 선택했다고 합니다.

| PAA 전략의 주요 지표(1973.1~2021.8)

포트폴리오	초기자산(달러)	최종자산(달러)	연복리 수익률(%)	표준편차(%)	수익 난 월(%)	MDD(%)	샤프지수
PAA	10,000	3,533,400	12.8	8.1	70.4	−10.3	1.01

그럼 이 전략의 과거 수익을 살펴보겠습니다. 지표가 전반적으로 종합 듀얼 모멘텀과 비슷하지만 연복리수익률, 표준편차, MDD, 샤프지수가 미세하게 좋아졌습니다. 특히 47년간 투자한 추세를 보면 현금 비중이 평균 50%가 넘는데 이 정도 수준의 수익률을 기록했다는 점이 매우 놀랍다고 볼 수 있죠.

| PAA 전략의 수익(1973~2021)

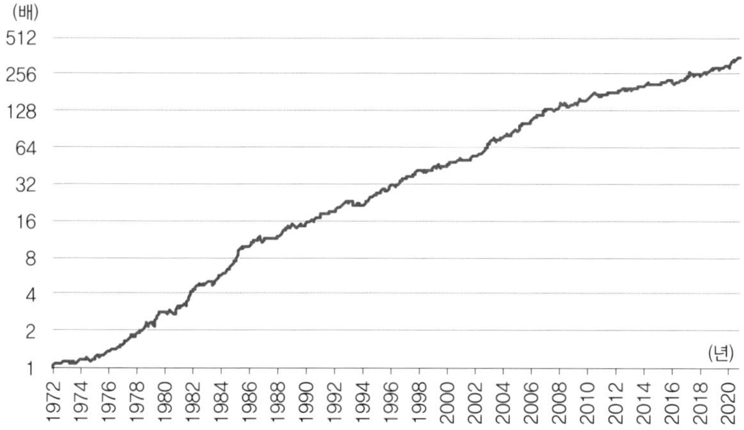

| PAA 전략의 손실 폭(1973~2021)

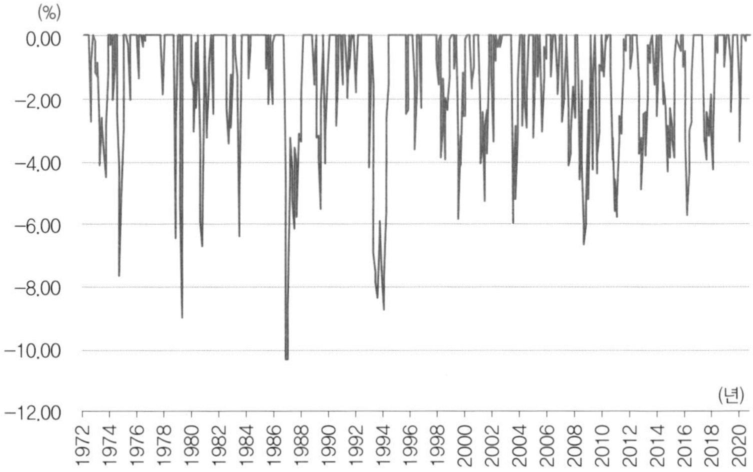

PAA 전략의 경우 '블랙 먼데이', 즉 미국 현대 주식 역사의 최악의 순간인 1987년 10월에 딱 한 번 10% 이상의 손실을 허용했을 뿐이고 1994년 이후에는 8% 이상 잃는 경우가 한 번도 없습니다. 특히 2000~2002년 IT 버블 붕괴, 2008년 금융위기 등도 가뿐히 비켜가는 점이 매우 인상 깊네요.*

* ▶ 듀얼 모멘텀 전략의 업그레이드 (2) – PAA전략

37 수익률이 가장 높은 '몰빵' 전략

VAA 전략은 PAA 전략과 비슷한 전략으로, 글로벌 금융 시장의 상황이 나빠지면 더 빠르게 현금으로 전환하는 전략이라고 보면 됩니다. PAA 전략의 창시자 켈러가 만든 또 다른 전략입니다.[43]

공격형 자산 네 개 중 가장 상대 모멘텀이 높은 자산군에 투자하는 점은 우리가 지금까지 살펴본 전략과 비슷한데, 상대 모멘텀을 계산하는 방법이 다릅니다. 지금까지는 보통 10개월 이동평균, 최근 12개월 수익 등 단일 모멘텀을 활용했는데, VAA와 다음 전략인 DAA 전략은 최근 1, 3, 6, 12개월 수익률을 활용한 모멘텀 스코어라는 개념을 씁니다. 모멘텀 스코어는 다음과 같이 계산할 수 있습니다.

모멘텀 스코어=(최근 1개월 수익률×12)+(최근 3개월 수익률×4+최근 6개월 수익률×2)+(최근12개월 수익률×1)

예를 들면 어떤 ETF 가격이 12개월 전에는 2500원이었는데 6개월 전에는 2727.27원, 3개월 전에는 3000원, 1개월 전에는 3300원까지 올랐다가 갑자기 이번 달에 수익률이 나빠져서 3000원으로 다시 하락했다고 치죠. 그렇다면 모멘텀 스코어는 다음과 같이 계산합니다.

| 평균 모멘텀 스코어 계산법

구간	현재	1개월 전	3개월 전	6개월 전	12개월 전
가격	3,000원	3,300원	3,000원	2,727.27원	2,500원
각 구간 수익률		−10%	0%	10%	20%
각 구간 배수		12	4	2	1
각 스코어		−1.2	0	0.2	0.2
모멘텀 스코어					−0.8

상대 모멘텀을 적용할 경우 이 모멘텀 스코어가 가장 높은 ETF에 투자를 하게 되고, 절대 모멘텀을 고려할 경우는 이 모멘텀 스코어가 0 이하로 떨어지면 투자를 중지하고 안전자산에 투자하게 됩니다. 모멘텀 스코어 계산을 할 때 최근 한 달 수익의 비중이 매우 높다는 점이 흥미로운데, 이는 글로벌 금융 시장에 조금이나마 먹구름이 끼면 곧바로 방어형 자산으로 전환하겠다는 의도로 보입니다.

실전 투자전략 14

VAA 공격형(Vigilant Asset Allocation Aggressive)

- **레벨:** 고급
- **기대 연복리수익률:** 15% 정도
- **포함 자산:**
  - 공격형 자산: 미국 주식SPY, 선진국 주식EFA, 개발도상국 주식EEM, 미국 혼합채권AGG
  - 안전자산: 미국 회사채LQD, 미국 중기국채IEF, 미국 단기국채SHY
- **매수 전략:**
  - 매월 말 공격형 자산, 안전자산의 모멘텀 스코어 계산
  - 각 자산의 모멘텀 스코어 계산:
    (12×1개월 수익률)+(4×3개월 수익률)+(2×6개월 수익률)+(1×12개월 수익률)
  - 공격형 자산 4개 모두의 모멘텀 스코어가 0 이상일 경우 포트폴리오 전체를 가장 모멘텀 스코어가 높은 공격형 자산에 투자
  - 공격형 자산 4개 중 한 개라도 모멘텀 스코어가 0 이하일 경우 포트폴리오 전체를 가장 모멘텀 스코어가 높은 안전자산에 투자
- **매도 전략:** 월 1회 리밸런싱

또한 PAA처럼 광폭 모멘텀이 적용되어 네 공격형 자산 모두의 모

멘텀 스코어가 0 이상이어야만 주식 또는 AGG에 투자를 할 수 있고, 그렇지 않으면 모멘텀 스코어가 가장 높은 방어형 자산에 투자합니다. 실제로 이 전략을 최근 50년간 사용했다면 투자 기간 중 약 40%만 공격형 자산, 60%는 방어형 자산에 투자했을 것입니다.

이 전략의 특징은 '모 아니면 도', 즉 공격형 자산 하나 또는 방어형 전략 하나에 포트폴리오를 몰빵하는 점입니다. 상당히 공격적인 전략이라고 볼 수 있죠. 실적은 어땠을까요?

| **VAA 공격형 전략**(1970.1~2021.8)

포트폴리오	초기자산 (달러)	최종자산 (달러)	연복리 수익률(%)	표준편차 (%)	수익 난 월 (%)	MDD (%)	샤프지수
VAA 공격형	10,000	44,899,717	17.7	12.0	76.3	−16.1	1.08

지금까지 우리가 관찰한 전략 중 연복리수익률이 가장 높다는 사실을 알 수 있습니다. 수익이 난 월도 약 76%라 지금까지 본 전략 중 가장 높죠. 그러나 하나의 자산에 몰빵하는 만큼 MDD도 PAA 전략과 비교해서는 높은 편입니다. 포트폴리오 전체가 10% 이상의 손해를 입은 적이 다섯 번 정도 있으며, 2010년에는 한 달에 8.1% 깨진 적도 있는 등 16.1%의 손실이 난 경우도 있습니다.

하나의 자산에 몰빵하는 단점을 보완하기 위해 'VAA 중도형 전략'이 개발되었습니다. 다음 장에서 이어서 보겠습니다.

| VAA 공격형 전략의 수익(1970~2021)

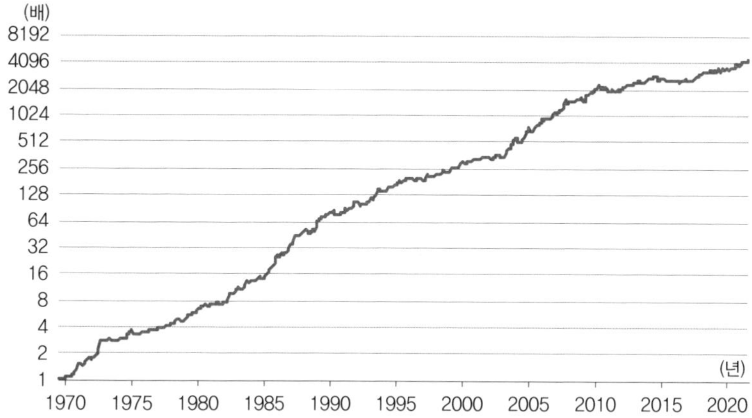

| VAA 공격형 전략의 손실 폭(1970~2021)

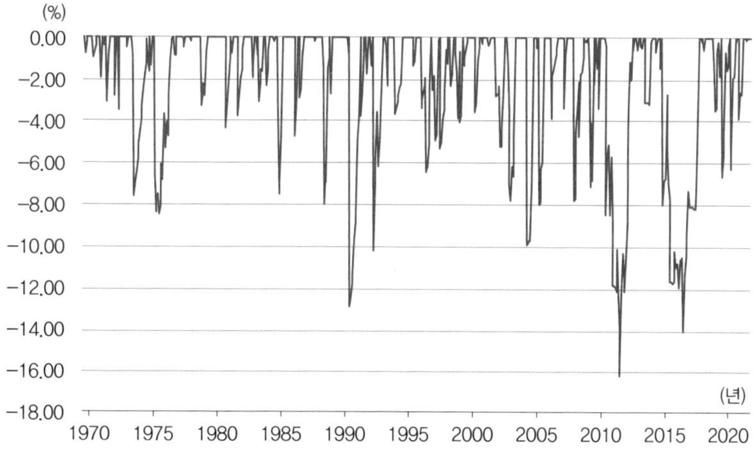

38 시장에 먹구름이 끼면 도망쳐라

실전 투자전략 15

VAA 중도형(Vigilant Asset Allocation Balanced)

◆ **레벨:** 고급

◆ **기대 연복리수익률:** 10~15%

◆ **포함 자산:**

– 공격형 자산: 미국 대형주SPY, 나스닥QQQ, 미국 소형주IWM, 유럽 주식VGK, 일본 주식EWJ, 개발도상국 주식EEM, 미국 부동산 리츠VNQ, 금GLD, 원자재DBC, 하이일드 채권HYG, 회사

채LQD, 미국 장기채TLT의 12개 ETF
- 안전자산: 미국 회사채LQD, 미국 중기국채IEF, 미국 단기국채 SHY

◆ **매수 전략:**
- 안전자산 비중 설정(광폭 모멘텀)
  - 공격형 자산 12개 ETF 중 현재 모멘텀 스코어가 0 이하인 자산(하락 추세) 수를 측정
  - 모멘텀 스코어: (12×1개월 수익률)+(4×3개월 수익률)+(2×6개월 수익률)+(1×12개월 수익률)
  - 하락 추세 공격형 ETF 수와 안전자산 비중

하락 추세 ETF 수	0개	1개	2개	3개	4개 이상
안전자산 비중	0%	25%	50%	75%	100%

- 안전자산 비중만큼 가장 모멘텀 스코어가 높은 안전자산에 투자
- 안전자산에 투자하지 않는 자금은 상대 모멘텀을 적용해 5개 ETF에 투자
  - 매월 말 각 ETF의 모멘텀 스코어 계산, 가장 높은 5개 ETF에 동일한 금액 투자

◆ **매도 전략:** 월 1회 리밸런싱

VAA 공격형 전략과 매우 유사한 전략입니다. 특히 글로벌 시장에 먹구름이 끼면 재빨리 방어형 자산으로 도망치는(?) 점이 비슷한데, 공격형 자산에 투자할 경우 몰빵을 하지 않고 기본적으로 12개 자산군 중 5개 자산에 투자하는 전략이라 분산투자 효과가 발생하여

MDD가 많이 감소합니다. 물론 수익도 같이 감소하는 점이 아쉽습니다.

| VAA 중도형 전략의 주요 지표(1973.1–2021.8)

포트폴리오	초기자산(달러)	최종자산(달러)	연복리 수익률(%)	표준편차(%)	수익 난 월(%)	MDD(%)	샤프지수
VAA 중도형	10,000	3,286,579	12.6	7.5	74.5	−10.2	1.07

예상했던 바와 같이 복리수익, 표준편차, MDD 모두 VAA 공격형 전략과 비교해 감소했습니다!

| VAA 중도형 전략의 수익(1973~2021)

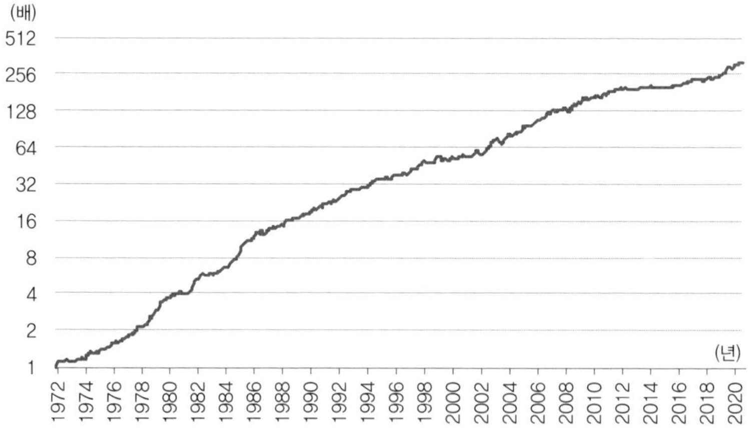

| VAA 중도형 전략의 손실 폭(1973~2021)

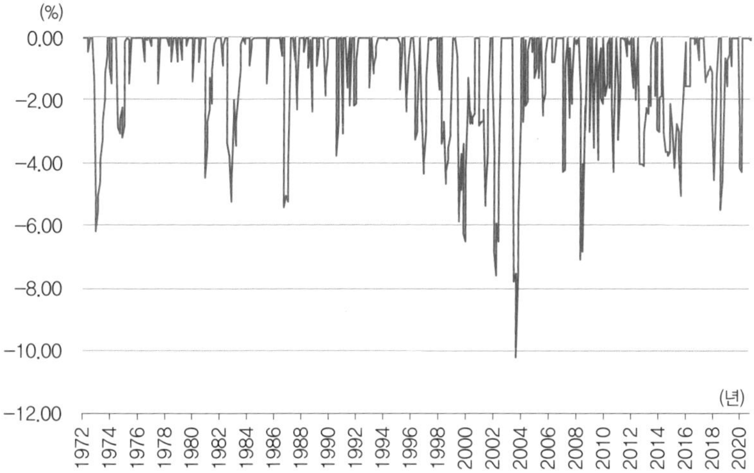

포트폴리오 전체가 10% 이상 손실을 본 경우가 딱 한 번밖에 없다는 점이 이 전략의 강점을 보여줍니다.

이색적 마켓 타이밍(2) - 대통령 따라 하기*

우리나라 대통령들은 가끔 주식형 펀드에 가입합니다. 이때 코스피지수에 투자하는 것이 고수익을 낼 수 있는 기막힌 마켓 타이밍 수단이

* ▶ 청와대 따라 해서 복리 30% 버는 비법

라는 사실을 알고 계십니까? 각 대통령들의 주식형 펀드 가입 시기와 가입 후 6, 12, 24개월 후 수익은 아래와 같습니다.

대통령	가입 시기	6개월 수익(%)	12개월 수익 (%)	24개월 수익 (%)
김대중	1998.2.23	−41.7	−7.4	62.1
노무현	2005.7.22	21.7	17.3	84.2
이명박	2008.12.9	26.0	44.8	76.0
문재인	2019.8.26	8.4	23.6	63.5

보다시피 대통령들을 따라 샀으면 2년 만에 최소 62.1%, 최대 84.2%, 평균 71.5%라는 엄청난 수익을 낼 수 있었습니다. 물론 이것을 우연의 일치로 폄하할 수도 있겠지만, 저는 이 마켓 타이밍이 미래에도 통할 가능성이 꽤 높다고 봅니다.

대통령이 왜 주식형 펀드에 가입하겠습니까? 대통령은 한국 주식시장이 별로 좋지 않고, 경제 상황도 안 좋을 때 격려 차원에서 주식을 삽니다.

실제로 다음 표를 보면 대통령들은 늘 한국 시장의 PER와 PBR이 낮을 때, 즉 한국 시장이 상대적으로 저평가되었을 때 매수를 했다는 사실을 알 수 있습니다. 심지어 매수 시기에 코스피지수의 PBR이 1 이하인 경우도 많았는데, 이는 코스피의 시가총액이 코스피에 소속된 기업들의 순자산보다도 낮았다는 의미입니다.

대통령	가입 시기	당시 코스피지수	코스피지수 PER	코스피지수 PBR
김대중	1998.2.23	543	-	-
노무현	2005.7.22	1,116	9	1.1
이명박	2008.12.9	1,067	17.7	0.9
문재인	2019.8.26	1,916	12.7	0.85

김대중 전 대통령이 주식형 펀드에 가입했을 때 코스피의 PER와 PBR은 알 수 없으나, 당시 IMF 위기가 진행 중이어서 매우 낮았을 것으로 추정됩니다. 이명박 전 대통령은 금융위기 바로 직후 펀드에 가입했고, 노무현, 문재인 대통령이 펀드에 가입했을 시기에도 코스피는 PBR 기준으로 상당히 저평가되어 있었습니다. 그리고 저평가가 해소되면서 큰 수익이 발생한 것입니다.

저는 다음 대통령도 이렇게 주식시장과 한국 경제 상황이 안 좋을 때 격려 차원에서 주식을 살 가능성이 높다고 보고, 다음 대통령이 매수할 때 따라 들어가서 2년 만에 60~80%의 수익을 벌어보려고 합니다.

39 공격과 방어의 정점을 찍다

VAA 공격형 전략은 이 세상에 알려진 50여 개 동적자산배분 전략 중 최근 50년 백테스트에서 가장 높은 수익을 낸 전략입니다. 하지만 이 전략도 문제가 있는데, 4개의 공격형 자산 중 1개 자산의 모멘텀 스코어가 0 이하로 떨어져도 전 자산을 안전자산(LQD, IEF 또는 SHY)에 투자한다는 것입니다. VAA 중도형 전략도 12개 자산 중 4개 자산의 모멘텀 스코어가 0 이하로 전환되면 전 자산을 안전자산으로 옮깁니다.

그래서 VAA 전략을 따랐다면 50년간 평균적으로 총 자산의 약 60% 이상을 안전자산에 투자했을 것입니다. 그렇게 보수적으로 투자했는데도 불구하고 1970~2020년 구간에 연복리수익률 17.7%(공격형), 12.6%(중도형)을 달성했습니다.

그러나 현재는 과거에 비해 채권 수익률이 현저히 떨어져서 아무래도 안전자산에 60% 이상 투자하는 전략으로 미래에도 이 정도의 수익을 내기가 힘들겠죠. 그래서 켈러는 2018년 DAA라는 새로운 전략을 개발합니다.[44] 그는 '카나리아 자산군'이라는 희한한 콘셉트(?)를 도입합니다.

카나리아 자산군의 유래

옛날 옛적, 광산에서 석탄을 캘 때 갑자기 독가스가 방출되어 광부들이 숨지는 경우가 많았다고 합니다. 이를 피하기 위한 방법으로 광부들은 카나리아 새를 광산에 데려갔습니다. 카나리아 새는 사람보다 독가스에 훨씬 더 민감해서, 가스가 새면 금방 죽었다고 합니다. 그러면 광부들은 가스가 있다는 것을 알아차리고 대피할 수 있었습니다.

'카나리아 자산군'이란 주식시장의 위험을 먼저 감지하는 자산군입니다. 켈러는 '이 자산군'의 수익이 급격히 떨어지면 주식시장의 수익률도 급격히 악화되는 현상을 발견했습니다. 켈러가 찾아낸 그 자산군은 바로……!

카나리아 자산군은 바로 개발도상국(VWO)과 미국 혼합채권(BND) ETF입니다. 이 두 자산의 모멘텀 스코어가 0 이하이면 미국 주식(SPY)의 수익이 나빠진다고 하네요. 모멘텀 스코어 계산 방법은 VAA와 동일합니다.

| 카나리아 자산의 모멘텀 스코어와 다음 달 SPY의 수익

자산군	모멘텀 스코어 < 0		모멘텀 스코어 > 0	
	연 환산 수익률(%)	수익 확률(%)	연 환산 수익률(%)	수익 확률(%)
VWO	3.36	57.1	15.36	64.9
BND	-4.00	50.3	14.56	64.8
VWO and BND	-14.17	47.0	12.89	63.2
VWO or BND	2.81	55.8	18.46	67.7

VWO and BND의 수익률이 -14.17%라는 것이 눈에 띄는데요, 이 말은 VWO와 BND 두 ETF의 모멘텀 스코어가 둘 다 0 이하일 경우 다음 달 미국 주식(SPY) 수익이 작살난다는 뜻입니다(연환산수익률 -14.17%). 반대로 VWO와 BND의 모멘텀 스코어가 0 이상일 경우 전반적으로 다음 달 SPY의 수익이 꽤 양호합니다(연 환산 수익률 12.89%~18.46%).

이런 배경을 거쳐 켈러는 다음과 같이 DAA 전략을 고안해 냅니다.

실전 투자전략 16

DAA(Defensive Asset Allocation)

◆ **레벨:** 고급

◆ **기대 연복리수익률:** 10~15%

◆ **포함 자산:**

– 공격형 자산: 미국 대형주SPY, 나스닥QQQ, 미국 소형주IWM, 유럽 주식VGK, 일본 주식EWJ, 개발도상국 주식EEM, 미국 부동산 리츠VNQ, 금GLD, 원자재DBC, 하이일드 채권HYG, 회사채LQD, 미국 장기채TLT의 12개 ETF

– 안전자산: 미국 회사채LQD, 미국 중기국채IEF, 미국 단기국채SHY

◆ **매수 전략:**

– 카나리아 자산군(VWO, BND)으로 공격형 자산의 비중을 결정

- VWO, BND 둘 다 모멘텀 스코어가 0 이상: 100%,
  VWO, BND 중 하나가 0 이상: 50%,
  VWO, BND 둘 다 0 이하: 0%
- 모멘텀 스코어: (12×1개월 수익)+(4×3개월 수익)+(2×6개월 수익)+(1×12개월 수익)

– 안전자산 비중을 가장 모멘텀 스코어가 높은 안전자산에 투자

– 안전자산에 투자하지 않는 자금은 상대 모멘텀을 적용해 6개 ETF에 투자

– 매월 말 각 ETF의 모멘텀 스코어 계산, 가장 높은 6개 ETF에 동일한 금액 투자

◆ **매도 전략:** 월 1회 리밸런싱

전략을 확인했으니, 성과를 봐야겠죠?

| DAA 전략의 주요 지표(1973.1~2021.8)

포트폴리오	초기자산 (달러)	최종자산 (달러)	연복리 수익률(%)	표준편차 (%)	수익 난 월 (%)	MDD (%)	샤프지수
DAA	10,000	7,999,633	14.7	9.0	69.5	−12.0	1.12

이 전략은 평균 30% 정도에만 안전자산에 투자하는데도 불구하고 연복리수익률이 상당히 높고 MDD가 꽤 낮습니다. 참고로 2020년 저와 인터뷰를 하면서 켈러는 본인도 이 전략을 쓴다고 밝혔습니다. 켈러가 쓰는 두 번째 전략은 LAA 전략인데, 이는 Chapter 16에서 소개하겠습니다.

| DAA 전략의 수익(1973~2021)

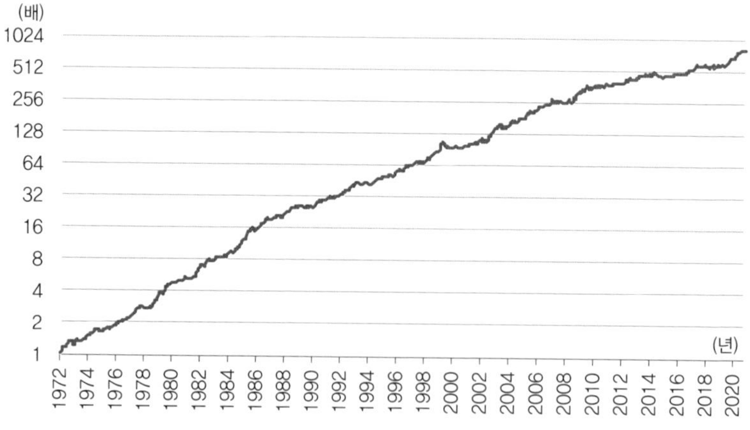

| **DAA 전략의 손실 폭**(1973~2021)

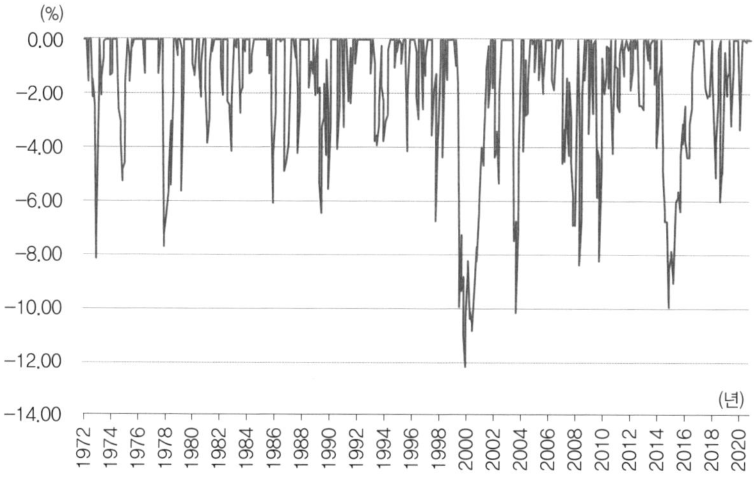

포트폴리오 전체가 10% 이상 손실을 본 경우가 2000년대 초반 두 번밖에 없네요!

더 알고 싶은 투자자를 위한 강환국의 영상 과외

▶ DAA 전략, 복리 22%, MDD 13%가 실화인가!

Chapter 16

★ ★ ★

자산배분과 마켓 타이밍의 결합이 만든 마법

40 마켓 타이밍 전략을 복습해보자

지금쯤이면 여러분의 머리가 완전히 불타고 있을 것 같습니다! GTAA, 듀얼 모멘텀, PAA, VAA, DAA…… 개념도 생소한데 난이도가 점점 올라가니까 혼란스러울 듯해서 복습의 시간을 준비했습니다.

GTAA 5

절대 모멘텀을 활용해서 5개 ETF가 상승장일 때만 그 ETF를 보유하는 전략입니다. 상승장 기준은 10개월 이동평균선입니다. 각 ETF를 매수 + 보유하는 것보다 수익은 크게 증가하지 않지만 MDD가 획기적으로 낮아집니다.

- 절대 모멘텀은 수익 향상에는 큰 도움이 되지 않지만 MDD를 크게 줄여줍니다.

오리지널 듀얼 모멘텀

2개 ETF 중 상대 모멘텀을 통해 최근 많이 오른 ETF를 사고, 상승장이 끝나면 곧바로 안전자산으로 갈아타는 전략입니다. 상승장 기준은 12개월 수익률입니다. 각 ETF를 매수 + 보유하는 것보다 수익률도 증가하고 MDD도 낮아집니다.

- 절대 모멘텀을 활용해 MDD를 줄이는 동시에 상대 모멘텀을 통해 수익을 극대화합니다.

PAA

12개 ETF 중 상대 모멘텀을 통해 최근 많이 오른 ETF를 사되, 안전자산으로 갈아타는 기준으로 절대 모멘텀이 아닌 광폭 모멘텀을 활용합니다. 따라서 특정 ETF의 자체 모멘텀이 양호하더라도 다른 ETF의 최근 수익이 별로면 자산의 상당 부분이 안전자산으로 넘어갑니다. 또한 안전자산으로 넘어가는 기준을 매우 보수적으로 선정했습니다. 상승장 기준은 12개월 이동평균입니다.

- 상대 모멘텀을 통해 수익을 극대화하되, 광폭 모멘텀으로 낌새가 조금이라도 이상하면 재빨리 안전자산으로 빠지기 때문에 MDD가 절대 모멘텀보다 더 작습니다.

VAA(공격형)

4개 ETF 중 상대 모멘텀을 통해 최근 많이 오른 ETF를 사되, 상대 모멘텀 기준에 최근 수익의 비중을 대폭 올렸습니다(1-3-6-12 모멘텀 스코어 도입). 또한 안전자산의 수도 3개로 늘려서 안전자산에서 얻을 수 있는 수익률도 극대화합니다. PAA와 같이 광폭 모멘텀을 통해서 MDD를 축소합니다.

- 상대 모멘텀 기준과 안전자산 다양화를 통해 수익을 극대화하며 보수적인 광폭 모멘텀을 통해 MDD를 줄입니다.

DAA

12개 ETF 중 상대 모멘텀을 통해 최근 많이 오른 ETF를 사고, VAA와 마찬가지로 1-3-6-12 모멘텀 스코어를 활용합니다. 안전자산 3개도 VAA와 같습니다. 다만 광폭 모멘텀으로 MDD를 줄이는 VAA와 달리 카나리아 자산군을 통해 MDD를 줄임과 동시에 안전자산 보유 비중을 줄입니다.

- VAA와 비슷하게 수익을 내지만 카나리아 자산군 도입으로 MDD를 줄임과 동시에 안전자산 비중을 축소해서 수익을 극대화합니다.

| 동적자산배분 전략 총정리

전략	절대 모멘텀	상대 모멘텀	광폭 모멘텀	안전자산 3개	모멘텀 스코어	카나리아 자산군
GTAA 5	○					
오리지널 듀얼 모멘텀	○	○				
PAA		○	○			
VAA		○	○	○	○	
DAA		○		○	○	○

마켓 타이밍(동적자산배분) 전략은 전반적으로 상대 모멘텀을 통해 수익을 극대화합니다. 이때 상대 모멘텀을 어떤 기준으로 계산하는지에 대한 논의가 있을 수 있는데, 초창기에는 10개월 또는 12개월 이동평균선, 12개월 수익 등을 모멘텀의 기준으로 활용하다가 최근에는 최근 1개월 수익을 크게 강조한 1-3-6-12 모멘텀 스코어를 사용하는 것이 수익을 극대화하는 데 조금 더 도움이 된다고 여겨지고 있습니다.

MDD를 줄이기 위한 노력은 다양한데, 초창기에는 절대 모멘텀이 주로 사용되었습니다. 상승장에서는 주식 등에 투자를 하고 하락장에서는 안전자산에 투자하는 방법입니다. 상승장의 기준으로는 상대 모멘텀과 비슷하게 10개월 또는 12개월 이동평균선, 12개월 수익 등을 사용했습니다.

그 후 광폭 모멘텀이 나타났는데, 광폭 모멘텀은 특정 자산의 모멘텀은 아직 양호하더라도 금융 시장 전체 상황이 불안해 보이면 재빠르게 안전자산으로 탈출해서 MDD를 더 줄인다는 장점이 있습니다. 그런데 이 방법은 안전자산에서 머무는 기간이 너무 길어서 수익률이 떨어질 수 있다는 단점이 생깁니다.

이에 켈러는 카나리아 자산군을 도입했습니다. 카나리아 자산군의 모멘텀 스코어가 0 이하로 떨어질 경우 미래 주식시장의 수익이 악화된다는 통계가 있어서 카나리아 자산군을 통해 공격 자산의 비중을 선택하는 방법을 고안해 낸 것입니다.

41

자산배분과 마켓 타이밍의 장단점

지금까지 자산배분(정적자산배분)과 마켓 타이밍(동적자산배분) 전략을 분석했는데, 이 둘을 합쳐서 시너지를 얻을 수 있을까요? 일단 두 전략의 장단점을 분석해 보겠습니다.

자산배분과 마켓 타이밍 모두 MDD가 낮습니다. 자산배분은 대세 상승장에서 수익을 낼 확률이 높은 데 반해, 마켓 타이밍 전략에 비해서는 수익률이 다소 낮습니다. 마켓 타이밍은 전체적으로 수익률이 높지만 대세 상승장에서는 수익률이 상대적으로 낮다는 단점이 있습니다. 대세 상승장에서는 자산 가격이 오르기 때문에 그냥 매수해 보유하는 것이 좋은데, 마켓 타이밍 전략은 자산을 사고팔기 때문에 그냥 자산을 사서 가만히 보유하는 것보다 수익을 덜 낼 가능성이 높죠. 대신 대세 하락장일 때 방어력이 높습니다. 하락장 초기에 벌써 재빨리 현금이나 안전자산으로 도망쳤기 때문입니다. 그래서 장기적으로 상승장과 하락장이 반복되면 자산배분 전략보다 대체적으로 수익률이 더 높습니다.

| 자산배분과 마켓 타이밍 전략의 장단점

전략	장점	단점
자산배분 (정적자산배분)	낮은 MDD 드문 리밸런싱 대세 상승장 수익률 높음	상대적으로 낮은 장기 수익률
마켓 타이밍 (동적자산배분)	낮은 MDD 전체적으로 높은 수익률 대세 하락장 방어력 높음	잦은 리밸런싱 대세 상승장 수익률 낮음

켈러는 PAA, VAA, DAA 전략을 만들어냈지만 이러한 마켓 타이밍 전략의 단점도 알고 있었습니다. 일단 자주 거래를 해야 합니다. 한 달에 한 번 전략을 체크하고 거래를 하기가 쉬울 것 같지만 실제로 해보면 만만치 않습니다. 또한 길게 보면 마켓 타이밍이 자산배분보다 수익이 높은데, 2010년대처럼 미국 주식과 채권이 강세를 보인 장에서는 잦은 거래를 하는 마켓 타이밍보다는 자산을 구매하고 가만히 보유만 하는 자산배분 수익이 더 높습니다!

예를 들면 장기적으로 두 자릿수의 수익을 낸 VAA 전략의 경우 최근 10년간 연복리수익률 8.3%을 내는 데 그쳤습니다. 같은 기간에 나스닥 시장은 5배(연복리수익률 19.5%) 올랐죠. 10년 동안 매달 열심히 거래를 해서 8%를 벌었는데 나스닥 ETF를 사서 10년간 아무것도 안 한 사람은 19%를 벌었다면 자산배분 전략을 따랐던 사람으로서는 매우 씁쓸했을 것입니다. 그렇다고 "그럼 그냥 QQQ(나스닥)에 몰빵하는 것이 좋겠네!"라고 생각하면 큰일 납니다. 과거 10년 동안에는 나스닥이 5배 오른 것이 맞지만 이 추세가 계속될 가능성은 제로에 가깝기 때문입니다. 221~222쪽에서 살펴본 1900~2010년대의 각국 10년 수익률 기억나시죠? 미국 주식이 잘 나갈 때도 있었지만 10년 동안 마이너스 수익을 내기도 했습니다. 나스닥도 2000년 4월부터 2002년 9월까지 무려 81% 하락한 적도 있었습니다.

따라서 켈러는 2019년 자산배분과 마켓 타이밍을 섞는 LAA 전략을 만들어냅니다.[45] 켈러는 저와의 인터뷰에서 본인이 만든 전략 중에서 이 LAA 전략이 가장 마음에 든다고 하면서 "사실, 저는 VAA처럼 잦은 거래를 하는 것을 싫어합니다"라고 고백(?)했습니다.

더 알고 싶은 투자자를 위한 강환국의 영상 과외

▶ 매우 게으른 자산배분 전략으로 복리 10% 달성!

42

영구 포트폴리오를 개선해 수익률을 높이다

실전 투자전략 17

LAA(Lethargic Asset Allocation)

- **레벨:** 중급
- **기대 연복리수익률:** 10% 정도
- **포함 자산:**
  - 고정 자산: 미국 대형가치주IWD, 금GLD, 미국 중기국채IEF
  - 타이밍 자산: 나스닥QQQ, 미국 단기국채SHY
- **매수 전략:**
  - 자산의 각 25%를 미국 대형가치주, 금, 미국 중기국채에 투자

및 보유

– 자산의 나머지 25%는 나스닥 또는 미국 단기국채에 투자
  - 미국 S&P 500 지수 가격이 200일 이동평균보다 낮고 미국 실업률이 12개월 이동평균보다 높은 경우 미국 단기국채에 투자
  - 그렇지 않을 경우 나스닥에 투자

◆ **매도 전략:** 연 1회 리밸런싱(고정 자산), 월 1회 리밸런싱(타이밍 자산)

켈러의 LAA 전략은 영구 포트폴리오를 다소 개선한 전략이라고 볼 수 있는데, 구체적인 내용은 위와 같습니다. LAA는 일단 자산의 75%를 주식, 채권, 금에 고정하고 시작합니다. 여기까지는 영구 포트폴리오와 크게 다를 바 없습니다. 그런데 영구 포트폴리오는 나머지 25%를 현금에 배분합니다. 이것이 변동성과 MDD 감소에는 크게 기여하지만, 현금 수익은 저조하기 때문에 주식 대세 상승장에서는 영구 포트폴리오의 수익이 주가지수보다 훨씬 떨어집니다.

따라서 켈러는 대세 하락장, 즉 미국 주가가 200일 이동평균선보다 낮은 동시에 미국 실업률이 치솟아서 12개월 이동평균보다 높은 시기에만 현금과 비슷한 미국 단기채에 투자하고 나머지 구간에는 고수익을 노릴 수 있는 나스닥 지수에 투자하는 전략을 선택했습니다. 즉, 상황이 매우 안 좋은 하락장이자 불경기 구간에만 미국 단기채를 구입하고 나머지 구간에는 나스닥을 사는 것이죠.

| LAA vs. 영구 포트폴리오 주요 지표 비교(1970.1~2021.8)

포트폴리오	초기자산 (달러)	최종자산 (달러)	연복리 수익률(%)	표준편차 (%)	수익 난 월 (%)	MDD (%)	샤프지수
LAA	10,000	2,089,370	10.9	9.4	65.2	−15.2	0.66
영구 포트폴리오	10,000	762,322	8.8	7.2	65.0	−12.7	0.57

이 LAA 전략과 영구 포트폴리오의 성과를 비교해 볼까요?

나스닥을 포함한 LAA 전략이 영구 포트폴리오보다 수익이 연 2% 정도 높습니다. 대신 MDD도 조금 더 올랐습니다. 두 전략의 손실 폭을 비교하면 LAA는 나스닥 시장이 약세를 보이던 2000년대 초반의 손실이 영구 포트폴리오보다 훨씬 더 컸습니다. 아무래도 나스닥의 변동성이 크다 보니 1980년대에도 영구 포트폴리오보다 손실이 큰 구간이 종종 보였고, 최근 코로나19 사태에도 8% 정도 하락했습니다.

손실로 인해 발생하는 스트레스는 LAA가 더 클 것입니다. 하지만 강세장에서 급상승하는 주가지수보다 수익률이 훨씬 뒤떨어지는 데서 오는 소외감은 LAA가 영구 포트폴리오보다 덜할 것입니다.

더 알고 싶은 투자자를 위한 강환국의 영상 과외

▶ 부지런하면 복리 15%, 최대손실 10% 전략도 가능!

| LAA vs. 영구 포트폴리오 수익률 비교(1970~2021)

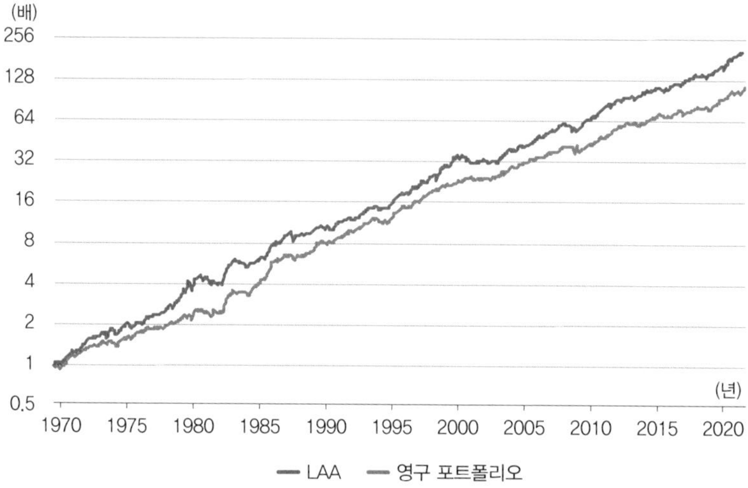

| LAA vs. 영구 포트폴리오 손실 폭 비교(1970~2021)

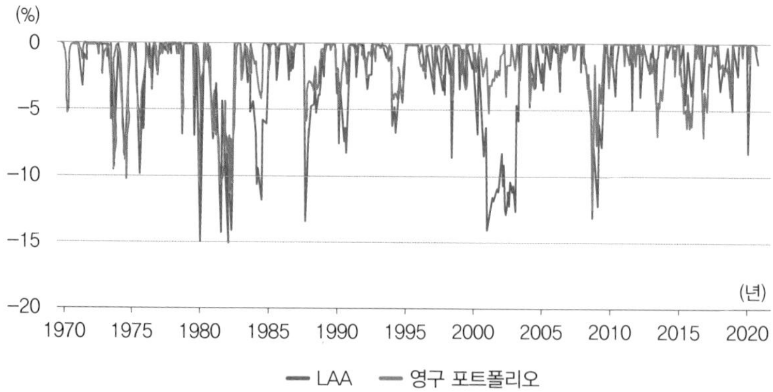

43 투자자들이 감동의 눈물을 흘린 그래프

지금까지 살펴본 전략 중 MDD가 낮았던 순으로 본 3개의 전략은 종합 듀얼 모멘텀, PAA, DAA 전략입니다. 세 전략 모두 MDD가 12% 이하이죠.

그렇다면 자산을 삼등분해서 이 세 전략에 투자하는 포트폴리오를 구성하면 어떨까요? MDD를 더 낮출 수 있지 않을까요?

이를 MDD 최소화 전략으로 명명하겠습니다. 그리고 그 구체적인 내용은 다음과 같습니다.

응용 투자전략 18

MDD 최소화 전략

- **레벨:** 고급
- **기대 연복리수익률:** 10~15%
- **매수 전략:**
  - 자산의 각 33%를 종합 듀얼 모멘텀, DAA, PAA 전략에 투자
- **매도 전략:** 월 1회 리밸런싱

이 MDD 최소화 전략과 타 전략의 주요 지표를 비교해서 살펴보겠습니다.

| MDD 최소화 전략 vs. 타 전략 주요 지표 비교(1973.1~2021.8)

포트폴리오	초기자산(달러)	최종자산(달러)	연복리 수익률(%)	표준편차(%)	수익 난 월(%)	MDD(%)	샤프지수
MDD 최소화 전략	10,000	4,261,498	13.2	7.2	74.1	−8.5	1.19
종합 듀얼 모멘텀	10,000	2,423,943	11.9	8.2	71.6	−10.9	0.90
PAA	10,000	3,533,400	12.8	8.1	70.4	−10.3	1.01
DAA	10,000	7,999,633	14.7	9.0	69.5	−12.0	1.12

결과가 엄청납니다! 마코위츠의 분산투자 이론은 자산군뿐 아니라 투자전략에도 그대로 적용되는군요. 이 전략에 포함된 종합 듀얼 모멘텀, PAA, DAA 전략은 상관성이 대단히 낮지는 않은 데도 불구하고 분산투자의 효과가 상당합니다.

각 전략의 표준편차는 8.1~9.0%인데 포트폴리오의 표준편차는 7.2%로 감소했습니다. 각 전략의 MDD는 10.3~12.0%인데 포트폴리오의 MDD는 8.5%로 감소했습니다. 47년 동안 투자하면서 최악의 순간에 겨우 8.5%라는 손실이 난 것입니다! 월별 승률도 각 전략은 69.5~71.6%인데 포트폴리오 월 승률은 74.1%로 증가했습니다.

이를 그림으로 감상하지 않을 수 없죠.

| MDD 최소화 전략의 수익(1973~2021)

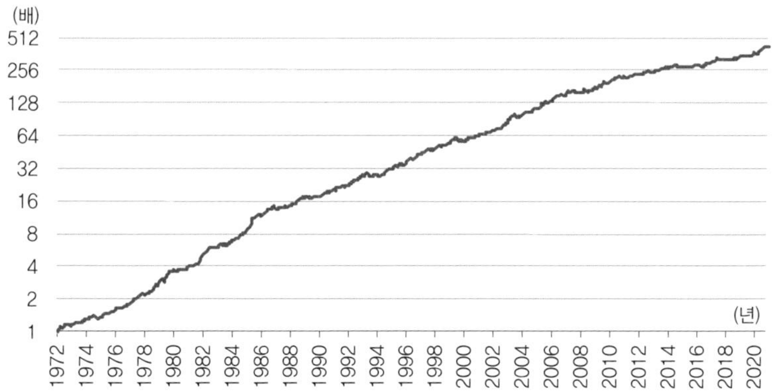

| MDD 최소화 전략의 손실 폭(1973~2021)

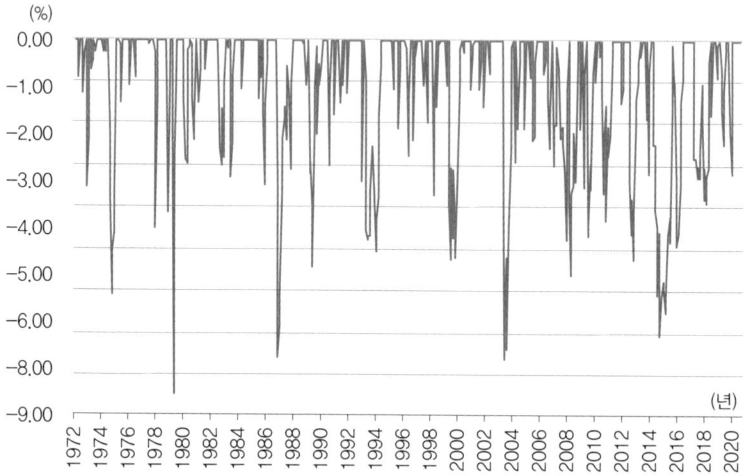

아름답습니다! 퀀트 투자자들은 이런 그림을 보면 감동의 눈물을 흘립니다. 1970년대 말에 딱 한 번 8.5% 손실이 났고, 7% 이상 손실이 난 경우도 겨우 세 번밖에 없었습니다.

44 전략을 결합해 손실을 더 줄이다

퀀트 투자의 가장 큰 장점 중 하나는 특정 전략의 과거 실적을 분석하는 백테스트가 가능하다는 점입니다. 또한 여러 전략을 섞으면 어떤 결과가 있었는지 분석할 수도 있죠.

다음의 'MDD 7%대 전략'과 같이 자산을 나눠서 50%는 영구 포트폴리오에, 50%는 VAA 공격형 전략에 투자할 수도 있습니다.

거래가 거의 없는 정적자산배분(영구 포트폴리오)과 모멘텀을 따라서 거래가 잦은 동적자산배분(VAA)의 수익 구조는 다를 수밖에 없어서 전략의 상관성이 낮을 것으로 추정됩니다.

응용 투자전략 19

MDD 7%대 전략

- **레벨:** 고급
- **기대 연복리수익률:** 10~15%
- **매수 전략:**
  - 자산의 각 50%를 VAA 공격형, 영구 포트폴리오 전략에 투자
- **매도 전략:** 월 1회 리밸런싱

이 전략을 썼다면 어떤 결과가 있었을까요? 콤보 전략인 MDD 7%대 전략과 이 전략을 구성하는 두 전략의 실적을 분석해 보겠습니다.

| MDD 7%대 전략 vs. 구성 전략 주요 지표 비교(1970.1~2021.8)

포트폴리오	초기자산(달러)	최종자산(달러)	연복리 수익률(%)	표준편차(%)	수익 난 월(%)	MDD(%)	샤프지수
MDD 7%대 전략	10,000	6,475,148	13.3	7.9	70.8	−7.9	1.09
VAA 공격형	10,000	44,899,717	17.7	12.0	76.3	−16.1	1.08
영구 포트폴리오	10,000	762,322	8.8	7.2	65.0	−12.7	0.57

| **MDD 7%대 전략의 수익**(1970~2021)

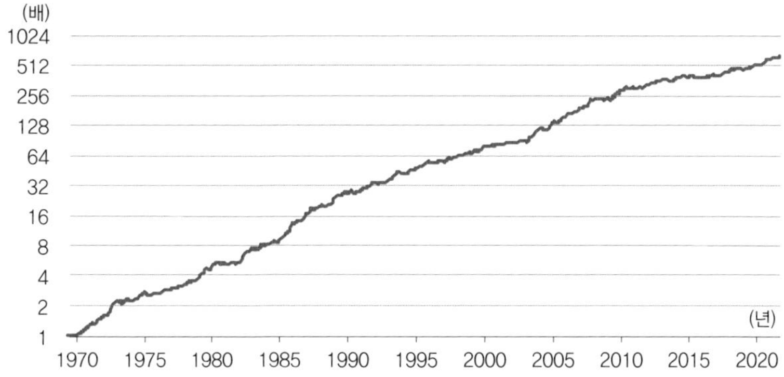

두 전략을 합치면 수익률은 두 전략의 중간 정도가 되는데 이는 그다지 놀랍지 않습니다. 놀라운 것은 MDD입니다.

| **MDD 7%대 전략의 손실 폭**(1970~2020)

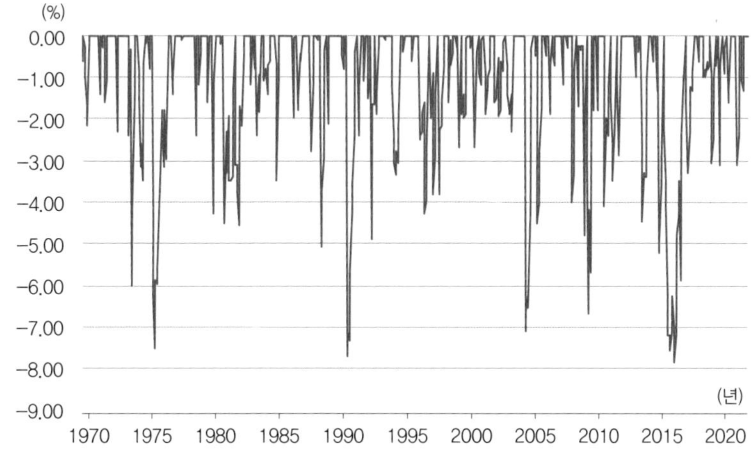

두 전략의 MDD는 각각 -16.1%, -12.7%인데 두 전략에 각각 50%에 투자하면 전체 포트폴리오의 MDD는 -7.9%로 감소합니다! 그래프를 보면 50년 동안 포트폴리오가 5% 이상 손실을 본 경우도 별로 없다는 대단한 사실을 확인할 수 있습니다.

어떻게 이런 기적적인 일이 가능한 것일까요? 마코위츠는 상관성이 낮은 자산에 분산투자하라고 강조했습니다. 이는 자산이나 자산군에만 국한된 것이 아니라 투자전략 자체에도 적용할 수 있습니다.

앞에서 정적자산배분(예 영구 포트폴리오)과 동적자산배분(예 VAA)의 장단점을 분석했습니다. 강세장에서는 자주 거래하는 것보다는 그냥 단순히 주요 자산군을 보유하고 아무것도 안 하는 정적자산배분 전략의 수익이 높으며, 하락장이 오는 경우 주요 자산을 보유하기보다는 재빨리 안전자산으로 후퇴하는 동적자산배분 전략의 성과가 좋습니다. 이번 사례에서는 VAA 50%+영구 포트폴리오 50%라는 전략을 만들었으나, 이것을 다른 정적+동적 자산배분 전략으로 대체해도 엇비슷한 결과가 나온다는 것입니다.

따라서 두 전략이 잘 통하는 시기는 각각 다르고, 1970~2021년 동안 두 전략의 상관성은 0.29 정도로 그다지 높은 편이 아닙니다. 따라서 두 전략에 동시에 투자하면 분산투자 효과가 상당합니다! 그래서 콤보 전략의 MDD가 각 전략의 MDD보다 훨씬 낮은 것입니다.

콤보 전략의 리밸런싱 방법

마지막으로 이 콤보 전략의 리밸런싱에 대해 설명하려 합니다. 시간이 지나며 각 전략에 투입한 자금의 비중은 달라질 수밖에 없습니다. 백테스트에서는 매월 영구 포트폴리오와 VAA 전략에 투입된 금액을 50%대 50%로 맞춘다고 가정했으나, 현실적으로 이 방법이 매우 번거로우므로 저는 다른 방법을 추천합니다. 바로 한 전략의 비중이 60%가 넘어섰을 때만 리밸런싱하는 방법입니다. 아래 예를 살펴보겠습니다.

| MDD 7%대 전략을 구성하는 두 전략의 리밸런싱 예시(단위: %)

날짜 / 전략	2022. 1	2022. 2	2022. 3	2022. 4	2022. 5	2022. 6
VAA	50	53	51	57	56	61
영구 포트폴리오	50	47	49	43	44	39

2022년 1월에 콤보 전략을 시작하고 그 후 2022년 6월까지 위 표와 같이 각 전략의 비중이 움직인다고 가정해 보겠습니다. 2022년 6월까지 VAA 전략이 영구 포트폴리오보다 전반적으로 수익을 잘 내서 전체 포트폴리오 비중이 61%에 도달했습니다. 그러면 이때 VAA에 투자한 자금을 조금 줄이고 그 자금을 영구 포트폴리오에 투

입하면 됩니다.

2022년 1월에 투자를 시작한 영구 포트폴리오는 주식·채권·금·현금 비중이 각 25%였겠지만, 6월에는 네 자산군의 비중이 달라졌을 것입니다. 이 경우 VAA 포트폴리오에서 이동하는 자금을 목표 비중인 25%에 못 미치는 자산군 위주로 투자합니다.

더 알고 싶은 투자자를 위한 강환국의 영상 과외

▶ 부지런하면 복리 15%, 최대손실 10% 전략도 가능!

45 강환국이 실제로 사용하는 전략

그래서 저는 어떤 전략을 쓰냐고요? 저는 최대의 수익을 내는 동시에 MDD를 10% 이하로 줄이고 싶었습니다.

1. 제가 아는 전략들 중 최근 50년 백테스트 수익이 가장 높은 VAA 공격형을 포함했습니다.
2. 켈러가 사용하는 DAA, LAA 전략 중 거래를 더 적게 하는 LAA를 포함했습니다.
3. 제가 책 『듀얼 모멘텀 투자 전략』의 공동 역자이기도 해서 이 전략도 쓰고 싶었습니다.

이 세 전략에 포트폴리오를 삼등분하면 어떨까요? 지금까지 여러 전략을 섞으면 연복리수익률은 두 전략의 평균 정도가 되고 MDD가 획기적으로 감소했는데 이번에도 그럴까요?

응용 투자전략 20

강환국 전략

- **레벨:** 고급
- **기대 연복리수익률:** 10~15%
- **매수 전략:** 자산의 각 33.3%를 VAA 공격형, LAA, 오리지널 듀얼 모멘텀 전략에 투자
- **매도 전략:** 월 1회 리밸런싱

| 강환국 전략 vs. 구성 전략 주요 지표 비교(1970.1~2021.8)

포트폴리오	초기자산 (달러)	최종자산 (달러)	연복리 수익률(%)	표준편차 (%)	수익 난 월 (%)	MDD (%)	샤프지수
강환국 전략	10,000	12,333,897	14.7	9.0	70.5	−9.7	1.13
VAA 공격형	10,000	44,899,717	17.7	12.0	76.3	−16.1	1.08
LAA	10,000	2,089,370	10.7	9.4	65.2	−15.2	0.66
오리지널 듀얼 모멘텀	10,000	14,428,536	15.1	12.4	66.9	−19.6	0.84

| 강환국 전략의 수익(1970~2021)

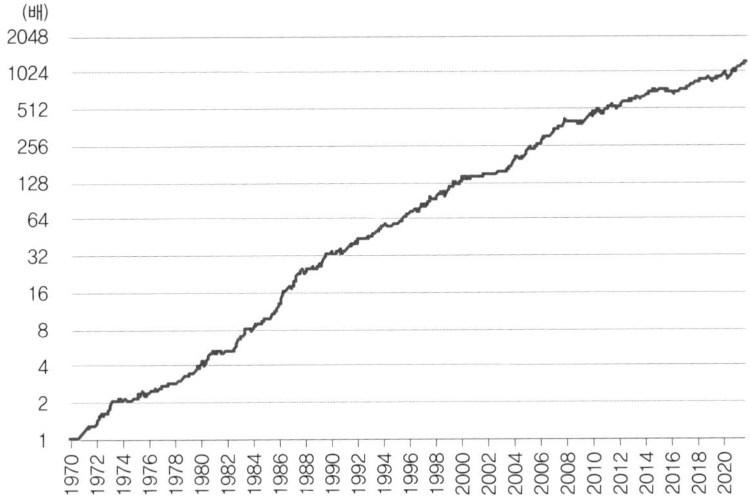

| 강환국 전략의 손실 폭(1970~2020)

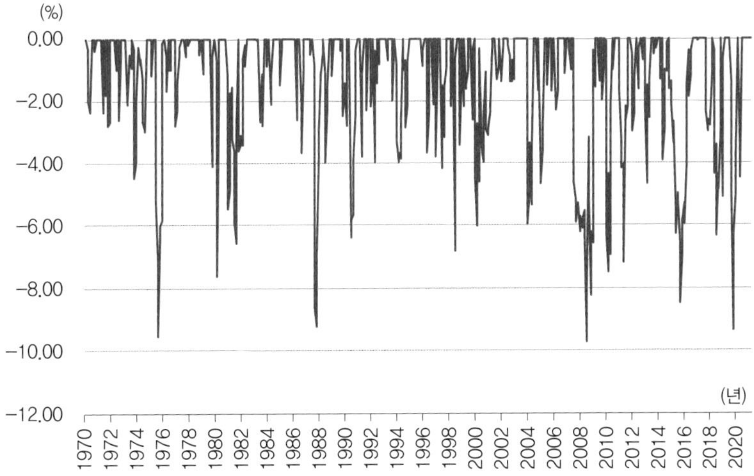

결과가 꽤 괜찮아 보이죠? 각 전략의 표준편차는 9.0~12.4%인데 제 포트폴리오의 표준편차는 9.0%밖에 안 됩니다. 또한 각 전략의 MDD는 15.2~19.6%인데 제 포트폴리오의 MDD는 9.7%로 감소했습니다. 1970~2021년 51년간 저 전략으로 투자했다면 최악의 순간에 겨우 9.7%라는 손실이 난 것입니다! 그래서 저는 실전에서 이 포트폴리오를 사용하고 있습니다.

지금까지 알아본 내용을 정리하자면, 전반적으로 아래처럼 나누어 투자하는 방법이 상당히 유력했다는 것을 알 수 있었습니다.

1. 정적자산배분, 동적자산배분에 자산의 반반씩 투자

2. 동적자산배분 여러 전략에 분산투자

동적자산배분, 나라면 이런 거 사겠다

동적자산배분의 난이도는 서서히 높아집니다. GTAA는 알겠고, 듀얼 모멘텀도 이해가 되는데, PAA, VAA, DAA 전략부터는 어려움을 호소하는 분들이 많더라고요.

또 중요한 문제는 '그래서 무슨 종목을 사는가?'입니다. 물론 Investing.com 같은 사이트에서 각 ETF 데이터를 구해서 직접 사야 하는 종목을 찾을 수도 있지만, 귀찮기도 하거니와 내가 제대로 계산을 해서 올바른 ETF를 뽑았는지 불안할 것입니다.

그래서 제 유튜브 채널 「할 수 있다! 알고 투자」에 매월 말 10대 동적자산배분 전략에 맞는 종목을 공개하고 있습니다. 일단 유튜브 커뮤니티에 글을 먼저 올리고 그 후 '나라면 이런거 사겠다 – 동적자산배분'이라는 영상을 찍어서 유튜브에 공개합니다. 여기에서 10대 전략들의 장기 성과, 올해 및 지난달의 성과 그리고 전략에 맞는 종목들을 공개합니다. 이를 통해 여러분의 시행착오와 시간 투입을 최대한 줄이고 신속하게 리밸런싱을 할 수 있도록 도우려 합니다.

할 수 있다! 알고 투자 1주 전(수정됨)
9월 나라면 이런거 사겠다 동적자산배분, 종목부터 먼저 올립니다!
관련 영상은 내일쯤 올라갑니다!

VAA: SPY 100%

가속듀얼모멘텀: SPY 100%

듀얼모멘텀: SPY 100%

DAA: IWM, DBC, QQQ, SPY, VGK, VNQ 각 16.7%

PAA: IEF 33.3%, IWM, DBC, QQQ, SPY, VGK, VNQ 각 11.1%

종합듀얼모멘텀: HYG, REM, SPY, 현금 각 25%

RAA: GLD, IEF, IWN, QQQ, TLT 각 20%

LAA: GLD, IEF, IWD, QQQ 각 25%

AAA: SPY 55.1%, VNQ 28.3%, VGK 16.6%

FAA: SPY, VNQ, AGG 각 33.3%
간략히 보기

:「할 수 있다! 알고 투자」 유튜브 커뮤니티에 공개한 종목 예시(2021.9.1)

:「할 수 있다! 알고 투자」 유튜브에 공개한 영상 예시(2021.9.1)

Part 4

실패하는 것보다 성공하는 것이 더 쉬워진다

: 경제적 자유를 만들어줄 투자의 무기

★ ★ ★

Chapter 17

★ ★ ★

계절과 투자의 관련성

46 십일사천국, 오십지옥

"십일사천국, 오십지옥!"

제가 투자자들에게 외치고 다니는 말입니다. 만약 특정 기간 동안 지속적으로 금융 시장의 수익률이 다른 때보다 높다고 하면 어떻게 하겠습니까? 당연히 수익률이 높아지는 기간이 될 때 주식을 사고, 수익률이 낮은 기간이 올 때 팔겠죠.

금융 시장이 합리적인 곳이라면 특정 달의 수익률이 다른 달의 수익률보다 계속 높다는 것은 있을 수 없는 일입니다. 하지만 실제로 수익률이 확실히 높은 구간이 있고, 낮은 구간도 있습니다. 더욱 놀랍게도 이 패턴은 시간이 지나도 거의 바뀌지 않았습니다. 결론부터 말하자면, 통계적으로 분석한 결과 매년 11~4월은 수익률이 높고 5~10월은 수익률이 낮습니다.

"5월에는 주식을 팔고 떠나라(Sell in May and go away)"는 말은 19세기부터 존재했던 격언입니다. 말도 안 된다고 생각할 수도 있지만, 이 격언은 아직까지 통하고 있습니다. 신기하게도 대부분의 국가에서 11~4월의 투자 수익률이 5~10월 수익률보다 높습니다.

지금부터 11개 주요국의 최근 50년간 월별 수익 패턴을 함께 살펴보겠습니다. 일 년 동안 주가지수의 흐름과 11~4월 동안 주가지수의 흐름, 5~10월 동안 주가지수의 흐름을 비교하면서 살펴보겠습니다.[46] 간혹 1970년부터의 데이터를 준비하지 못한 국가도 있는데 이 점 양해 바랍니다.

| 캐나다 S&P/TSX 기간별 비교

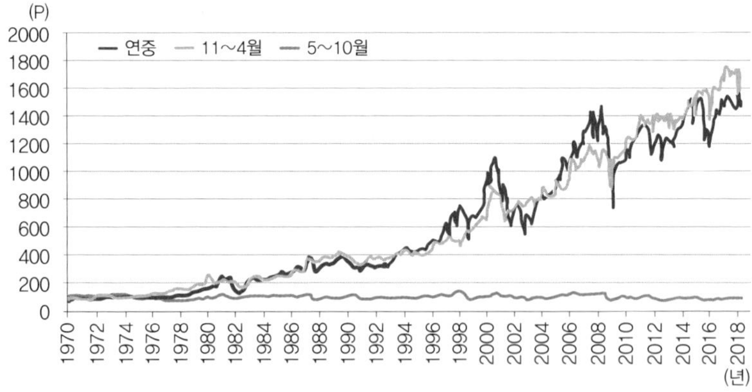

캐나다부터 보겠습니다. 캐나다는 11~4월의 수익률이 5~10월 동안의 수익률을 월등히 앞섰고, 심지어 일 년 내내 투자한 것보다도 높은 수익률을 보였습니다. 게다가 그래프가 위아래로 얼마나 오르락내리락했는지 보면, 11~4월 수익 그래프의 변동성이 일 년 내내 투자한 수익 그래프의 변동성보다 훨씬 낮다는 사실을 발견할 수 있습니다.

| 중국 상하이종합주가지수 기간별 비교

중국 시장도 11~4월의 수익률이 5~10월 수익률을 월등히 앞섰고, 일 년 내내 투자한 수익률과 비슷함을 확인할 수 있습니다. 또한 중국에서도 11~4월 투자의 변동성이 일 년 내내 투자한 것보다 더 낮습니다.

| 프랑스 CAC 40 기간별 비교

프랑스의 경우 11~4월 동안 투자하는 것이 일 년 내내 투자하는 것보다 수익률이 월등히 높았습니다. 변동성도 일 년 내내 투자한 것보다 훨씬 낮아 보입니다.

| 독일 DAX 30 기간별 비교

독일도 프랑스와 비슷한 패턴을 보입니다.

| 홍콩 항셍지수 기간별 비교

홍콩이 그나마 다른 국가에 비해 5~10월 수익이 11~4월 수익과 비슷한 편인데 그래도 11~4월 수익이 낫습니다.

| 인도 Nifty 50 기간별 비교

인도에서만 11~4월 수익과 5~10월 수익이 엇비슷함을 볼 수 있습니다.

| 한국 코스피지수 기간별 비교

한국 차례입니다. 한국도 11~4월 수익이 5~10월 수익보다 압도적으로 높았습니다. 변동성도 11~4월 투자가 일 년 내내 투자보다 훨씬 낮습니다.

| 일본 니케이지수 기간별 비교

일본 주가는 1990년 최고점에 도달한 후 고점을 갱신하지 못하고 있습니다. 그럼에도 11~4월에만 투자했다면 일본에서도 계속 돈을 벌 수 있었다는 사실을 알 수 있습니다. 또한 1년 내내 투자한 것보다 변동성도 낮습니다.

| 대만 TWSE/TAIEX 기간별 비교

대만도 11~4월 수익이 일 년 내내 주가지수에 투자하는 것보다 훨씬 높네요.

| 영국 FTSE 100 기간별 비교

영국에서도 마찬가지로 투자는 11~4월에만 하는 편이 낫습니다.

| 미국 S&P 500 기간별 비교

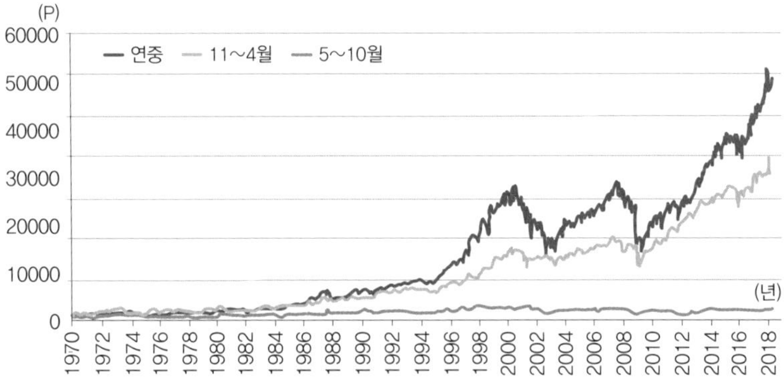

당연하게도(?) 미국도 수익률과 변동성 모두 11~4월 투자가 유리합니다.

이 내용을 표로 정리해 보겠습니다. 수치는 2020년까지 업데이트 했습니다.

| 각 국가의 기간별 수익률 비교(단위: 배)

국가	주가지수	기간	5~10월 (%)	11~4월 (%)	연중(%)
캐나다	S&P/TSX	1970.1~2020.4	-0.22	5.68	5.45
중국	Shanghai Comp.	1991.1~2020.4	0.06	12.03	12.10
프랑스	CAC 40	1987.7~2020.4	-3.24	6.74	3.28
독일	DAX 30	1970.1~2020.4	-1.11	6.92	5.73
홍콩	Hang Seng	1970.1~2020.4	3.35	6.91	10.49
인도	Nifty 50	1990.7~2020.4	5.79	6.25	12.40
한국	KOSPI	1980.1~2020.4	0.04	7.56	7.60
일본	NIKKEI 225	1970.1~2020.4	-2.25	6.68	4.28
대만	TWSE/TAIEX	1970.1~2020.4	-3.45	13.42	9.51
영국	FTSE 100	1984.1~2020.4	-0.51	5.45	4.91
미국	S&P 500	1970.1~2020.4	1.04	5.95	7.05
평균			-0.05	7.60	7.53

주요 11개국의 1970~2020년 주가지수 수익을 분석해 보니 11~4월 수익이 마이너스인 국가는 단 한 곳도 없습니다. 그런데 5~10월에 투자해서 손실이 발생한 국가는 상당히 많고, 수익을 냈더라도 그 수익이 예금 수익을 능가하는 국가는 홍콩과 인도뿐이었습니다!

11개국 평균을 내보니 11~4월에만 투자했으면 일 년 내내 투자한 것보다 수익이 높았다는 결론이 나옵니다. 그렇다면 11~4월에는 주식에, 5~10월에는 채권에 투자했다면 어떤 결론이 나왔을까요? 당연히 일 년 내내 주가지수에 투자한 것보다 수익률이 훨씬 높았을 것입니다.

더 알고 싶은 투자자를 위한 강환국의 영상 과외

▶ 전 세계에서 통하는 만능 전략 - 11월 초 매수, 4월 말 매도

▶ [초보] 주식 투자는 역시 11월~4월이 적정기!

47 핼러윈에는 사탕 대신 주식을 챙겨라

앞에서는 최근 50년에 해당하는 데이터만 살펴보았습니다. 그런데 11~4월 투자가 정말 수익률이 더 높은지에 대해 깊이 연구한 사람들도 있습니다.[*47] 이들은 1693년부터 2017년까지 300년이 넘는 기간 동안 65개국의 주식시장 시세차익과 배당 수익 데이터를 분석해 일 년 동안의 전체 수익, 11~4월 수익, 5~10월 수익을 각각 구해 비교했습니다.

---

* [초보] 주식 투자는 역시 11월~4월이 적정기!

결과는 놀라웠습니다. 일 년 동안의 전체 평균 수익률이 10.6%이었는데 이 중 11~4월 수익률이 8.5%, 5~10월 수익률은 2.1%를 차지했습니다. 이 65개국 중 45개국에서는 5~10월에 주식투자로 벌어들인 수익이 은행 예금의 수익보다 오히려 낮았습니다. 또 놀라운 점은 11~4월 투자와 5~10월 투자 수익률의 차이가 1960년부터 5% 이상으로 벌어지기 시작했다는 점입니다.

| 1861~2017년 구간별 11~4월 수익률과 5~10월 수익률 비교 분석

시기(년)	11~4월 수익률(%)	5~10월 수익률(%)	차이
1861~1870	3.6	2.3	1.2
1871~1880	1.1	0.0	1.1
1881~1890	−0.4	1.9	−2.3
1891~1900	2.2	0.1	2.1
1901~1910	1.9	0.6	1.3
1911~1920	−1.0	−0.7	−0.3
1921~1930	2.3	0.2	2.1
1931~1940	1.6	0.1	1.5
1941~1950	2.9	3.6	−0.7
1951~1960	4.2	5.2	−1.0
1961~1970	5.0	−0.8	5.8
1971~1980	9.1	3.8	5.3
1981~1990	14.4	9.4	5.0
1991~2000	11.1	2.8	8.3
2001~2010	6.9	2.4	4.5
2011~2017	4.8	−1.0	5.8

이들은 이 결과를 바탕으로 11~4월에는 주가지수에 투자하고 5~10월에는 예금에 투자하는 간단한 전략을 소개합니다. 매수일이 핼러윈 데이와 같기 때문에 이 전략의 이름은 핼러윈 전략Halloween Strategy이 되었습니다. 이 전략을 최근 20년간(1998~2017년) 37개국에서 사용했을 경우 결과가 어땠을지 백테스트를 해보았습니다.

핼러윈 전략은 37개국 중 무려 30개국에서 통했습니다. 11~4월 수익률이 일 년 내내 주식에 투자하는 것보다 높았던 것입니다. 샤프지수까지 분석하면 조사한 국가 전부에서 핼러윈 전략의 수익률이 일 년 보유 수익률보다 높았습니다.

| 37개국 핼러윈 전략 및 일 년 주가지수 매수 & 보유 결과 분석(1998~2017)[48]

국가	핼러윈 전략			일 년 매수 & 보유 전략			핼러윈 - 일 년 차이
	연복리 수익률 (%)	표준편차 (%)	샤프지수	연복리 수익률 (%)	표준편차 (%)	샤프지수	
아르헨티나	17.5	25.3	0.69	16.7	32.8	0.51	0.8
호주	6.7	7.9	0.85	5	13.6	0.37	1.7
오스트리아	9.9	11.9	0.83	4.4	19.7	0.22	5.5
벨기에	5.8	11.4	0.51	3.1	17.9	0.17	2.7
브라질	17.3	16.3	1.06	11.9	23.1	0.52	5.4
캐나다	7.5	9.7	0.77	6.1	15.1	0.40	1.4
칠레	7.2	10.2	0.71	8.5	14.3	0.59	−1.3
덴마크	9	12.1	0.74	8.3	18.4	0.45	0.7
핀란드	7.4	21.3	0.35	4.2	28.6	0.15	3.2
프랑스	7.4	11.7	0.63	3.6	18.7	0.19	3.8

독일	7.8	12.7	0.61	3.2	19.8	0.16	4.6
그리스	0.1	21.1	0.00	−11.2	31.8	−0.35	11.3
홍콩	5.4	13.9	0.39	7.4	22.5	0.33	−2
인도네시아	18.4	17	1.08	11.8	25.8	0.46	6.6
아일랜드	8.8	12.6	0.70	3.1	20.5	0.15	5.7
이태리	6.9	13.9	0.50	−0.3	20.2	−0.01	7.2
일본	6.5	12.7	0.51	2	18.6	0.11	4.5
요르단	7.1	12.7	0.56	5	17.8	0.28	2.1
한국	11.7	18.6	0.63	11.3	25.9	0.44	0.4
말레이시아	8.5	12.3	0.69	10.3	18.7	0.55	−1.8
멕시코	13.6	12.7	1.07	13.8	17.9	0.77	−0.2
네덜란드	6.5	11.9	0.55	1.7	20.1	0.08	4.8
뉴질랜드	6.5	7.4	0.88	4.9	11.8	0.42	1.6
노르웨이	9	13.7	0.66	6	21.3	0.28	3
필리핀	9.9	12.8	0.77	9.7	20.5	0.47	0.2
포르투갈	4.7	11.7	0.40	−2.7	19.6	−0.14	7.4
러시아	24	24.8	0.97	23.9	35.6	0.67	0.1
싱가포르	6.5	12.7	0.51	6.9	20.3	0.34	−0.4
남아공	11.6	12.1	0.96	12.7	17.7	0.72	−1.1
스페인	4.6	12.4	0.37	2.6	19.9	0.13	2
스웨덴	10.1	14.9	0.68	6	21.1	0.28	4.1
스위스	4.2	9.8	0.43	2.7	15.2	0.18	1.5
대만	7.5	14.8	0.51	2.4	23.1	0.10	5.1
태국	9.7	18.2	0.53	10.3	27.2	0.38	−0.6
터키	29.3	31.9	0.92	19.1	38.9	0.49	10.2
영국	5.5	8.9	0.62	2.7	15	0.18	2.8
미국	6.6	11.5	0.57	5	16.9	0.30	1.6

핼러윈 전략이 통하는 이유

이러한 현상이 왜 발생하는지에 대해 정확히 알려진 바는 없습니다. 다음과 같은 세 가지 추측이 있지만, 정설로 받아들여지는 이론은 아직까지 없습니다.

첫째는 각 기관의 자금 흐름 때문이라는 가설입니다. 회사는 보통 일 년 주기로 돌아갑니다. 이에 따라 연말까지 자금을 회수해야 하는 기관들이 있습니다. 이때 금액이 크다면 12월에 모든 자금을 회수하기 어려울 수 있으므로 9월이나 10월부터 매도를 시작해 매도세가 강해진다고 합니다.

둘째는 투자자들의 심리 상태 때문이라는 가설입니다. 미국과 유럽 사람들은 여름을 좋아하고 겨울을 싫어합니다. 9~10월부터 날씨가 추워지면서 외출 빈도를 줄이기 때문에 9~10월에 수익률이 낮다고 합니다. 하지만 3~4월에는 겨울이 끝나고 봄이 시작되는 것이 좋아서 투자자들의 기분이 좋아지며 수익률이 높아진다는 이론입니다.

셋째는 투자 분석가들의 전망 때문이라는 가설입니다. 보통 이들은 연말이 되면 내년은 올해보다 좋을 것이라고 예측하는 경우가 많습니다. 하지만 연중이 되고 실제 현실이 이 전망을 따라오지 못하면 수익 전망치를 낮추게 됩니다. 이 때문에 연말에는 수익이 높고 연중에는 좋지 않다는 이야기도 있습니다.

정확한 이유는 아직 알 수 없지만, 과거 데이터를 통해 우리는 11~4월과 5~10월의 주식투자 수익이 확연히 다른 경향을 보임을 알 수 있습니다. 이를 알면서도 활용하지 않을 필요는 없겠죠. 이제 맨 처음에 제가 했던 말이 이해되십니까? 여러분도 함께 외쳐보세요.

"십일사천국, 오십지옥!"

48 핼러윈 전략, 한국에서도 통할까?

여러 국가에서의 결과를 확인했으니, 만약 이 전략을 한국에서 썼다면 어떤 결과가 있었을지 한번 자세히 살펴보도록 하겠습니다. 이름부터가 '핼러윈 전략'으로 서양 느낌인데, 과연 한국에서도 통했을까요?

먼저 1987년 1월부터 2021년 8월까지 11~4월에는 코스피지수에 투자했고, 5~10월에는 5년 국채에 투자했다면 어떤 결과가 있었을지 살펴보겠습니다. 주식 수익에는 배당 수익도 포함되어 있습니다.

| 코스피지수 vs. 한국 5년 국채 주요 지표 비교(1987.1~2021.8)

포트폴리오	초기자산(달러)	최종자산(달러)	연복리 수익률(%)	표준편차(%)	수익난 월(%)	MDD(%)
코스피지수	10,000	197,388	8.99	26.87	53.6	−71.2
5년 국채	10,000	182,507	8.74	5.51	74.0	−13.3

의외의 결과입니다. 주식 수익률과 채권 수익률이 매우 유사합니다. 주식은 리스크가 큰 만큼 채권보다 수익률이 높다는 상식을 부수는 데이터입니다. MDD는 매우 큰 차이를 보여, 채권이 주식보다 리스크가 훨씬 적다는 점을 확인할 수 있습니다.

예시 투자전략 21

한국형 핼러윈 전략

- **레벨:** 초급
- **기대 연복리수익률:** 10% 정도
- **포함 자산:** 11~4월에는 코스피지수(KODEX 200), 5~10월에는 5년 국채 매수
- **매수 전략:** 4월, 10월 마지막 거래일
- **매도 전략:** 연 1회 리밸런싱

이제 1987년부터 11~4월에는 주식에, 5~10월에는 채권에 투자하는 한국형 핼러윈 전략을 분석해 보겠습니다.

| 한국형 핼러윈 전략과 코스피지수, 국채 주요 지표 비교(1987.1~2021.8)

포트폴리오	초기자산 (달러)	최종자산 (달러)	연복리 수익률(%)	표준편차(%)	수익난 월 (%)	MDD (%)
한국형 핼러윈 전략	10,000	813,985	13.53	20.39	63.7	−35.8
코스피지수	10,000	197,388	8.99	26.87	53.6	−71.2
5년 국채	10,000	182,507	8.74	5.51	74.0	−13.3

| 한국형 핼러윈 전략의 수익(1987~2021)

| 한국형 핼러윈 전략의 손실 폭(1987~2021)

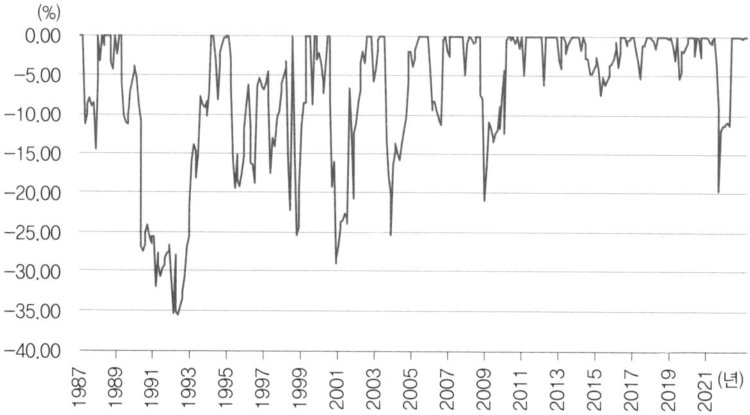

핼러윈 전략을 썼다면 단순히 코스피지수만을 매수하고 보유한 것보다 높은 수익을 달성하면서도 MDD를 절반 수준으로 낮출 수 있었습니다. 그렇다고 11~4월에는 무조건 주식이 오른다는 뜻은 아닙니다. 1989~1990년, 1990~1991년, 1991~1992년에는 11~4월 주식 수익이 3년 연속 매우 처참했고, 1995~1998년에도 수익이 좋지 않았습니다. 핼러윈 전략만을 믿고 투자했다면 1989년에서 1992년 사이에 37%라는 엄청난 손실을 체험했을 것입니다. 그 후에도 이 전략을 썼을 때 20% 이상 손해를 보는 구간이 종종 있었다는 것을 다음 표에서 확인할 수 있습니다.*

* ▶ 주식을 사야 할 11~4월이 왔습니다!

| 한국 11~4월 연도별 수익률(1987~2020)

연도	11~4월 수익률	연도	11~4월 수익률
1987	48.94%	2004	10.29%
1988	27.13%	2005	9.16%
1989	28.88%	2006	22.59%
1990	-22.97%	2007	13.02%
1991	-6.46%	2008	-11.59%
1992	-11.49%	2009	23.03%
1993	17.22%	2010	10.18%
1994	21.05%	2011	16.43%
1995	-18.87%	2012	3.82%
1996	-0.95%	2013	2.71%
1997	-7.18%	2014	-3.36%
1998	-10.53%	2015	8.28%
1999	95.60%	2016	-1.74%
2000	-12.97%	2017	9.82%
2001	12.22%	2018	-0.32%
2002	56.62%	2019	8.57%
2003	-9.04%	2020	-6.52%

각 연도별 수익률을 분석해도 매년 11~4월에 수익이 발생하는 것은 아니라는 사실을 알 수 있습니다. 34년간 20번은 11~4월 주식을 통해 수익이 발생했지만, 14번은 손실이 발생했습니다.

결과적으로, 한국형 핼러윈 전략은 매우 간단한 전략이기는 하나 MDD가 너무 높아서 이 전략만 쓰면 스트레스가 매우 심할 것입니다. 다른 나라 지수로 분석해도 비슷한 결론이 나옵니다. 그러나 정적자산배분 전략을 사용할 때 11~4월에는 주식 비중을 조금 높이고 5~10월에는 주식 비중을 조금 낮춰 포트폴리오를 조정한다면 수익률을 높이는 상당히 괜찮은 방법으로 활용할 수 있다고 생각합니다.

예를 들어 영구 포트폴리오의 경우 주식 비중을 11~4월에는 35%, 5~10월에는 15%로 조정하는 것을 고민해 볼 수 있겠죠. 올웨더 포트폴리오도 주식 비중을 11~4월은 조금 더 높게, 5~10월은 조금 더 낮게 조정해 적용할 수 있을 것입니다.

Chapter 18

★★★

투자자를 위한 마지막 조언

49 손실 확률 0%의 투자전략

이 책을 여기까지 읽었다면 축하합니다. 자산배분과 마켓 타이밍 전략을 활용해 시장보다 높은 수익을 내고 리스크를 적정선으로 통제하는 전략을 수십 가지 알게 되었습니다. 누구나 손쉽게 따라 할 수 있는 기법들입니다.

그리고 장담할 수 있습니다. 이 책에 나오는 전략들 중 아무거나 꾸준히 10년간 따라 한다면 돈을 잃을 확률은 0%입니다. 0.1%도 아니고 0%입니다. 만약 10년 동안 이 책에 나오는 전략 중 아무 전략이나 따라 했는데 돈을 잃었다면 제가 책 값의 10배를 보상하겠습니다. 이 정도로 자신이 있다는 뜻입니다.

장기적으로 돈을 버는 투자자가 거의 없는 이유

하지만 이러한 좋은 전략들이 있음에도 불구하고, 이 전략을 정말 오랫동안 실천해서 앞서 목표했던 것처럼 원금을 10배, 100배로 불린 사람은 얼마나 될까요? 거의 없을 것입니다. 대부분의 투자자는 중도 하차하기 때문입니다(사실 제가 그래서 저 책값 10배 공약(?)을 자신만만하게 외친 것입니다). 여러분이 중도 포기할 확률을 낮추기 위해 그 이유를 설명하겠습니다.

투자자는 늘 불안합니다. 백테스트를 통해 과거 수익을 살펴보았지만, 이는 이미 지나간 과거일 뿐입니다. 미래에 수익이 발생해야 하는데 이는 아무도 보장할 수 없습니다. 그래서 항상 마음이 불안한 투자자들은, 단기적으로 손실이 발생하면 전략을 믿지 못하고 포기하고 맙니다.

아쉽게도 이 책에 나오는 멋진 전략 안에서도 손실이 나는 구간은 존재합니다. 길게 보면 쭉 안전하게 우상향하는 그래프지만, 중간중간 손실 구간은 발생합니다. 몇 년 동안 수익이 좋다가 갑자기 한 달 만에 10% 이상 손실이 발생하는 경우도 생기고, 운이 나쁘다면 손실을 만회하는 데 몇 년이 걸리기도 합니다. 우리가 분석한 전략들이 경험한 최악의 월 손실을 밝히고, 큰 손실을 입은 후 다시 본전을 회복하는 데 필요했던 최대 시간을 구체적으로 알아볼까요?

| 각 전략의 최악의 월 손실 & 손실 후 최대 최고점 회복 기간

전략	최악의 월 수익률(%)	최대 최고점 회복 기간(월)
60/40 포트폴리오	–10.7	48
LAA	–12.2	37
오리지널 듀얼 모멘텀	–14.1	37
VAA 공격형	–12.9	34
GTAA 5	–9.2	31
DAA	–7.5	29
종합 듀얼 모멘텀	–10.8	28
VAA 중도형	–7.8	24
GTAA 3 공격형	–10	23
영구 포트폴리오	–8.7	20
올시즌 포트폴리오	–8.4	20
PAA	–6.5	16

한 달에 10% 이상 손실을 본 전략이 꽤 많으며, 가장 보수적인 전략 중 하나인 PAA 전략도 최악의 달에는 한 달 만에 6.5%의 손실을 기록했습니다. 또한 손실을 입은 후 다시 본전을 만회하기까지 최악의 경우 수 년이라는 시간이 걸린다는 점을 볼 수 있습니다. 60/40 포트폴리오의 경우 큰 손실을 겪은 후 본전을 만회하는 데 4년이나 걸린 적도 있습니다. 다른 전략들도 대부분 큰 손실을 겪은 후 본전을 만회하는 데 2~3년이라는 시간이 걸렸습니다. 가장 본전 회복이

빨랐던 PAA조차도 본전 만회에 16개월이나 걸린 적이 있습니다.

이처럼 손실을 완전히 피할 수 없는 투자전략은 없습니다. MDD가 10%면 비교적 안전한 전략이라고 할 수 있지만, 이 말은 결국 과거에 10%의 손실을 낸 적이 있었다는 것입니다. 그리고 앞으로도 충분히 그런 일이 발생할 수 있습니다. 손실 후에는 본전 회복까지 몇 년의 시간이 소요될 수도 있죠.

백테스트를 해보면 이 책의 모든 전략들이 결국 MDD를 극복하고 최고점을 찍는 모습을 보입니다. 그러나 막상 10% 이상의 손실이 나고 2~3년이 지났는데도 전략이 손실 구간에 머물러 있으면 투자자의 약 95% 이상이 전략을 포기합니다.

"나는 그럴 리가 없다, 겨우 2~3년을 버티지 못하고 저 우상향 그래프를 포기하면 내가 원숭이다!"라고 이야기하는 사람들도 있는데, 막상 2~3달만 전략이 먹히지 않아도 자진해서 원숭이가 되는 사례를 자주 봤습니다. 길게 보고 투자해야 한다는 사실을 머리로는 잘 알고 있지만, 가슴으로는 어제오늘 잃고 있는 내 돈을 감당하기가 힘이 듭니다.

그런데 이 책에서 소개한 전략 중 '수익 난 월'의 비율이 70%가 넘는 전략은 거의 없었습니다. 즉 아무리 훌륭한 전략이라도 평균적으로 세 달에 한 번 정도는 손실이 날 때가 있는 것입니다. 차라리 매번 세 달에 한 번씩 손실이 났다가 회복하면 이번에도 지나가겠거니 하고 초연해질 수라도 있을 텐데, 실제 투자는 그처럼 규칙적이지 않습니다. 호황기에는 1~2년 연속으로 돈을 벌다가, 갑작스럽게 그래프가 고꾸라지면서 반 년 동안 거의 매월 손실을 경험하게 될 수도 있습니다.

이렇게 손실 구간이 길어지면 투자자는 불안감 때문에 전략 자체를 의심하게 됩니다. 몇 개월, 또는 몇 년을 계속 잃기만 하고 있는데 전략을 계속해서 밀고 나가는 투자자는 정말 소수입니다.

손실이 심할 때 투자하면 오히려 돈을 번다

이러한 현상을 수치적으로 분석한 결과도 있습니다.* 50여 개의 정적·동적자산배분 전략의 50여 년 백테스트 데이터를 제공하고 있는 Allocate Smartly[49]라는 사이트에서는 20년 이상 과거 데이터가 쌓인 시점부터 아래와 같은 테스트를 진행했습니다.

1. 특정 동적자산배분 전략의 현재 수익이 최근 20년간 MDD의 몇 퍼센트 이내에 근접했는지 분석하고 그 아래로 진입 시 투자를 시작합니다.

---

* ▶ 내가 투자하는 전략의 MDD가 엄청 커지면?

2. 투자 이후 1, 3, 12개월 후 수익률을 측정합니다.
3. 이렇게 측정한 수익률을 이 동적자산배분 전략의 평균적인 1, 3, 12개월 수익률과 비교합니다.

예를 들어 DAA 전략의 최근 20년 MDD가 -12%라고 가정하고, 최근 20년 MDD의 80% 이내로 근접할 경우 DAA 전략에 투자한다는 규칙을 세웠으면 기준은 -9.6%(-12%×0.8)입니다. 그렇다면 DAA 전략이 고점 대비 9.6% 하락했을 경우 진입을 하는 것입니다. 이를 MDD 80% 이상 전략이라고 하겠습니다. 그렇게 해서 1, 3, 12개월 후 수익을 분석하고 DAA가 평균적으로 내는 1, 3, 12개월 수익과 비교하는 거죠. 결론은 이렇습니다.

| MDD 80% 이상 전략에 투자할 경우(1990~2020년)

최근 20년 MDD에 근접한 수치	Y월 동안 수익 배수		
	1개월	3개월	12개월
50%	1.38	1.25	1.22
60%	1.44	1.28	1.38
70%	1.75	1.45	1.38
80%	1.94	1.60	1.51
90%	1.70	1.52	1.64
100% 이상(MDD 갱신)	2.41	2.04	1.72

이 책을 통해서 연구한 동적자산배분 전략은 거의 다 수익률이 높았는데, 위 표를 보면 동적자산배분이 최근 20년 MDD에 근접했을 때 용감하게 매수를 했다면 그보다도 더 높은 수익을 얻을 수 있었다는 사실을 알 수 있습니다. 특히 맨 마지막 '100% 이상(MDD 갱신)'이 흥미롭습니다. 전략이 MDD를 갱신하는 순간 매수했다면 1개월 동안 평균의 2.41배, 3개월 동안 평균의 2.04배, 1년 동안 평균의 1.72배의 수익을 벌 수 있었다는 뜻입니다. 최근 비실거리는 동적자산배분 전략의 평균 복리수익이 15%라고 가정한다면 MDD를 갱신하는 전략대로 매수했다면 평균적으로 12개월 만에 25.8%(15%×1.72)의 수익률을 낼 수 있었다는 결과가 나옵니다.

최근인 2020년 3월에는 듀얼 모멘텀 전략이 MDD를 갱신했습니다. 그 전까지 MDD는 17.5%였는데 코로나19 덕분에(?) 듀얼 모멘텀 전략이 박살 나서 2020년 3월 MDD가 19.6%까지 떨어졌습니다. 이때 용감하게 매수했다면? 1개월 1.7%, 3개월 4.05%, 12개월 32.54%(!)라는 수익률을 얻을 수 있었습니다. 듀얼 모멘텀의 장기 연복리수익률이 15.1%라는 것을 감안하면 12개월 기준으로도 2배 이상을 벌었네요.

Allocate Smartly 사이트에서는 최근 12개월 동안 최고점 대비 하락이 MDD의 80% 이내에 근접하는 동적자산배분에만 동일비중으로 투자하고 그런 전략이 없는 경우 현금에 투자하는 전략을 만들어봤습니다.[50] 이 전략을 쓰려면 대부분 기간 동안에는 현금을 보유하고 있어야 합니다. 수익률이 MDD의 80% 수준까지 떨어진다는 것은 일반적인 일은 아니니까요. 전략이 잘나가서 자산이 최고점을 계속 찍을 때도 이 전략은 계속 현금을 보유합니다.

대부분 전략들의 손실이 커지는 구간은 비슷합니다. 정적자산배분의 경우 주로 금융 위기가 오는 등 모든 자산이 다 떨어지는 구간, 동적자산배분의 경우 추세가 뚜렷이 없는 횡보장 구간에서 손실이 누적됩니다. 그래서 이 전략에서 투자가 이루어지는 구간도 대체로 몰려 있죠. 이 전략의 수익은 다음 그래프와 같습니다.

연복리수익률은 겨우(?) 8.1% 정도라서 독창적인 전략으로 추천하지는 않으나, 이렇게 최근 비실거리는 전략들에만 골라서 투자해도 꽤 무난하게 돈을 벌 수 있습니다.

| MDD 80% 이상 전략에 투자한 경우의 수익(1990~2020)

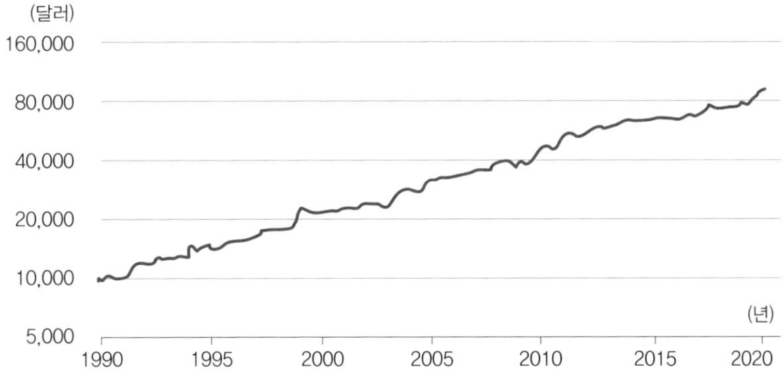

문제는 대부분의 투자자는 반대로 한다는 것입니다. 전략의 손실이 깊어지면 기뻐하면서(?) 추가 자금을 투입해야 바람직한데, 대부분의 경우 전략 또는 전략을 소개해 준 사람을 욕하고 전략을 갈아타거나, 심지어 본인의 주관을 개입해 주식이나 ETF를 사고팝니다. 우리가 우리의 두뇌를 이용해서 투자를 하면 어떤 비극이 벌어지는지, 어떤 편향들이 수익을 잡아먹는지 Chapter 2의 투자 심리 부분에서 충분히 얘기했습니다.

전략대로 투자하기 어려운 이유

동적자산배분 전략은 특히 일관성 있게 유지하기가 어렵습니다. 주기적으로 매월 한 번 포트폴리오를 점검하고 필요할 때마다 포트폴리오를 조정해야 하는데 웬만한 끈기가 있는 사람이 아니면 이대로 하기가 어렵습니다. 매월 포트폴리오를 관리하는 일은 매우 귀찮으니까요!

특히 최근 실적이 나빴다면 더욱더 그렇습니다. 이 책에서 추천한 전략이 괜찮은 것 같아서 따라 했는데 계속 손실이 나면 포트폴리오건 전략이건 꼴도 보기 싫을 것입니다. 이럴 경우 일반적으로 보유한 종목과 ETF를 방치하고 아무것도 하지 않게 되는 경향이 크죠. 미룸 편향이라고도 합니다.

그렇지만 동적자산배분 전략은 매월 전략의 노예처럼 그대로 전략을 따라야만 백테스트처럼 아름다운 결과를 낼 수 있습니다. 이번 달은 바빠서, 다음 달은 포트폴리오가 꼴 보기 싫어서 전략 규칙을 계속 위배하면 좋은 결과를 기대할 수 없습니다.

특히 동적자산배분은 모멘텀 전략이기 때문에 최근 많이 오른 ETF를 사고 떨어진 ETF를 팔게 되죠. 그런데 우리는 손실 회피 편향 때문에 본전 아래로 떨어진 ETF를 팔기 싫어하고 처분 효과 때문에 많이 오른 ETF를 사는 것을 극도로 꺼려합니다. 이 경우에도 차일피일 핑계를 대면서 전략을 실행하지 않을 가능성이 큽니다.

영구 포트폴리오, 사계절 포트폴리오 등 정적자산배분은 그나마 일관성 있게 전략을 유지하기 조금 더 수월합니다. 사놓고 일 년 동안 아무것도 안 해도 되거든요.

그러나 이것도 의외로 쉬운 것만은 아닙니다. 바로 그 일 년 동안 아무것도 안 하는 것이 너무 지루하다는 투자자가 많더라고요. 편향을 다룰 때 설명했듯, 투자 자체에서 스릴과 흥분을 느끼는 투자 중독자는 은근히 많습니다. '지루해서' 스릴 있는 개별 종목을 사고팔며 조금씩 따다가 크게 잃는 과정을 되풀이하면서(손실 회피 편향+처분 효과) 안전한 수익은커녕 큰 손실만 쌓아가는 투자자가 상당히 많습니다.

자산배분 전략을 실행하는 투자자가 참기 힘든 또 다른 순간은 오히려 주식시장이 너무 잘나갈 때입니다. 왜냐면 주식, 채권, 실물 자산 등 여러 자산군에 나누어 투자하면 모든 자산이 다 함께 잘나갈 가능성은 매우 적거든요. 그래서 주식시장은 일 년 만에 50% 올랐는데 내 자산배분 포트폴리오는 10%밖에 안 오른 경우도 발생합니다. 이러면 매우 화가 나죠. 물론 주식시장이 50% 하락하면 자산배분 포트폴리오는 10%밖에 하락하지 않지만 대세 상승장에서 이 사실을 기억하는 투자자는 거의 없습니다.

이 책에서 제시하는 투자전략은 모두 매우 간단해 보입니다. "내가 전략을 조금만 바꾸면 더 잘되겠지?" 또는 "아무리 전략이 주식을 사라고 해도 이런 시국에 주식을 산다는 것이 말이 돼(전망 망상 편향)? 이번 달은 그냥 좀 기다려보자!" 이런 식으로 대부분 투자자는 본인이 훌륭한 투자전략보다 더 투자를 잘할 수 있다고 착각합니다(과잉 확신). 그리고 이렇게 한 번 '꽂히면' 절대로 자기가 틀릴 수 있다고 생각하지 않습니다. 뉴스나 신문에서도 본인이 보고 싶은 정보만 정확하게 찾아냅니다(확증 편향).

이런 경우도 있습니다. '느낌상 이번에는 주식이 잘 안될 거 같은데…… 채권 비중을 더 높이고 싶네. 에잇, 그래도 전략을 따라야지!'라며 전략대로 했는데 실제로 이번 달에 주식이 하락하고 채권이 올랐습니다. 이때 "거봐, 역시 내가 맞았지? 전략은 무슨 전략이야. 나는 다음에도 맞출 거야!"라고 생각하면서 전략을 임의로 수정하기 시작하면 비극이 펼쳐질 수 있습니다(전망 망상 편향). 게다가 자산배분을 알뜰살뜰 잘하고 있는데 엄청나게 유명한 투자자가 와서 "여러분! 주식이란 우량주 대여섯 개를 사서 10년간 지긋이 보면서 장기투자를 하는 겁니다!" 같은 말을 하면 흔들리는 것이 사람입니다(권위 편향).

자산배분과 마켓 타이밍을 공통으로 망치는 원인은 결국 앞에서 본 심리적 편향들의 영향이 가장 큽니다. 이 모든 심리적 편향이 우리가 훌륭한 전략을 지속하지 못하게 막는 것입니다. 또한 앞서 말했듯, 이 편향들은 그저 안다고 해서 완전히 사라지지 않습니다. 수만 년에 걸쳐서 인간 두뇌를 지배하게 된 편향이니까요.

적어도 여러분은 이제 어떤 심리적 편향이 투자를 망치는지 알게 되었습니다. 심리에 휘둘리지 않고, 앞서 정한 전략을 포기하지 않고 계속해서 투자할 수 있는가는 여러분에게 달렸습니다. 결국 손실 확률을 0%으로 만들어주는 것은 '어떤 전략을 선택할 것인가'가 아니라, '그 전략을 10년 동안 꾸준히 유지할 수 있는가'입니다.

50 그래서 어떻게 투자해야 할까? 투자 스타일별 전략 추천

앞서 자산배분 전략을 소개하면서 투자자 대부분에게 영구, 사계절 또는 올웨더 포트폴리오를 권장한다고 했습니다. 그 이유는 방금 설명한 심리적 편향과 밀접한 관계가 있습니다. 포트폴리오를 만들어놓고 일 년 동안 건드리지 않는 자산배분 전략이 그나마 심리의 영향을 덜 받기 때문입니다.

그런데 이 책을 사고 여기까지 읽었다면 투자에 시간을 투입할 의지와 학구열이 평균적인 투자자보다는 남다르다고 생각합니다. 충분한 자제력이 있다면 마켓 타이밍 전략에 도전할 수도 있습니다. 따라서 저는 각자의 성향에 따라 다른 전략을 추천합니다.

투자를 최소한으로 하고 본업이나 취미생활에 집중하고 싶은 투자자

수익은 '높은 한 자릿수', MDD는 '15% 이하'로 제한되는 정적자산배분 전략을 권합니다. 책에서 소개한 영구, 사계절 또는 올웨더 포트폴리오를 권하며, 제게 하나만 고르라고 한다면 올웨더 포트폴리오를 선택할 것 같습니다. 논리적으로 가장 이상적이고, 경제 사계절에 해당하는 가장 많은 자산을 포함했기 때문입니다. 올웨더 포트폴리오는 ETF에 직접 투자할 수 있습니다. 그리고 일 년에 한 번 리밸런싱하면 됩니다.

| 올웨더 포트폴리오의 자산군별 비중

자산군	영문	ETF 티커	비중(%)
미국 주식	US Stocks	SPY	12
미국 외 선진국 주식	Developed Market Stocks(ex-US)	EFA	12
신흥국 주식	Emerging Market Stocks	EEM	12
원자재	Commodities	DBC	7
금	Gold	GLD	7
미국 제로쿠폰 장기국채	Extended Duration Treasuries	EDV	18
물가연동채(만기 15년 이상)	Treasury Inflation-Protected Securities	LTPZ	18
미국 회사채	US Corporate Bonds	LQD	7
신흥국 채권	Emerging Market Bonds	EMLC	7

대안으로는 『절대수익 투자법칙』의 저자인 김동주 대표가 운용하는 '이루다투자일임(https://www.iruda.io)'이 있습니다. 특정 투자 회사를 추천하고 싶은 마음은 없지만, 제가 아는 한 국내에서 유일하게 올웨더 전략에 투자하는 곳입니다. 그리고 무엇보다 결정적인 점은 운용 수수료를 받지 않는다는 것입니다.

정적자산배분보다 수익을 좀 더 내고 싶으나 매월 거래를 하고 싶지는 않은 투자자

정적자산배분의 수익률이 부족하다고 생각한다면 동적자산배분을 해야 합니다. 그런데 동적자산배분 중에서도 거래가 비교적 잦은 전략이 있고 거래를 덜 하는 전략이 있습니다.

포트폴리오 매매회전율이란 특정 포트폴리오가 1년 중 자산을 교체한 속도를 측정하는 지표입니다. 회전율이 1일 경우 해당 포트폴리오의 자산이 1년 동안 1회 교체되었다는 것을 의미하며, 회전율이 10일 경우에는 1년 동안 포트폴리오 전체 자산이 10회 교체되었다는 것을 의미합니다.

| 각 동적자산배분 전략의 거래 횟수 및 매매회전율

전략	연평균 거래 횟수	포트폴리오 매매회전율
LAA	0.7	32.7
오리지널 듀얼 모멘텀	2.6	131.5
GTAA 3 공격형	18.6	143.4
GTAA 5	7.6	150.6
종합 듀얼 모멘텀	9.8	171.7
PAA	52.7	237.6
DAA	46.4	541.5
VAA 중도형	38.5	646.3
VAA 공격형	11.1	684.4

위 표는 우리가 앞서 배운 전략들의 매매회전율을 나타냅니다. 잦은 거래가 번거롭다면 상대적으로 거래를 적게 하는 LAA 전략과 오리지널 듀얼 모멘텀 전략에 분산투자를 하는 전략도 고려해볼 수 있습니다. 그래서 제가 실제로 투자하는 전략에 오리지널 듀얼 모멘텀과 LAA 전략이 포함되어 있는 것입니다. LAA는 영구 포트폴리오와 거의 유사한 전략이라 거래가 적고, 듀얼모멘텀도 투자 자산 둘, 안전자산 하나로 운영되는 전략이라 자주 거래를 하지 않죠.

응용 투자전략 22

매매회전율 최소화 전략

- **레벨:** 고급
- **기대 연복리수익률:** 10~15%
- **매수 전략:**
  자산의 각 50%를 LAA, 오리지널 듀얼 모멘텀 전략에 투자
- **매도 전략:** 월 1회 리밸런싱

| **매매회전율 최소화 전략 vs. 구성 전략 주요 지표 비교**(1970.1~2021.8)

포트폴리오	초기자산(달러)	최종자산(달러)	연복리 수익률(%)	표준편차(%)	수익 난 월(%)	MDD(%)	샤프지수
매매회전율 최소화 전략	10,000	5,840,577	13.1	9.9	67.6	−14.3	0.85
LAA	10,000	2,089,370	10.9	9.4	65.2	−15.2	0.66
오리지널 듀얼 모멘텀	10,000	14,428,536	15.1	12.4	66.9	−19.6	0.84

일년에 두세 번 거래하는 게으른 자산배분(?) 치고는 연복리수익률과 MDD가 상당히 괜찮습니다. 물론 매월 말이 되면 혹시 이번 달에는 거래를 해야 하는지 찾아봐야 하는 번거로움은 조금 있습니다.

| 매매회전율 최소화 전략의 수익률(1970~2021)

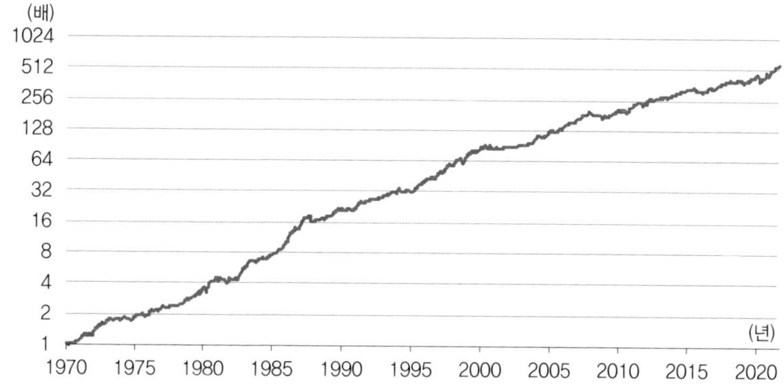

| 매매회전율 최소화 전략의 손실 폭(1970~2021)

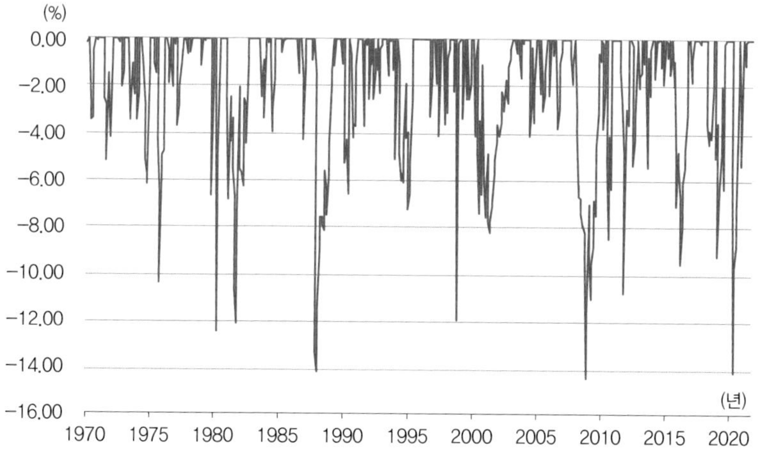

매월 말 리밸런싱을 할 수 있는 부지런함과 전략을 장기적으로 고수할 자제력을 갖춘 투자자

이들은 거래가 잦은 동적자산배분을 할 수 있는 자제력과 시간, 열의를 가지고 있습니다. 전체 투자자의 약 5% 정도로 추정됩니다.

그렇다면 "어떤 동적자산배분 전략에 투자하나?" 라는 숙제가 남습니다. 앞서 보았듯, 한 전략에 투자하는 것보다는 2~3개 동적자산배분 전략에 자산을 나누어 투자하면 분산투자 효과가 발생해서 각 전략의 평균 정도의 수익률을 기대할 수 있으면서 동시에 MDD가 크게 줄어듭니다.

제 경우는 듀얼 모멘텀, VAA, LAA 전략에 분산투자한다고 했는데, 이렇게 임의로 전략 몇 개를 선택해서 포트폴리오를 배분할 수 있습니다.

또 다른 방법은 3개 투자전략에 상대 모멘텀을 적용한 전략을 활용하는 것입니다. 여러 개의 ETF 중 최근 수익이 상대적으로 제일 높았던 ETF 몇 개에만 투자하는 상대 모멘텀을 적용하면 어떤 일이 생겼죠? 보통 수익 극대화 현상이 생깁니다. 오리지널 듀얼 모멘텀이 전형적인 사례죠.

응용 투자전략 23

3개 투자전략 + 상대 모멘텀

- **레벨:** 고급
- **기대 연복리수익률:** 10~15%
- **매수 전략:**
  아래 10개 투자전략 중 최근 일 년 수익이 가장 높았던 3개 전략에 투자
  - 정적자산배분(3개): 영구 포트폴리오, 올시즌 포트폴리오, 황금나비Golden Butterfly 전략
  - 동적자산배분(7개): GTAA 5, 오리지널 듀얼 모멘텀, 종합 듀얼 모멘텀, PAA, VAA, DAA, LAA
- **매도 전략:** 월 1회 리밸런싱

미국 주식과 국제 주식에 각각 50% 투자했다면 장기적으로 약 10% 정도의 연복리수익률이 발생했는데 최근 일 년간 수익이 높았던 ETF에 주로 투자하니 연복리수익률이 15% 정도로 증가했습니다. 이를 ETF가 아닌 투자전략에도 적용할 수 있죠.

황금 나비 전략이란

10개 투자전략 중 황금 나비 전략은 처음 들어보았을 것입니다. 황금 나비 전략이란 자산의 각 20%를 미국 대형주(SPY), 미국 소형가치주(IWN), 금(GLD), 미국 단기국채(SHY), 미국 장기국채(TLT)에 투자하는 정적자산배분 전략입니다.

정적자산배분에서 가장 중요한 규칙, 즉 상관성이 낮은 주식류, 채권류, 실물자산류의 분산투자를 했으니 결과는 그럭저럭 잘 나왔겠죠? 아니나 다를까 성과는 나쁘지 않았습니다.

| 황금 나비 전략의 주요 지표(1970~2021)

포트폴리오	초기자산(달러)	최종자산(달러)	연복리 수익률(%)	표준편차(%)	수익 난 월(%)	MDD(%)	샤프지수
황금 나비 전략	10,000	1,260,552	9.8	8.3	66.5	−14.9	0.62

하지만 영구 포트폴리오나 올웨더 포트폴리오 등과 비교했을 때 큰 차별점이 없다고 생각해서 굳이 이 전략을 따로 언급하지는 않았습니다.

그렇다면 이 10개 전략 중 최근 일 년 수익률이 높았던 전략에만 투자를 했다면 어떤 결과가 있었는지 알아보겠습니다.

| 3개 투자전략 + 상대 모멘텀 전략의 주요 지표(1973~2021)

포함 전략 개수	연복리수익률(%)	MDD(%)	표준편차(%)	샤프지수
10개 전략에 분산투자	11.9	9.2	7.1	1.03
1개	16.3	15.3	11.7	1.01
2개	15.5	9.5	9.9	1.11
3개	14.4	11.1	8.9	1.11
4개	13.5	10.6	8.4	1.06
5개	13.1	11.2	8.1	1.05

이 표를 읽는 방법은 다음과 같습니다. 만약 앞서 3개 대신 10개 전략에 분산투자했다면 1973~2021년 구간에 연복리수익률 11.9%, MDD의 9.2%의 성과를 달성했을 것입니다. 그런데 매월 최근 일 년간 가장 수익이 높았던 하나의 전략에만 투자했다면 연복리수익률이 16.3%로 크게 증가합니다. 그러나 동시에 MDD도 15.3%로 증가하고 표준편차도 증가해 샤프지수는 오히려 1.03에서 1.01로 다소 하락하게 됩니다.

10개 전략 중 최근 1년간 수익이 가장 높았던 3개 전략에 투자했다면 연복리수익률 14.4%, MDD 11.1%라는 성과를 얻을 수 있었습니다. 이 정도면 수익률을 유의미하게 올리고 MDD도 크게 증가하지 않았다고 평가할 수 있습니다.

꼭 상대 모멘텀이 우수한 3개 전략에 투자해야 할까요? 그렇지는 않습니다. 조금 더 높은 MDD를 감수하는 대신 수익을 좀 더 극대화하려면 1~2개 전략에 투자해도 된다고 생각합니다.

여기서 "왜 하필 저 10개 전략이야? 7개 동적자산배분만 가지고 그중 최근 1년간 수익이 가장 높았던 2개 전략(또는 3개 전략)에 투자하면 안 돼?" 또는 "왜 상대모멘텀 평가 기간이 1년이야? VAA처럼 모멘텀 스코어를 계산해서[(1개월 수익×12)+(3개월 수익×4)+(6개월 수익×2)+(12개월 수익×1)] 스코어가 가장 높은 전략에 투자하면 안 돼?"라는 질문을 할 수도 있을 것입니다.

이 모든 질문이 일리가 있습니다. 그리고 이런 전략들을 직접 백테스트할 수 있다면 투자 실력이 비약적으로 상승할 것입니다. 지면 관계상 이 책에서는 여러분이 떠올릴 수 있는 모든 전략을 전부 다 백테스트하지는 못합니다. 그러나 '정적자산배분이나 동적자산배분에 상대 모멘텀을 적용하면 MDD가 크게 증가하지 않으면서 수익을 극대화할 수 있다'라는 주요 메시지를 기억했으면 합니다.

책을 마치기 전에 마지막으로 하고 싶은 이야기가 있습니다.

워런 버핏이나 피터 린치 같은 위대한 투자자들은 자신이 만든 투자전략을 짧게는 30년에서 길게는 50년 동안 일관성 있게 고수했습니다. 워런 버핏은 1990년대 가치주가 몰락하면서 매출액도 거의 없는 수상한 인터넷 주식들이 수십 배 급등하자 바보 취급을 당했습니다. 계속해서 은행, 보험, 식품, 음료 주식에 투자하니 현실 감각이 둔해졌다는 조롱을 수년간 들었습니다. 2010년대에도 FAANG

등 기술주가 대세가 되자 그의 가치주 전략은 비웃음을 받았습니다. 이 같은 시련을 견뎌내며 자신만의 투자전략을 계속 유지하기는 정말 쉽지 않습니다. 그러나 이렇게 해야만 투자에 성공하고 부자가 될 수 있습니다.

다시 한번 강조하는데, 이 책에 소개된 투자전략 중 만병통치약은 없습니다. 매년, 매월 승리하는 것은 불가능하고 주식시장은 불기둥처럼 오르는데 내 투자전략의 수익은 미미한 때도 분명 있을 것입니다. 그러나 투자 기간이 길어질수록 주가지수 대비 초과수익을 달성할 가능성은 매우 높습니다. 기억하시죠? 10년 동안 이 책에 나오는 전략을 착실히 실현했는데도 손실이 난다면 제가 책 값 10배를 배상해 드립니다(대신 계좌를 공개해 10년 동안 전략을 꾸준히 따라 했다는 입증은 해주셔야 합니다).

이 책에서 제시한 전략 중 자신의 성향에 맞는 전략을 착실히 실현하고 일관성 있게 오랫동안 버티기만 하면 '평생 돈 걱정 없이 즐겁게 사는' 경제적 자유를 맛볼 수 있습니다. 그러나 실현과 일관성은 여러분의 몫입니다!

주

PART 1

1 동아일보, 「변수 따라 널뛰는 국민연금 전망… 고갈 시점보다 지속 가능성이 중요」, 2020.7.3

2 한국예탁결제원, 「2020년 12월 결산 상장법인 보유종목수별 보유자 분포 현황」, 2021

3 Philip E. Tetlock, "Expert Political Judgement: How Good is it? How do we know" 2005

4 systrader79, 「systrader79의 왕초보를 위한 주식 투자」, https://stock79.tistory.com/2

5 Gary P. Brinson, Randolph Hood, Gilbert L. Beebower, "Determinants of Portfolio Performance", 1986

PART 2

6 Federal Reserve Bank of San Francisco, "The Return on Everything", 2017

7 Ari Levine, Yeo Hua Ooi, Matthew Richardson, "Commodities for the Long Run", 2016

8 「전도서」 11장 2절

9 Philip E. Tetlock, "Expert Political Judgement: How Good is it? How do we know" 2005

10 탈무드, 「Bava Metzia 42a」, 기원전 200년경

11 Fritz Stern, Gold and Iron, 1977

12 Harry Markowitz, "Portfolio Selection", 1952

13 Harry Browne, How You can Profit From the Coming Devaluation, 1970

14 Craig Rowland, J.M. Lawson, The Permanent Portfolio, 2012

15 Harry Dent, Dow 36,000, 1999

16 토니 로빈스, 조성숙 옮김, 『머니』, 알에이치코리아(RHK), 2015

17 레이 달리오, 고영태 옮김, 『원칙 PRINCIPLES』, 한빛비즈, 2018

18 김동주, 『절대수익 투자법칙』, 이레미디어, 2020

19 토니 로빈스, 조성숙 옮김, 『머니』, 알에이치코리아(RHK), 2015

20 김동주, 『절대수익 투자법칙』, 이레미디어, 2020

21 강환국, systrader79, 『가상화폐 투자 마법공식』, 2018

22 김동주, 『절대수익 투자법칙』, 이레미디어, 2020

23 Bridgewater, "Grappling with the New Reality of Zero Bond Yields Virtually Everywhere", 2020

24 Bridgewater, "Grappling with the New Reality of Zero Bond Yields Virtually Everywhere", 2020

PART 3

25 Philip Tetlock, "Expert Political Judgment: How Good Is It? How Can We Know", 2005

26 Eugene Fama, "Random Walk in Stock Market Prices", 1965

27 박상우, 『주식시장을 이긴 전략들』, 도서출판ONE(원), 2021

28 잭 슈웨거, 임기홍 옮김, 『시장의 마법사들』, 이레미디어, 2008
잭 슈웨거, 오인석 옮김, 『새로운 시장의 마법사들』, 이레미디어, 2015
잭 슈웨거, 김인정 옮김, 『주식시장의 마법사들』, 이레미디어, 2017
잭 슈웨거, 박준형 옮김, 『헤지펀드 시장의 마법사들』, 이레미디어, 2013

잭 슈웨거, 조성숙 옮김, 『초격차 투자법』, 리더스북, 2021
잭 슈웨거, 김인정 옮김, 『타이밍의 마법사들』, 이레미디어, 2020
29 Narasimhan Jeegadesh, Sheridan Titman "Returns to Buying Winners and Selling Losers: Implications for Stock Market Efficiency", 1993
30 Guido Baltussen, Laurens Swinkels, Pim van Vilet, "Global Factor Premiums", 2019
31 Adam Zaremba, Mehmet Umutlu, Andreas Karathanasopoulos "Short-Term Momentum (Almost) Everywhere", 2019
32 Joseph de la Vega, Confusion de Confusiones, 1688
33 James Grant, The Great Metropolis, Volume 2, 1838
34 Guido Baltussen, Laurens Swinkels, Pim van Vilet, "Global Factor Premiums", 2019
35 Alex Greyserman, Kathryn Kaminski, "Trend Following with Managed Futures", 2014
36 systrader79, 「실전 주식 투자 연구소」, https://cafe.naver.com/invest79/15
37 Meb Faber, "A Quantitative Approach to Tactical Asset Allocation", 2006
38 게리 안토나치, 서태준·강환국 옮김, 『듀얼 모멘텀 투자 전략』, 2018
39 Gary Antonacci, "Risk Premia Harvesting Through Dual Momentum", 2012
40 Allocate Smartly, "Composite Dual Momentum"
https://allocatesmartly.com/antonaccis-composite-dual-momentum/
41 Wouter J. Keller, Jan Willem Keuning, "Protective Asset Allocation (PAA): A Simple Momentum-Based Alternative for Term Deposits", 2016
42 Wouter J. Keller, "SSRN"
https://papers.ssrn.com/sol3/cf_dev/AbsByAuth.cfm?per_id=1935527
43 Wouter J. Keller, Jan Willem Keuning, "Breadth Momentum and Vigilant Asset Allocation (VAA): Winning More by Losing Less", 2017
44 Wouter J. Keller, Jan Willem Keuning, "Breadth Momentum and the Canary

Universe: Defensive Asset Allocation (DAA)", 2018

45 Wouter J. Keller, "Growth-Trend Timing and 60/40 Variations: Lethargic Asset Allocation (LAA)", 2019

PART 4

46 Seasonax, "Sell in May and Go Away – In 9 countries out of 11 countries it makes sense to do so", 2018
https://www.seasonax.com/research/sell-in-may-and-go-away-in-9-out-of-11-countries-it-makes-sense-to-do-so

47 Ben Jacobsen, Cherry Yi Zhang, "The Halloween Indicator, 'Sell in May and Go Away': Everywhere and all the Time", 2018

48 Ben Jacobsen, Cherry Yi Zhang, "The Halloween Indicator, 'Sell in May and Go Away': Everywhere and All the Time", 2018

49 Allocate Smartly, "Investing in "Distressed" TAA Strategies", 2020
https://allocatesmartly.com/investing-in-distressed-taa-strategies

50 Allocate Smartly, "Investing in "Distressed" TAA Strategies", 2020
https://allocatesmartly.com/investing-in-distressed-taa-strategies

거인의 포트폴리오

초판 1쇄 발행 2021년 11월 10일
초판 17쇄 발행 2024년 12월 6일

지은이 강환국
펴낸이 김선준, 김동환

편집이사 서선행
책임편집 오시정
편집3팀 최한솔, 최구영
마케팅팀 권두리, 이진규, 신동빈
홍보팀 조아란, 장태수, 이은정, 권희, 유준상, 박미정, 이건희, 박지훈
외주 디자인 강수진
경영관리팀 송현주, 권송이, 정수연

펴낸곳 페이지2북스 **출판등록** 2019년 4월 25일 제 2019-000129호
주소 서울시 영등포구 여의대로 108 파크원타워1, 28층
전화 070)4203-7755 **팩스** 070)4170-4865
이메일 page2books@naver.com
종이 (주)월드페이퍼 **인쇄/제본** 한영문화사

ISBN 979-11-90977-43-2 (03320)

• 책값은 뒤표지에 있습니다.
• 파본은 구입하신 서점에서 교환해드립니다.
• 이 책은 저작권법에 의하여 보호를 받는 저작물이므로 무단 전재와 복제를 금합니다.